Ekkehard Kaier

Word 5.0-Wegweiser
Systematische
Textverarbeitung

PCs sind Vielzweck-Computer (General Purpose Computer) mit vielfältigen Anwendungsmöglichkeiten wie Textverarbeitung, Datei/Datenbank, Tabellenverarbeitung, Grafik und Musik. Gerade für den Anfänger ist diese Vielfalt häufig verwirrend. Hier bieten die Wegweiser-Bücher eine klare und leicht verständliche Orientierungshilfe.

Jedes Wegweiser-Buch wendet sich an Benutzer eines bestimmten PCs bzw. Programmiersystems mit dem Ziel, Wege zu den grundlegenden Anwendungsmöglichkeiten und damit zum erfolgreichen Einsatz des jeweiligen Computers zu weisen.

Bereits erschienen:

BASIC-Wegweiser
- für den IBM Personal Computer und Kompatible
- GFA-Basic Wegweiser Komplettkurs

Turbo-Basic-Wegweiser
- Grundkurs

Turbo-C-Wegweiser
- Grundkurs

Quick-C-Wegweiser
- Grundkurs

Turbo-Pascal-Wegweiser
- Grundkurs
- Aufbaukurs
- Übungen zum Grundkurs
- Kompaktkurs mit Diskette (incl.)

Festplatten-Wegweiser
- für IBM PC und Kompatible unter MS-DOS

MS-DOS-Wegweiser
- Grundkurs
- Festplatten-Management, Kompaktkurs mit Diskette (incl.)

dBASE IV-Wegweiser
- Datenbankprogrammierung mit Diskette (incl.)

Multiplan-Wegweiser
- Kompaktkurs mit Diskette (incl.)

Word 5.0-Wegweiser
- Systematische Textverarbeitung mit Diskette (incl.)

In Vorbereitung
- SQL-Wegweiser
- Macro-Assembler Programmierung

Zu Wegweisern sind die entsprechenden Disketten lieferbar.
(Bestellkarten jeweils beigeheftet)

Ekkehard Kaier

Word 5.0-Wegweiser

Systematische Textverarbeitung

Mit 54 Dateien bzw. Programmen,
31 Aufgaben und kompletten Lösungen

Alle Rechte vorbehalten
© Springer Fachmedien Wiesbaden 1990
Ursprünglich erschienen bei Friedr. Vieweg & Sohn Verlagsgesellschaft mbH, Braunschweig 1990
Softcover reprint of the hardcover 1st edition 1990

Umschlagentwurf: Schrimpf und Partner GmbH, Wiesbaden

Buchbinderische Verarbeitung: W. Langelüddecke, Braunschweig

ISBN 978-3-528-04769-6   ISBN 978-3-663-06854-9 (eBook)
DOI 10.1007/978-3-663-06854-9

Vorwort

Vom Maschinenschreiben zur Textverarbeitung mit dem PC:

Die Textverarbeitung umfaßt alles, was mit Erfassen, Diktieren, Formulieren, Schreiben, Kopieren, Gestalten (Formatieren), Speichern, Beschaffen und Weitergeben von Text zu tun hat. Vom Maschinenschreiben unterscheidet sich die Textverarbeitung durch die Möglichkeit, Text auf dem PC wiederholt speichern und bearbeiten zu können. Dies hat zur Folge, daß die Eingabe (über die Tastatur) und die Ausgabe (auf den Drucker) streng getrennt werden. Die Textverarbeitung umfaßt somit folgende Bereiche:

1. *Text erfassen:* Eingeben über die Tastatur mit gleichzeitiger Möglichkeit zur Sofortkorrektur am Bildschirm.
2. *Text speichern:* Sicherstellen temporär im Internspeicher (RAM) und langfristig auf Externspeichern (Diskette, Festplatte).
3. *Text editieren:* Bearbeiten mit Korrigieren, Einfügen, Löschen, Versetzen und Duplizieren von Text.
4. *Text formatieren:* Optische Gestaltung von Zeichen, Wort, Absatz, Bereich und Textseite.
5. *Text drucken:* Ausgeben von Text auf den Drucker bzw. auf Externspeicher z.B. zur Datenfernübertragung.
6. *Text durch Programme automatisch verarbeiten:* Sortierung, Textbausteine, Serienbriefe, Verknüpfung (mit Tabelle, Text und Grafik), Makroprogrammierung.

Das Wegweiser-Buch stellt eine ausführliche Beschreibung aller oben angegebenen sechs Bereiche der Textverarbeitung dar.

Beschränkung auf das Wesentliche:

Word ist ein flexibles und äußerst komplexes System, das mit seinen zahlreichen Möglichkeiten und Tricks kaum Wünsche offen läßt. Für den Anfänger ist diese Komplexität verwirrend. Das Wegweiser-Buch beschränkt sich auf die Anwendungen, die der „Textverarbeiter am PC" tagtäglich braucht.

Kurze Textbeispiele:

Die Befehle von Word werden im Wegweiser-Buch auf einfache und anschauliche Weise erklärt. Die für Word typische Befehlshierarchie *„Menübefehl – Unterbefehle – Befehlsfelder – Optionen"* wird jeweils an Original-Word-Bildschirmen dargestellt; die Textbeispiele hierzu sind stets kurz und leicht überschaubar.

Systematische Textverarbeitung:

Das Wegweiser-Buch enthält in Abschnitt 3 einen in sich abgeschlossenen Kurs zur Textverarbeitung. Die Gliederungsfolge dieses Kurses orientiert sich nicht an der Befehlsliste des Word-Befehlsmenüs, sondern an der Vorgehensweise, die den neuen Rahmenlehrplänen, Kursen (z.B. VHS) und Richtlinien zum „Fach Textverarbeitung" zugrundeliegt.

Das Bedienungswissen des Word-Handbuchs wird durch die Lehrbuchsystematik des Wegweiser-Buchs ergänzt.

Mit dem Word-Wegweiser arbeiten:

Beginnen Sie mit dem „Kurs zur Textverarbeitung mit Word" in Abschnitt 3, also ab Seite 45. Arbeiten Sie diesen Kurs Schritt für Schritt am PC durch. Dabei wird insbesondere auf die Bonbons von Word (wie Druckformatvorlagen und Makroprogrammierung) ausführlich eingegangen.

- Zwischendurch können Sie den Abschnitt 2 zum Nachschlagen nutzen, in der „Referenz zu Word" finden Sie die Definitionen zu Word, die Sie während des Kurses gerade brauchen.
- In Abschnitt 1 können Sie sich — später oder vorab — über die allgemeinen „Grundlagen der Textverarbeitung" informieren.

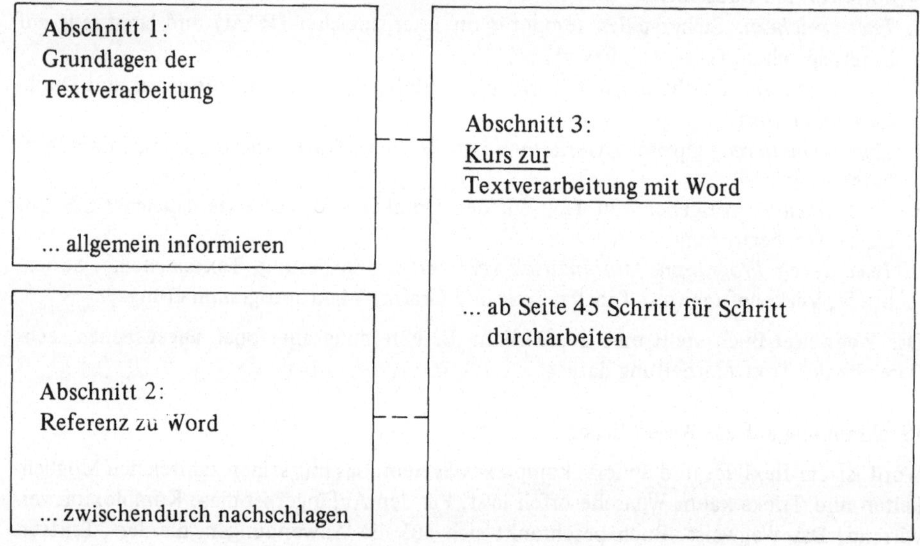

Viel Erfolg und Freude beim Arbeiten mit Word und dem Word-Wegweiser.

Heidelberg, im November 1989   Ekkehard Kaier

Inhaltsverzeichnis

1 Grundlagen der Textverarbeitung 1

  1.1 Pyramide der Software-Tools 3

  1.2 Daten und Datenstrukturen 8

  1.3 Programmstrukturen 10

  1.4 Daten- und Programmstrukturen als Software-Bausteine 12

  1.5 Dateneinheiten bei der Textverarbeitung 13

      1.5.1 Inhaltsbezogene Dateneinheiten 13

      1.5.2 Schreibbezogene Dateneinheiten 14

  1.6 Tätigkeiten der Textverarbeitung 15

2 Referenz zu Word 17

  2.1 Menübefehle 19

  2.2 Tasten und Tastaturbelegung 31

  2.3 Makro-Programmierung 33

      2.3.1 Tastenanschläge in Makros 33

      2.3.2 Makro-Anweisungen 36

      2.3.3 Reservierte Variablen 40

      2.3.4 Makro-Funktionen 43

3 Kurs zur Textverarbeitung mit Word 45

  3.1 Den ersten Text bearbeiten 45

      3.1.1 Aufbau des Word-Bildschirmes 47

      3.1.2 Text eingeben 48

      3.1.3 Text drucken 49

      3.1.4 Text auf Diskette speichern 51

      3.1.5 Text in den RAM laden 52

      3.1.6 Fehler im Text korrigieren 53

            3.1.6.1 Weiche Trennstriche im Wort einfügen 53

            3.1.6.2 Einen neuen Absatz bilden 54

            3.1.6.3 Ein Wort in den Text einfügen 55

            3.1.6.4 Text überschreiben 55

            3.1.6.5 Ein Wort mit der Rück-Taste löschen 55

            3.1.6.6 Ein Wort mit der Entf-Taste löschen 56

            3.1.6.7 Ein mit F8 markiertes Wort löschen 56

      3.1.7 Arbeit mit Word beenden 57

      Aufgaben zu Abschnitt 3.1 58

3.2   Dateien zwischen RAM und Diskette übertragen   59
      3.2.1   Teil der aktiven Datei neu speichern   62
      3.2.2   Eine Datei in die aktive Datei zusammenführen   64
      3.2.3   Eine neue Datei speichern   66
      3.2.4   Geänderte Datei unter neuem Namen speichern   69
      3.2.5   Besonderheiten des Übertragen-Befehls   71
              3.2.5.1   Standardlaufwerk einstellen   71
              3.2.5.2   TXT-Datei und SIK-Datei   72
              3.2.5.3   Vorsicht beim Löschen von Dateien   73
      Aufgaben zu Abschnitt 3.2   75
3.3   Text formatieren   77
      3.3.1   Zeichen direkt formatieren   79
      3.3.2   Absätze direkt formatieren   81
      3.3.3   Zeichen formatieren mit Format/Zeichen   83
              3.3.3.1   Zeichen über das Befehlsmenü formatieren   83
              3.3.3.2   Schriftart formatieren   85
              3.3.3.3   Schriftgrad formatieren   86
      3.3.4   Absätze formatieren mit Format/Absatz   87
      3.3.5   Seiten formatieren mit Format/Bereich   89
      3.3.6   Tabellen formatieren mit Format/Tabulator   92
              3.3.6.1   Maskendatei mit Tabulatoren aufbauen   93
              3.3.6.2   Tab-Stopps zur Rechnungsschreibung nutzen   96
      Aufgaben zu Abschnitt 3.3   98
3.4   Im Text rechnen   99
      3.4.1   Berechnungen für F2 ausführen lassen   101
      3.4.2   Einstellungen für die Rechenfunktion   103
      Aufgaben zu Abschnitt 3.4   104
3.5   Mit Druckformatvorlagen arbeiten   105
      3.5.1   Formatierung mit einer DFV-Datei   107
      3.5.2   Druckformate durch Festhalten erstellen   109
              3.5.2.1   Druckformat für einen Bereich festhalten   110
              3.5.2.2   Druckformat für einen Absatz festhalten   112
              3.5.2.3   Druckformat für Zeichen festhalten   114
              3.5.2.4   Druckformatvorlage speichern   115
              3.5.2.5   Druckformat in der DFV-Datei ändern   116
      3.5.3   Druckformatvorlage mit der Textdatei verbinden   118
      3.5.4   Druckformate mit dem Muster-Befehl erstellen   119
      Aufgaben zu Abschnitt 3.5   121
3.6   Textteile in Textbausteinen bereitstellen   123
      3.6.1   Adressen in Textbausteinen im RAM speichern   126
      3.6.2   Textbausteine in einer TBS-Datei speichern   127
      3.6.3   TBS-Datei zu einer TXT-Datei im RAM zusammenführen   127
      3.6.4   Textbausteine in den Text gezielt einfügen   128
      3.6.5   Textbausteine ändern und sicherstellen   130
      Aufgaben zu Abschnitt 3.6   132

3.7   Serienbriefe schreiben   133
        3.7.1   Serientextdatei erstellen   135
        3.7.2   Steuerdatei erstellen   136
        3.7.3   Serienbriefe ausdrucken   139
                3.7.3.1   Optionen zum Ausdrucken einstellen   139
                3.7.3.2   Serienbriefe in eine Test-Datei drucken   140
                3.7.3.3   Serienbriefe sofort drucken   140
        Aufgaben zu Abschnitt 3.7   141
3.8   Einstellungen und Hilfen   143
        3.8.1   Einstellungen über den Zusätze-Befehl   145
        3.8.2   Hilfestellungen   148
        3.8.3   Tastenkombinationen   149
        3.8.4   Hilfen beim Übertragen von Text   151
                3.8.4.1   Auf Diskette übertragen bzw. speichern   151
                3.8.4.2   In den RAM übertragen bzw. laden   153
                3.8.4.3   Automatisch erstellte Sicherungsdateien   154
        3.8.5   Speicherplatz im RAM kontrollieren   156
        3.8.6   Fenstertechnik   158
        Aufgaben zu Abschnitt 3.8   160
3.9   Tabellen und Texte verknüpfen   161
        3.9.1   Kalkulationstabellen verknüpfen   163
                3.9.1.1   Eine Tabelle in den Text integrieren   163
                3.9.1.2   Tabellendaten im Text aktualisieren   166
        3.9.2   Texte verknüpfen   168
                3.9.2.1   Textdatei integrieren   168
                3.9.2.2   Benannte Textabschnitte integrieren   170
        Aufgaben zu Abschnitt 3.9   174
3.10   Layout gestalten   175
        3.10.1 Bereichslayout gestalten   177
                3.10.1.1 Text in Bereiche unterteilen   177
                3.10.1.2 Text mehrspaltig formatieren (Spaltensatz)   183
        3.10.2 Absatzlayout gestalten   187
                3.10.2.1 Absätze nebeneinander anordnen   187
                3.10.2.2 DFV-Datei über Standard-Makro erzeugen   191
        Aufgaben zu Abschnitt 3.10   193
3.11   Makros ausführen und programmieren   195
        3.11.1 Tastenanschläge und Befehle in Makros aufzeichnen   197
                3.11.1.1 Über Makros informieren   197
                3.11.1.2 Ein vordefiniertes Makro ausführen   199
                3.11.1.3 Ein eigenes Makro aufzeichnen   203
        3.11.2 Anweisungen in Makros speichern   207
                3.11.2.1 Ein Formular makrogesteuert ausfüllen   207
                3.11.2.2 Makro mit Auswahlstruktur   211
                3.11.2.3 Makro mit Wiederholungsstruktur   216
        Aufgaben zu Abschnitt 3.11   219

3.12 dBASE-Adreßdatei für Serienbriefe nutzen 221
Aufgaben zu Abschnitt 3.12 227

Lösungen zu den Aufgaben 229

Korrekturzeichen 243

ASCII-Tabelle 245

Dateiverzeichnis (nach Abschnitten) 246

Dateiverzeichnis (nach Alphabet) 247

Sachwortverzeichnis 248

1

Grundlagen der Textverarbeitung

1.1	Pyramide der Software-Tools	3
1.2	Daten und Datenstrukturen	8
1.3	Programmstrukturen	10
1.4	Daten- und Programmstrukturen als Software-Bausteine	12
1.5	Dateneinheiten bei der Textverarbeitung	13
1.6	Tätigkeiten der Textverarbeitung	15

1.1 Pyramide der Software-Tools

Software ist Information und wird in Daten und Programme unterteilt.

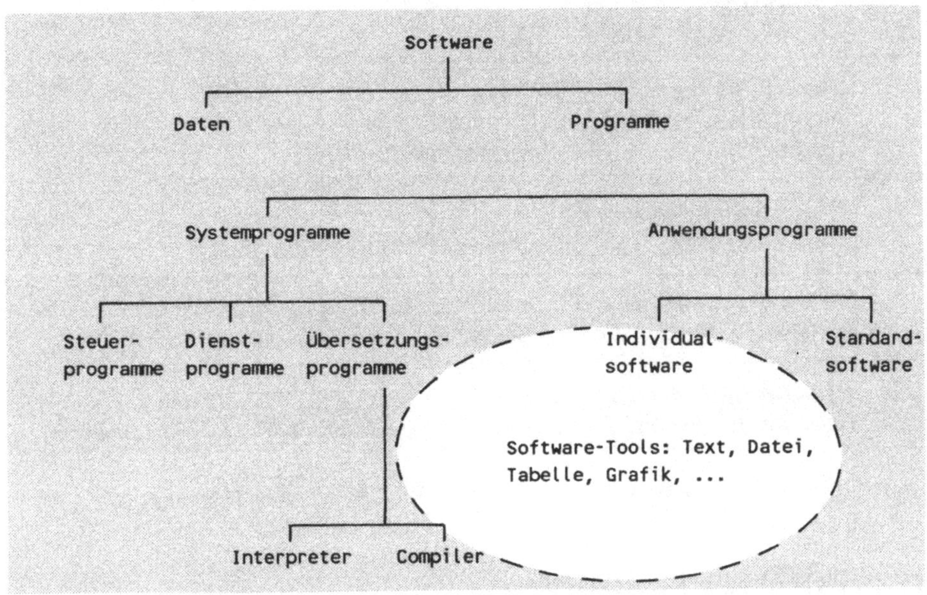

Software = Daten + Programme

Die Software-Tools nehmen eine Zwitterstellung ein. Man kann sie sowohl der *Systemsoftware* zuordnen (im Hinblick auf die Programmiermöglichkeiten) als auch der *Anwendungssoftware* (im Hinblick auf die jeweilige Problemlösung).

Pyramide der Software-Tools: Standard-Programme zu den Bereichen

1. Textverarbeitung	z.B. Word, WordPerfect, WordStar
2. Datei/Datenbank	z.B. dBASE, Paradox, SQL-Abfrage,
3. Tabellenkalkulation	Lotus 1-2-3, Multiplan, Excel
4. Grafik	z.B. Chart, Paintbrush
5. Kommunikation	z.B. Crosstalk, PC-Komm
6. Integrierte Pakete	z.B. Framework, Symphony

werden als Tools bzw. Werkzeuge bezeichnet. Sie werden als eigenständige Programme oder als integrierte Programmpakete angeboten. Auch die folgende *Software-Pyramide* zeigt, daß die Tools zwischen den Programmiersprachen und den (fertigen) Anwenderlösungen einzuordnen sind.

Individuelle
Anwendungen "Maßanzug"

Standard-
Anwendungen "von der Stange"

Werkzeuge bzw. Tools
Word, dBASE, Multiplan, Chart, ...;
Pakete: Symphony, Framework, Works, ...

Programmiersprachen
Basic, COBOL, C, Logo, Pascal, PL/1, Prolog, ...

Betriebssysteme
8-Bit: CP/M; 16-Bit: MS-DOS; 32-Bit: Unix, OS/2, ...

Hardware, Maschinensprache
Assembler des PC-Prozessors: 8086, 80286, 80386, 80486, 68000, ...

Pyramide zu den Software-Tools mit sechs Ebenen der Nutzung eines PCs

Textverarbeitung als erstes Tool

Diese Programme sind aus den *Editoren* entstanden, also aus den Programmhilfen zum Eingeben und Aufbereiten von Programmtext am Bildschirm. Man hat sie zur Verarbeitung anderer Dokumente (Briefe, Rechnungen, Manuskripte, Formulare, Etiketten usw.) weiterentwickelt.
- **WYSIWYG-Systeme (What you see is what you get):** Dabei erscheint der Text am Bildschirm so, wie er später ausgedruckt wird.
- **Desktop Publishing (DTP):** Dieses Gebiet der Textverarbeitung wird auch als CAP (Computer Aided Publishing) bezeichnet. DTP ist eng mit der Entwicklung von Laserdruckern und der entsprechenden Software (Grafikfähigkeit, Benutzeroberfläche, Grafiksprache Postscript, Seitenbeschreibungsprogramme Pagemaker, Ventura) verbunden. Bei der *Druckerei auf dem Schreibtisch* stellt die Laserdruckerausgabe entweder das Endprodukt dar, oder sie dient als Vorlage für eine Belichtungsmaschine, wie z.B. Linotype.

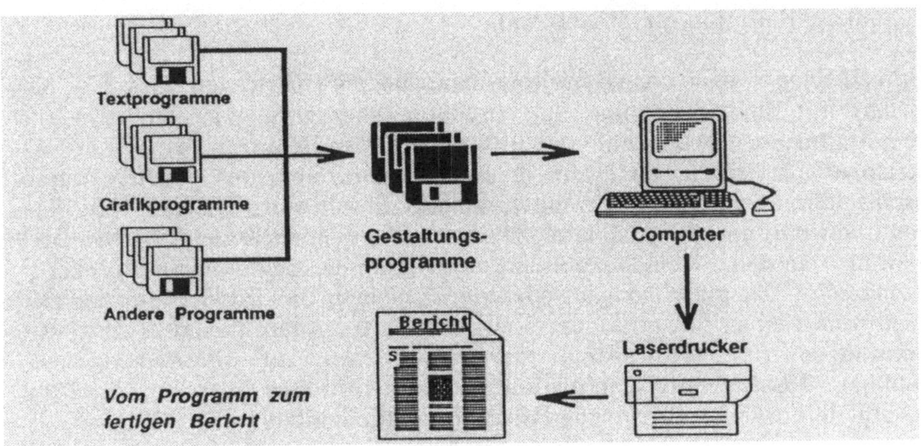

Prinzipablauf des DTP (Desktop Publishing)

Datei/Datenbank als zweites Software-Tool

Die Programme zum Tool Datei/Datenbank werden unter den unterschiedlichsten Bezeichnungen angeboten: etwa als Dateiverwaltung, Datenmanager, Datenbank-System, relationales Datenbanksystem oder schlicht als Datei-System. Da solche Begriffe kaum etwas aussagen, ist es sinnvoll, einzelne Eigenschaften dieser Software-Produkte zu prüfen:

- Dateiaufbau: Anzahl der gleichzeitig geöffneten Dateien? Satzanzahl einer Datei? Anzahl der Datenfelder je Satz? Feste Satzlänge? Datentypen? Maximale Feldlänge? Maximale Dateigröße? Eine Datei auf mehreren Disketten?
- Systemverwaltung: Schnittstelle zu höheren Programmiersprachen? In Mehrplatzumgebung einsetzbar? Abfragesprachen, Listen- bzw. Programmgeneratoren? Dynamische Dateiverwaltung? Kompatibilität zu anderen Dateien (z.B. aus Textverarbeitung)? Datensatzaufbau nachträglich änderbar? Implementierungen für welche Mikros? Datei-Sicherheitskopien leicht erstellbar? Daten nach Löschen wiederherstellbar? Datenschutz durch Datei- bzw. Satzpaßwort? Realisierung als Datenbankmaschine? Eingebaute eigene Programmiersprache?
- Speicherung: Aufwand zum Neueinrichten der Datenbank? Cursorsteuerung? Datenprüfung bei Eingabe? Daten aus anderen Dateien kopierbar? Speicherung satz-, block- oder dateiweise? Eingabefehlerkorrektur möglich? Ablegen als Binärdatei oder Textdatei?
- Zugriff: Zugriffsmodus direkt oder indirekt? Anzahl der Suchbegriffe? Schlüssel aus einem oder mehreren Datenfeldern bestehend? Sortierbegriffe für wieviele Datenfelder? Sortierprogramme? Index intern als Tabelle? Möglichkeiten zur Datenausgabe? Ausgabeeinheiten für Listen? Zwischensummenbildung in Listen möglich?

Datei/Datenbank und Textverarbeitung: Moderne Textverarbeitungsprogramme stellen über die Bausteine *Serienbriefe* und *Adreßverwaltung* ebenfalls Funktionen zur Dateiverwaltung bereit.

Tabellenkalkulation als drittes Tool

"Spread Sheets" bzw. "Ausgebreitete Papierbogen" übertragen alles das, was
bislang mit Bleistift, Papier und Taschenrechner vorgenommen wurde, in
den Hauptspeicher und auf den Bildschirm. Der Benutzer baut jedes Ar-
beitsblatt als Tabelle auf, kann in die Tabellenzeilen und -spalten numerische oder auch Textwerte eintragen und durch eine Vielzahl von For-
meln verknüpfen. Arbeitsblätter können auf einem externen Speicher auf-
bewahrt werden. Tabellenkalkulationsprogramme lassen sich "zweckent-
fremden": Trägt man Text anstelle von Zahlen in die Tabelle ein, so kann
leicht ein kleines Informationssystem realisiert werden. Genauso sind Anwendungen zur Fakturierung, zum Bestellwesen, zur Bilanzierung usw.
denkbar. Das Beiwort "Kalkulation" verweist also eher auf die Ursprünge
als auf deren heute universelle Nutzungsmöglichkeiten.

Tabellenkalkulation und Textverarbeitung: Bei modernen Textverarbeitungsprogrammen lassen sich Tabellen in den Text integrieren. Dabei
können Tabelle und Text so verknüpft werden, daß sich Änderungen in
der Tabellen auch im Text zeigen.

Grafik als viertes Software-Tool

Geschäfts-Grafikprogramme erlauben es, Kuchen-, Säulen- sowie Linien-
grafiken menügesteuert über einen hochauflösenden Bildschirm und z.B.
über einen Laserdrucker mit Einzelpunktansteuerung zu erstellen und
auszugeben. Die Skalierung der Bilder kann im Dialog festgelegt werden.
Oft können dreidimensionale Grafiken bzw. räumliche Formen erzeugt
werden. Gerade für kommerzielle Veranschaulichungen sind Grafikpro-
gramme mit den statistischen Grundfunktionen von Vorteil (z.B. Chart,
Harvard Graphics). Zeichenprogramme (z.B. PaintBrush) unterstützen das
freie Gestalten von Grafiken über die Maus.

Grafik und Textverarbeitung: Bei modernen Textverarbeitungsprogrammen können Grafiken in den Text eingebunden werden. Dabei kann man
die Grafik gezielt positionieren und wahlweise vom Text "umfließen" lassen.

Kommunikation als fünftes Software-Tool

Durch die Liberalisierung der Postbestimmungen im Endgeräte-Bereich kommt der *Datenkommunikation* eine wachsende Bedeutung zu. Folgende Programmtypen sind zu unterscheiden:
- *General Purpose Communications Programs:* Programme zur allgemeinen PC-Kommunikation über Modem bzw. Akustikkoppler, um in On-line-Datenbanken abzufragen, in Datex-P zu arbeiten, Mailboxen zu lesen bzw. zu versenden usw. Eine Script- oder Makrosprache wird angeboten, um sich leicht in entfernte Systeme einzuloggen. Programmbeispiele: Crosstalk, Hermes, PC-Talk, HyperAccess, Smartcomm, Relay Gold.
- *Deutschsprachige universelle Kommunikationsprogramme:* Über eine leicht erlernbare Benutzeroberfläche kann z.B. der komplette Geschäftsverkehr über PCs abgewickelt werden. Programmbeispiele: CSS-COMM, PC-KOMM, PCTERM, Ibecom, Procomm.
- *Kommunikations-Module von integrierten Softwarepaketen:* Pakete wie Framework, Enable, Open Access und Symphony enthalten Module zur PC-Kommunikation.
- *Mailbox- und Datenbank-Benutzeroberflächen* wie z.B. "Detusche Mailbox" und "Genios-Wirtschaftsdatenbanken".
- E-Mail-Programme, um lokale PC-Netze an andere umfassende Netze (MAN, WAN) zwecks Nachrichtenaustausch anzubinden. Programmbeispiele: cc:mail und Coordinator.
- *Telex-Programme*, um am Telex-Dienst vom PC aus teilzunehmen. Programmbeispiele: M/Telex, Super-Telex, EDV-Tx und Telex Manager.
- *Teletex-Programme* wie z.B. M/Teletex und TTX-COM2.
- *Btx-Programme*, um den PC an das Btx-Netz anzubinden. Programmbeispiele: InfoTool, BASS, BTX-PC und DieBox.

Kommunikation und Textverarbeitung: Moderne Textverarbeitungsprogramme können verschiedene *Dateiformate* lesen (Daten import) und schreiben (Datenexport); damit lassen sich Texte über *Datenfernverarbeitung* übertragen.

Integrierte Pakete als sechstes Tool

Ein Grafikprogramm kann nur dann sinnvoll genutzt werden, wenn man Daten aus anderen Programmen übergeben kann. Wir kommen zur Frage der Verbindung bzw. Kompatibilität dieser Programme. Sollen Tabellenkalkulation, Textverarbeitung, Datenbank sowie Grafik nicht isoliert, sondern als eine Einheit genutzt werden, müssen entsprechende Schnittstellen zu den Programmen gegeben sein. Zur Verbindung dieser Programme ein Beispiel:

In einem Tabellenkalkulationsprogramm verknüpft man Zahlen, um diese dann an ein Grafikprogramm zwecks Diagrammdarstellung zu übergeben. Anschließend wird über das Textverarbeitungsprogramm ein Bericht verfaßt, in den diese Zahlen als Tabelle wie auch als Diagramm bildlich eingebunden sind. Schließlich kann man die Teile dieser Arbeit über das Dateiprogramm extern und langfristig speichern. Wie können die vier Programme nun verbunden werden?

- *Textdateien* (alle Zeichen als Text im ASCII-Code gleichermaßen dargestellt) stellen eine gemeinsame Schnittstelle dar. Die Steuerung kann über ein übergeordnetes Menüprogramm erfolgen, das die einzelnen Programme aufruft und den Datenaustausch überwacht. Nachteil: Da bei ASCII-Textdateien die Formatierungsangaben verloren gehen, muß ggf. mühsam nachformatiert werden. Word bietet hier spezielle Umsetzungsutilities an.
- *Benutzeroberflächen* wie Windows und GEM unterstützen den Informationstransfer zwischen einzelnen Tools.

Integrierte Software-Pakete liefern die Schnittstelle zur Verknüpfung von Text, Tabelle, Datei und Grafik im Programm gleich mit.

1.2 Daten und Datenstrukturen

In der Abbildung werden für Daten neun Begriffspaare unterschieden.

1. *Stammdaten* (1019 als Kundennummer)
   oder
   Änderungsdaten (1019007 als neue Kundennummer mit PLZ=7)

2. *Bestandsdaten* (256 als Lagermenge)
   oder
   Bewegungsdaten (70 Stück als Lagerbestandszugang)

3. *Ordnungsdaten* (6 für die Artikelfarbe "gelb")
   oder
   Mengendaten (8 kg als Bestellmenge)

4. *Numerische Daten* (Zahl 10950.25 als Rechnungspreis)
   oder
   Text- bzw. Stringdaten ('DM', "Francs" als Währungsbezeichnung)

5. *Unformatierte Daten* (z.B. ein Brief)
   oder
   Formatierte Daten (z.B. Briefmaske, Rechnungsformular)

6. *Einfache Datentypen* (z.B. 50 als eine Mengenangabe)
   oder
   Strukturierte Datentypen (z.B. drei Mengen 50 24 98)

7. *Mit dem Programm gespeicherte Daten* (z.B. 6% in Variable R)
   oder
   Getrennt vom Programm gespeicherte Daten (z.B. Kundendatei)

8. *Physische Dateneinheiten* (z.B. Spur, Sektor auf Platte)
   oder
   Logische Dateneinheiten (z.B. Datei, Datensatz, Feld im RAM)

9. *Feldvariablen* (dateiabhängige Daten, z.B. Kundenname)
   oder
   Speichervariablen (dateiunabhängige Daten, z.B. Zähler)

Neun grundlegende Begriffspaare für Daten

1. Stammdaten bleiben normalerweise über einen längeren Zeitraum hinweg konstant (z.B. Artikelstammdaten, Kundenstammdaten, Personalstammdaten), **Änderungsdaten** hingegen dienen der Anpassung von Stammdaten.

2. Bestandsdaten: Im Gegensatz zu Stammdaten erfahren Bestandsdaten oftmalige Änderungen, die durch **Bewegungsdaten** vorgenommen werden (Zugang für "+" und Abgang für "-"); letztere werden kurz auch als Bewegungen bezeichnet. Die Lagerbestandsfortschreibung nach der Formel "Anfangsbestand + Zugänge - Abgänge ergibt Endbestand" gehört in diese Datenkategorie.

3. Ordnungsdaten legen eine Speicherungs-, Sortier- bzw. Verarbeitungsfolge fest, **Mengendaten** hingegen eine Anzahl (Stück, Größe, Gewicht, Preis).

4. Numerische Daten und Textdaten: Mit numerischen Daten bzw. Zahlendaten rechnet jeder Computer, nicht jedoch mit Textdaten. Letztere umfassen beliebige Zeichen, die stets zwischen Gänsefüßchen (z.B. in Basic, dBASE und C) oder Hochkommata (z.B. in Pascal und wiederum auch dBASE) stehen. Sie werden auch als alphanumerische Daten, als Zeichenkettendaten oder als Strings bezeichnet.

5. Unformatierte Daten weisen keine einheitliche Form auf. In der kommerziellen Datenverarbeitung jedoch überwiegen **formatierte** Daten: Auf einem Rechnungsformular stehen z.B. die Dezimalpunkte der DM-Beträge untereinander, jeweils auf zwei Nachkommastellen gerundet.

6. Einfache Datentypen und strukturierte Datentypen (Datenstrukturen):
Einfache Datentypen bestehen aus jeweils nur einem einzigen Datum, so aus einer Zahl (Numerisch) oder aus einem Textwort (Zeichen).
Datenstrukturen als strukturierte Datentypen hingegen umfassen jeweils mehrere Daten, die unterschiedlich z.B. als Zeichenkette (String), Feld (Array), Menge (Set), Verbund (Record) oder Datei (File) angeordnet sein können.

7. Datei, Datenbank: Einzeldaten und kleinere Datenbestände lassen sich innerhalb eines Programmes speichern, so z.B. der Rabattsatz in einem Rechnungsschreibungsprogramm. Die umfangreichen zu verarbeitenden Datenbestände werden getrennt vom Programm als *Datei* auf Externspeichern wie Platte und Band untergebracht. Mehrere Dateien lassen sich zu einer *Datenbank* verknüpfen.

8. Physische und logische Dateneinheiten (Speicherungs-Organisation):
Physische Einheiten kennzeichnen die Speicherorganisation der Daten auf dem jeweiligen Datenträger wie z.B. auf dem Band oder der Platte.
Logische Einheiten geben an, wie die Daten innerhalb des Programmes im RAM organisiert sind.
Auf dem Magnetband ist die Datei blockweise gespeichert. Block und Kluft sind physische (tatsächliche) Dateneinheiten. Innerhalb des RAM wird die Datei jedoch in Datensätze gegliedert, die jeweils in Datenfelder eingeteilt sind. Jedes Feld wiederum besteht aus einer Folge von Zeichen (Bytes), wobei sich ein Byte aus 8 Bits zusammensetzt. Dies sind logische Dateneinheiten, da sie inhaltlich zusammengehören.

9. Feld- und Speichervariablen: *Datenfeldvariablen* sind insofern dateiabhängig, als sie mit der Dateistruktur gespeichert werden. *Speichervariablen* hingegen werden unabhängig von der gerade geöffneten Datei im RAM gehalten.

1.3 Programmstrukturen

Vier grundlegende Programmstrukturen: Die Programmstrukturen Folge, Auswahl, Wiederholung und Unterprogramm sind die grundlegenden Ablaufarten der Informatik überhaupt. Grundlegend in zweifacher Hinsicht:

- *Analyse:* Zum einen gelangt man beim Auseinandernehmen noch so umfangreicher Programmabläufe immer auf diese vier Programmstrukturen als Grundmuster (Analyse von Programmen).

- *Synthese:* Zum anderen kann umgekehrt jeder zur Problemlösung erforderliche Programmablauf durch geeignetes Anordnen dieser vier Programmstrukturen konstruiert werden (Synthese von Programmen).

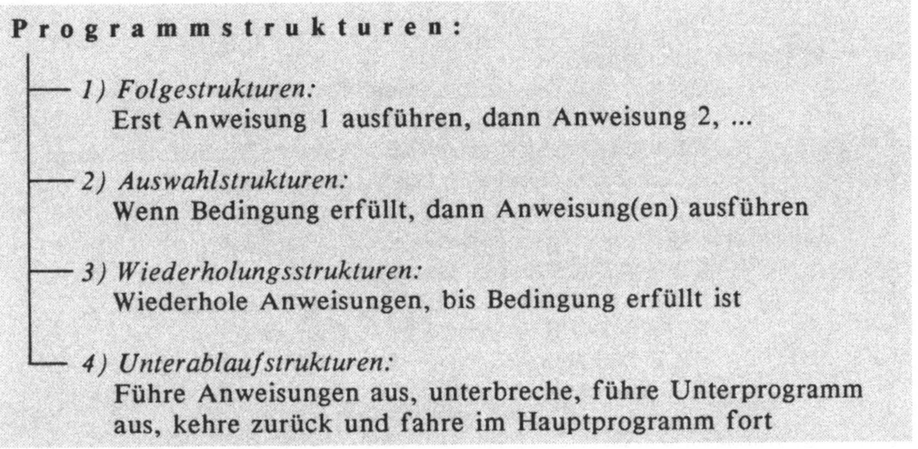

Vier grundlegende Programm- bzw. Ablaufstrukturen

Textprogrammierung: Dieser Begriff wird in zwei Bedeutungen verwendet:
1. Standardmäßig vorgegebene Programme nutzen: Bausteintexte, Formularmasken, Etikettendruck, Datenerfassung, Standard-Makros.
2. Eigene Makros als Programme schreiben.

Makro als Programm: In Textverarbeitungsprogrammen kann man eine Folge von Tastenanschläge bzw. eine Folge von Befehlseingaben als Makro speichern. Das Makro wird als Programm gesichert und kann später durch Angabe eines Namens aufgerufen bzw. ausgeführt werden.

1.4 Daten- und Programmstrukturen als Software-Bausteine

Daten- und Programmstrukturen als Bausteine: In den vorangegangenen Abschnitten wurden die wesentlichen Datenstrukturen *(was wird verarbeitet?)* sowie Programmstrukturen *(wie ist zu verarbeiten?)* allgemein dargestellt. Diese Strukturen mit ihren unterschiedlichen Ausprägungen können insofern als Software-Bausteine aufgefaßt werden, als sich aus ihnen bausteinartig die zur Lösung eines Problems erforderlichen Abläufe bilden lassen.

Einfache Datentypen:
- CHAR für Zeichen ("Atom" der Textverarbeitung)
- INTEGER für ganze Zahl
- REAL für Dezimalzahl (Rechnende Textverarbeitung)
- BOOLEAN (Logisch) für Wahrheitswerte

Strukturierte Datentypen (=Datenstrukturen i.e.S):
- STRING für Zeichenkette (Basis der Textverarbeitung)
- ARRAY für Bereich (Rechnende Textverarbeitung)
- RECORD für Verbund bzw. Datensatz
- FILE für Datei (TXT-, SIK-, TBS-, DFV-Datei, ...)
- SET für Menge

SOFTWARE - BAUSTEINE

Programmstrukturen bzw. Ablaufstrukturen:
- Folge für linearen Ablauf
- Auswahl für verzweigenden Ablauf
- Wiederholung für schleifenförmigen Ablauf
- Unterprogramm als Prozedur oder Funktion

Daten- und Programmstrukturen als Software-Bausteine

Textverarbeitungs-Software
- *Datei als Datenstruktur:* In der Datei werden Texte (TXT-Datei), Formatangaben (DFV-Datei), Textbausteine (TBS-Datei) usw. bereitgestellt. Die wichtigste Datenstruktur ist die Zeichenkette bzw. der STRING.
- *Datentypen:* Es werden Zeichen verarbeitet (Datentyp CHAR). Über die Rechenfunktion lassen sich auch Zahlenwerte berechnen (Datentyp REAL).

- *Programmstrukturen für Makros:* Komplexere Abläufe (z.B. Serienbriefe schreiben, Adreßetiketten drucken, Formulare ausfüllen, Bedienerführung) lassen sich als **Makros** programmieren. Die Information wird dabei linear (Programme mit Folgestruktur) oder in Schleifen (Programme mit Wiederholungsstruktur) verarbeitet. In Serienbriefen kann man auch Auswahlstrukturen vorsehen (Funktionen AWENN, EWENN).

1.5   Dateneinheiten bei der Textverarbeitung

1.5.1 Inhaltsbezogene Dateneinheiten

Zeichen:
- Standard
- Fett, Kursiv
- Unterstrichen, Doppelt unterstrichen, Durchgestrichen
- Kapitälchen, Hochgestellt, Tiefgestellt
- Schriftart, Schriftgrad
- Verborgen

Absatz:
- Standard
- Linksbündig, Rechtsbündig, Blocksatz
- Einzug links, Einzug rechts
- Absatzabstand, Zeilenabstand

Bereich:
- Seitenlänge, Seitenbreite
- Bundsteg
- Paginierung
- Seitenrand oben, unten, links, rechts
- Spaltenanzahl, Spaltenabstand
- Kopfzeilen, Fußzeilen

Datei:
- Textdatei mit den Nutzdaten (Dateitypen TXT)
- Textbausteindatei (TBS)
- Durchformatvorlagendatei (DFV)
- Druckerbeschreibungsdatei (DBS)
- Sicherungsdateien (SIK, SVS, SVD, SVG)

Hierarchie der Dateneinheiten bei der Textverarbeitung

Die Hierarchie *"Zeichen - Wort - Satz - Absatz - Bereich - Text"* kennzeichnet die Organisation der Datei im Hauptspeicher bzw. RAM. Diesen Dateneinheiten werden dann die Attribute zur Bildschirmdarstellung, Druckformatierung usw. zugeordnet. Die Einteilung in Dateneinheiten ist bei der Textverarbeitungs-Software mehr oder weniger gleich. Bei der Zuordnung von Attributen und Auszeichnungen hingegen unterscheiden sich die Tools teilweise sehr stark (Beispiel: Bei WordStar geschieht sie durch Steuerzeichen, bei Word wird markiert bzw. über Druckformatvorlagen ausgezeichnet). Aus diesem Grunde können Textverarbeitungsdateien zumeist nur über reine ASCII-Dateien konvertiert werden - also ohne Attribute und Auszeichnungen.

1.5.2 Schreibbezogene Dateneinheiten

Von den inhaltsbezogenen Dateneinheiten sind die schreiborientierten Dateneinheiten zu unterscheiden:
- Zeile: Text vom linken bis zum rechten Rand.
- Seite: Beschreibbares Blatt.

Inhaltsbezogene Dateneinheiten		Schreibbezogene Dateneinheiten	
- Zeichen	Cursor		
- Wort	F7 (linkes Wort)		
	F8 (rechtes Wort)		
- Satz	Umschalt/F7 (vorhergehender Satz)		
	Umschalt/F8 (nachfolgender Satz)	- Zeile	Umschalt/F9
- Absatz	F9 (vorhergehender Absatz)		
	F10 (nachfolgender Absatz)	- Seite	Strg/Umschalt/Return
- Bereich	Strg/Return		
- Text	Umschalt/F10		

*Inhaltsbezogene und schreibbezogene Dateneinheiten
mit Tastenkombinationen in Word*

1.6 Tätigkeiten der Textverarbeitung

Man unterscheidet zwischen *Textbearbeitung*, *Textverarbeitung* und *Textintegration*.

Textbearbeitung:
Bei der Eingabe bzw. Erfassung von Text wird zunächst ein voreingestelltes Standardformat verwendet; später kann man dann ein eigenes Format festlegen. Häufig gibt man den gesamten Text ein, um in einem zweiten Durchgang Korrekturen vorzunehmen.
- Texteingabe: Fließtext, Cursorsteuerung, Sofortkorrektur, Speicherung auf Diskette.
- Textkorrektur: Überschreiben, Löschen, Einfügen im Text.

Textverarbeitung:
- Speichern, Laden und Zusammenführen von Text; Versetzen und Kopieren, Suchen und Ersetzen von Textteilen.
- Textformatierung von Zeichen (ggf. Proportionalschrift), Absatz, Bereich.
- Tabellenverarbeitung mit Tabulatoren.
- Drucken mit Direktformatierung bzw. Druckformatvorlagen.
- Textbausteine in TBS-Datei speichern, Bausteine einfügen.
- Serienbriefe und Adreßverwaltung.
- Formularmasken mit bzw. ohne Bedienerführung.
- Standard-Makros einsetzen bzw. eigene Makros schreiben.
- Aufbereitung umfangreicher Texte: Gliederungsfunktion, Fußnoten, Anmerkungen, Layout.

Textintegration:
- Rechenfunktion im Text.
- Thesaurus, Trennhilfe, Rechtschreibung.
- Konvertierung von Dateiformaten.
- Datenaustausch (Import und Export): Datei, Tabelle, Grafik.
- Kommunikation: Teletex, ISDN, Datenfernverarbeitung.

2
Referenz zu Word

2.1 Menübefehle	19
2.2 Tasten und Tastaturbelegung	31
2.3 Makro-Programmierung	33

2.1 Menübefehle

Hauptmenü mit 16 Befehlen

Menü mit zwei Befehlszeilen, einer Meldungszeile und einer Statuszeile.

```
BEFEHL: Ausschnitt Bibliothek Druck Einfügen Format Gehezu Hilfe Kopie
        Löschen Muster Quitt Rückgängig Suchen Übertragen Wechseln Zusätze
Lädt, schließt, bewegt und verändert die Größe der Ausschnitte
Se2 Ze5 Sp23    (s)                              ÜB    LY        UEBTEXT1.TXT
```

Zu den Menübefehlen sind die jeweiligen Unterbefehle angegeben. Die Meldungszeile bezieht sich auf das erste Befehlsfeld des Unterbefehls.

Ausschnitt-Befehl mit Unterbefehlen Teilen, Löschen und Verschieben

Ausschnitte bzw. Fenster auf dem Bildschirm verwalten.

```
AUSSCHNITT: Teilen Löschen Verschieben
Teilt den aktiven Textausschnitt; öffnet einen Fußnotenausschnitt
```

```
AUSSCHNITT TEILEN: Waagerecht Senkrecht Fußnote
Teilt den aktiven Ausschnitt waagerecht bei der angegebenen Zeile

AUSSCHNITT TEILEN WAAGERECHT Bei Zeile: 3
        Bildschirmlöschen im neuen Ausschnitt: Ja(Nein)
Geben Sie bitte eine Zahl ein oder drücken Sie F1!

AUSCHNITT TEILEN SENKRECHT Bei Spalte: 2
        Bildschirmlöschen im neuen Ausschnitt: Ja(Nein)
Geben Sie bitte eine Zahl ein oder drücken Sie F1!

AUSSCHNITT LÖSCHEN Ausschnitt Nr.: 1
Geben Sie bitte eine Zahl ein!

AUSSCHNITT VERSCHIEBEN Untere rechte Ecke von Ausschnitt: 1
                In Zeile: 21        In Spalte: 80
Geben Sie bitte eine Zahl ein!
```

Bibliothek-Befehl mit Unterbefehlen Sortieren, Datei-Manager, Trennhilfe, Index verKnüpfen, Numerieren, Betriebssystem, Rechtschreibung, Verzeichnis und tHesaurus

Ergänzende Arbeiten zur Textverarbeitung vornehmen.

```
BIBLIOTHEK: Sortieren Datei-Manager Trennhilfe Index verKnüpfen
            Numerieren Betriebssystem Rechtschreibung Verzeichnis tHesaurus
Sortiert den markierten Text
```

```
BIBLIOTHEK SORTIEREN: Alphanumerisch Numerisch      Folge:(Steigend)Fallend
                      Graphie: Ja(Nein)             Nur Spalte: Ja(Nein)
Wählen Sie bitte eine Option!
```

```
BIBLIOTHEK DATEI-MANAGER:
Sucht nach Dateien, die inhaltliche oder organisatorische Merkmale aufweisen
```

```
DATEI-MANAGER: Suche Text Laden Druck Änderung Anzeige Kopieren löschen
LEERTASTE um die Datei zu markieren, STRG+LEERTASTE alles, oder ESC-TASTE
```

```
DATEI-MANAGER ÄNDERUNG KURZINFORMATION Dateiname: C:\TOOL\WORD\CAPTURE.TXT
  Titel:                                Version:
  Autor:                                Erstellt am: 31.05.89
  Bearbeiter:                           Überarbeitet am: 21.07.89
  Schlüsselworte:
  Kommentar:
Geben Sie bitte den gesamten Dateinamen ein oder wählen Sie einen mit F1!
```

```
DATEI-MANAGER ANZEIGE: Kurz Lang Alles
Sortiert:(Verzeichnis)Autor Bearbeiter Überarbeitungsdatum Erstelldatum Größe
Wählen Sie bitte eine Option!
```

```
BIBLIOTHEK TRENNHILFE Trennvorschlag bestätigen: Ja Nein
                      Großbuchstaben:(Ja)Nein
Wählen Sie bitte eine Option!
```

```
BIBLIOTHEK INDEX Eintrag/Seitenzahl getrennt durch:
            Haupteinträge in Großschreibung:(Ja)Nein
            Einzug pro Ebene: 0,5 cm            mit Druckformatvorlage: Ja(Nein)
Geben Sie bitte Text ein!
```

```
BIBLIOTHEK VERKNÜPFEN: Dokument Grafiken Kalkulationstabelle
Importiert ein mit einer Textmarke versehenen Bereich eines anderen Dokuments
```

```
BIBLIOTHEK VERKNÜPFEN DOKUMENT Dateiname:
                              Textmarke:
Geben Sie bitte den Dateinamen ein oder wählen Sie einen mit F1!


BIBLIOTHEK VERKNÜPFEN GRAFIKEN Dateiname:
        Format:                      Ausrichtung: Zentriert
        Breite der Grafik: 17 cm     Höhe der Grafik: 17 cm
        Anfangsabstand: 0 cm         Endabstand: 0 cm
Geben Sie bitte einen Dateinamen ein oder wählen Sie einen mit F1!


BIBLIOTHEK VERKNÜPFEN KALKULATIONSTABELLE Dateiname:
                              Bereich:
Geben Sie bitte einen Dateinamen ein oder wählen Sie einen mit F1!


BIBLIOTHEK NUMERIEREN: Neu Entfernen            Folgen-Neubeginn:(Ja)Nein
Wählen Sie bitte eine Option!


BIBLIOTHEK BETRIEBSSYSTEM: COMMAND
Geben Sie bitte einen DOS- oder OS/2-Befehl ein!


BIBLIOTHEK RECHTSCHREIBUNG
Wörterbuch Hilfe Nachschlagen Optionen Prüfen Quitt
Beginnt die Überprüfung des Texts, sucht und zeigt unbekannte Wörter


BIBLIOTHEK VERZEICHNIS nach: Gliederung Schlüssel        Schlüssel: v
        Seitenzahlen:(Ja)Nein     Eintrag/Seitenzahl getrennt durch: ^t
        Einzug pro Ebene: 1,01 cm             mit Druckformatvorlage: Ja(Nein)
Wählen Sie bitte eine Option!


BIBLIOTHEK THESAURUS:
Zeigt eine Liste der Synonyme für das gewählte Wort
Der Thesaurus wird geladen!
Thesaurus-Auswahl ist leer!
```

Drucken-Befehl mit Unterbefehlen Drucker, Serienbrief, soFort, Platte-/Diskette, Optionen, Warteschlange, Umbruch-Seite, Textbaustein und Layoutkontrolle

Den Text am Drucker oder druckfertig in eine Datei ausgeben.

```
DRUCK: Drucker Serienbrief soFort Platte/Diskette Optionen
       Warteschlange Umbruch-Seite Textbaustein Layoutkontrolle
Druckt die Datei im aktiven Ausschnitt
```

```
DRUCK DRUCKER
Der aktive Text wird gedruckt
```

```
DRUCK SERIENBRIEF: Drucker Test-Datei Optionen
Druckt und führt feste/variable Textelemente zusammen


DRUCK SERIENBRIEF OPTIONEN Umfang: Alles Datensatz      Datensatznummern:
Wählen Sie bitte eine Option!


DRUCK SOFORT:
Geben Sie bitte Text ein!


DRUCK PLATTE/DISKETTE Name:
Geben Sie bitte den Dateinamen ein!
```

```
C:\TOOL\WORD\*.DBS
HPLJ_CA               [..]              [B:]                  [C:]
STARLC10              [A:]
```

```
DRUCK OPTIONEN Drucker: HPLJ_POR          Druckeranschluß: LPT1:
 Modell:                                  Grafikauflösung:
 Exemplare: 1                             Konzept: Ja(Nein)
 Verborgener Text: Ja(Nein)              Kurzinformation: Ja(Nein)
 Umfang:(Alles)Markierung Seiten          Seitenzahlen:
 Absatzkontrolle:(Ja)Nein                Warteschlange: Ja(Nein)
 Papiervorschub: Endlospapier             Beidseitig: Ja(Nein)
Geben Sie bitte einen Druckernamen ein oder wählen Sie einen mit F1!


DRUCK WARTESCHLANGE: Weiter Pause Neustart Stopp
Setzt das Drucken nach dem Befehl Pause fort


DRUCK UMBRUCH-SEITE Seitenwechsel bestätigen: Ja Nein
Wählen Sie bitte eine Option!


DRUCK TEXTBAUSTEIN:
Legen Sie Papier ein. J um fortzufahren oder ESC-TASTE.


DRUCK LAYOUTKONTROLLE:
Es ist nicht möglich, zum Grafikmodus zu schalten!
```

Einfügen-Befehl

Den angegebenen Textbaustein an die Cursorposition einfügen bzw. das
Makro ausführen.

```
EINFÜGEN aus: ()
Geben Sie bitte einen Textbausteinnamen ein oder wählen Sie einen mit F1!
```

Format-Befehl mit Unterbefehlen Zeichen, Absatz, Tabulator, Rahmen, Fußnote, Bereich, Kopf-/Fußzeile, Druckformat, Suchen, Wechseln, Überarbeitung, Position, aNmerkung und tExtmarke

Die markierte Dateneinheit formatieren.

```
FORMAT: Zeichen Absatz Tabulator Rahmen Fußnote Bereich Kopf-/Fußzeile
        Druckformat Suchen Wechseln Überarbeitung Position aNmerkung tExtmarke
Bestimmt die Zeichenformatierung (fett, kursiv usw.), Position und Schriftarten
```

```
FORMAT ZEICHEN Fett: Ja Nein          Kursiv: Ja(Nein)  Unterstrichen:
Ja(Nein)
 Durchgestrichen: Ja(Nein)     Großbuchstaben: Ja(Nein)     Kapitälchen:
Ja(Nein)
 Doppelt unterstrichen: Ja(Nein)      Position:(Normal)Hochgestellt Tiefgestellt
 Schriftart: Courier_IBM_S1     Schriftgrad: 12              Farbe: Schwarz
 Verborgen: Ja(Nein)
Wählen Sie bitte eine Option!
```

```
FORMAT ABSATZ Ausrichtung: Links Zentriert Rechts Block
 Linker Einzug: 0 cm        Erste Zeile: 0 cm         Rechter Einzug: 0 cm
 Zeilenabstand: 1 zg        Anfangsabstand: 0 zg         Endeabstand: 0 zg
 Selbe Seite: Ja(Nein)      Nächster Absatz selbe Seite: Ja(Nein)
 Nebeneinander: Ja(Nein)
Wählen Sie bitte eine Option!
```

```
FORMAT TABULATOR: Setzen Löschen Gesamtlöschen
Bestimmt die Position und Ausrichtung der Tabstopps in den markierten Absätzen
```

```
FORMAT TABULATOR LÖSCHEN Position:
Geben Sie bitte die Position und das Maß ein!
```

```
FORMAT RAHMEN Art: Keiner Rahmen Linie   Linienart: Normal   Farbe: Schwarz
       links: Ja(Nein)    rechts: Ja(Nein)   oben: Ja(Nein)    unten: Ja(Nein)
       Hintergrundschattierung: 0          Schattierungsfarbe: Schwarz
Wählen Sie bitte eine Option!
```

```
FORMAT FUSSNOTE Fußnotenzeichen:
Geben Sie bitte Text ein!
```

```
FORMAT BEREICH: Seitenrand Paginierung Layout Zeilennummern
Bestimmt Seitenmaße und Position der Kopfzeilen für den aktiven Bereich
```

```
FORMAT BEREICH SEITENRAND
      Oben: 2,5 cm              Unten: 2 cm
      Links: 2 cm              Rechts: 2 cm
      Seitenlänge: 29,7 cm     Breite: 21 cm        Bundsteg: 0 cm
      Abstand Kopfzeile von oben: 1,25 cm           Fußzeile von unten: 1,25 cm
      Ränder spiegeln: Ja(Nein)                     Standardbenutzung: Ja(Nein)
Geben Sie bitte das Maß ein!


FORMAT BEREICH PAGINIERUNG: Ja Nein                 Abstand oben: 1,25 cm
   Abstand links: 18,5 cm      Seitenzahl:(Fortlaufend)Beginn       Bei:
   Form:(1)I i A a
Wählen Sie bitte eine Option!


FORMAT BEREICH LAYOUT Fußnoten: Selbe-Seite Ende
   Spaltenzahl: 1        Spaltenabstand: 1,25 cm
   Bereichswechsel:(Seite)Fortlaufend Spalte Gerade Ungerade
Wählen Sie bitte eine Option!


FORMAT BEREICH ZEILENNUMMERN: Ja Nein               Abstand vom Text: 1 cm
   Beginn bei:(Seite)Bereich Fortlaufend            Druckintervall: 1
Wählen Sie bitte eine Option!


FORMAT KOPF-/FUSSZEILE Position: Oben Unten Keine
Ungerade Seiten:(Ja)Nein       Gerade Seiten:(Ja)Nein    Erste Seite: Ja(Nein)
Ausrichtung:(Linker-Rand)Papierrand
Wählen Sie bitte eine Option!
```

```
FORMAT DRUCKFORMAT: Verbinden Zeichen Absatz Bereich Festhalten
Verbindet den Text mit einer Druckformatvorlage
```

```
FORMAT DRUCKFORMAT VERBINDEN: C:\TOOL\WORD\STANDARD.DFV
Geben Sie bitte einen Dateinamen ein oder wählen Sie einen mit F1!


FORMAT DRUCKFORMAT ZEICHEN: Standardzeichen
Geben Sie bitte eine Auszeichnungsvariante ein oder wählen Sie eine mit F1!→


FORMAT DRUCKFORMAT BEREICH: Bereich Standard
eben Sie eine Variante des Bereichsdruckformats ein oder wählen Sie mit F1!


FORMAT DRUCKFORMAT FESTHALTEN Tastenschlüssel:
      Verwendung: Zeichen(Absatz)Bereich
      Variante: 1              Anmerkung:
Geben Sie den Tastenschlüssel mit 1 oder 2 Buchstaben für das Druckformat an!
```

```
FORMAT SUCHEN: Zeichen Absatz Druckformat
Sucht nach Zeichen mit entsprechender Formatierung
```

FORMAT SUCHEN ZEICHEN Richtung: Nach-oben Nach-unten
 Fett: Ja Nein   Kursiv: Ja Nein   Unterstrichen: Ja Nein
 Durchgestrichen: Ja Nein   Großbuchstaben: Ja Nein   Kapitälchen: Ja Nein
 Doppelt unterstrichen: Ja Nein   Position: Normal Hochgestellt Tiefgestellt
 Schriftart: Schriftgrad: Farbe:
 Verborgen: Ja Nein
ählen Sie bitte eine Option!

FORMAT SUCHEN ABSATZ Richtung: Nach-oben Nach-unten
 Ausrichtung: Links Zentriert Rechts Block
 Linker Einzug: Erste Zeile: Rechter Einzug:
 Zeilenabstand: Anfangsabstand: Endeabstand:
 Selbe Seite: Ja Nein   Nächster Absatz selbe Seite: Ja Nein
 Nebeneinander: Ja Nein
Wählen Sie bitte eine Option!

FORMAT SUCHEN DRUCKFORMAT Tastenschlüssel: Richtung: Nach-oben(Nach-unten)
Geben Sie den Tastenschlüssel mit 1 oder 2 Buchstaben für das Druckformat an!

FORMAT WECHSELN: <u>Zeichen</u> Absatz Druckformat
Sucht und wechselt Zeichen mit entsprechender Formatierung

FORMAT WECHSELN ZEICHEN Mit Bestätigung: Ja Nein
 Fett: Ja Nein   Kursiv: Ja Nein   Unterstrichen: Ja Nein
 Durchgestrichen: Ja Nein   Großbuchstaben: Ja Nein   Kapitälchen: Ja Nein
 Doppelt unterstrichen: Ja Nein   Position: Normal Hochgestellt Tiefgestellt
 Schriftart: Schriftgrad: Farbe: Schwarz
 Verborgen: Ja Nein
Wählen Sie bitte eine Option!

FORMAT WECHSELN ABSATZ Mit Bestätigung: Ja Nein
 Ausrichtung: Links Zentriert Rechts Block
 Linker Einzug: Erste Zeile: Rechter Einzug:
 Zeilenabstand: Anfangsabstand: Endeabstand:
 Selbe Seite: Ja Nein   Nächster Absatz selbe Seite: Ja Nein
 Nebeneinander: Ja Nein
Wählen Sie bitte eine Option!

FORMAT WECHSELN DRUCKFORMAT Tastenschlüssel: durch:
                        Mit Bestätigung:(Ja)Nein
Geben Sie den Tastenschlüssel mit 1 oder 2 Buchstaben für das Druckformat an!

FORMAT ÜBERARBEITUNG: Optionen Korrektur-übernehmen Rückgängig Suchen
Schaltet Korrekturleiste an und aus. Optionen für die Überarbeitungsmarkierung

FORMAT ÜBERARBEITUNG OPTIONEN
 Markierung hinzufügen: Ja Nein
 Einfügung: Normal Fett(Unterstrichen)Großbuchstaben Doppelt-unterstrichen
 Position der Korrekturleiste:(Keine)Links Rechts Außerhalb
Wählen Sie bitte eine Option!

```
FORMAT POSITION
   Horizontale Rahmenposition: Links        bezüglich:(Spalte)Ränder Seite
   Vertikale Rahmenposition: Normal         bezüglich:(Ränder)Seite
   Rahmenbreite: Einspaltig                 Abstand vom Text: 0,423 cm
Geben Sie bitte das Maß ein oder wählen Sie eines mit F1!


FORMAT ANMERKUNG Anmerkungszeichen:
                 Datum einfügen: Ja(Nein)        Zeit einfügen: Ja(Nein)
Geben Sie bitte Text ein!


FORMAT TEXTMARKE Name:
Geben Sie bitte den Namen der Textmarke ein oder wählen Sie einen mit F1!
```

Gehezu-Befehl

Den Textcursor wie angegeben positionieren.

```
GEHEZU: Bildschirmseite Fußnote Anmerkung Textmarke
Geht zur angegebenen Seite
```

```
GEHEZU BILDSCHIRMSEITE Nummer: 1
Geben Sie bitte eine Seitenzahl ein!


GEHEZU FUSSNOTE:
Keine weiteren Fußnoten oder Anmerkungszeichen gefunden!


GEHEZU ANMERKUNG:
Keine weiteren Fußnoten oder Anmerkungszeichen gefunden!


GEHEZU TEXTMARKE Name:
Geben Sie bitte den Namen der Textmarke ein oder wählen Sie einen mit F1!
```

Kopie-Befehl

Den markierten Text in einen Textbaustein bzw. Makro kopieren.

```
KOPIE in: ()
Geben Sie bitte einen Textbausteinnamen ein oder wählen Sie einen mit F1!
```

Löschen-Befehl

Den markierten Text in einen Textbaustein oder den Papierkorb löschen.

```
LÖSCHEN in: ()
Geben Sie bitte einen Textbausteinnamen ein oder wählen Sie einen mit F1!
```

Muster-Befehl mit eigenem Bildschirm und Unterbefehlen Text (Rückkehr zum Text-Bildschirm), Druck, Einfügen, Format, Hilfe, Kopie, Löschen, Name, Rückgängig und Übertragen

Druckformatvorlagen (Dateityp DFV) erstellen und speichern.

```
MUSTER: Text Druck Einfügen Format Hilfe Kopie Löschen Name Rückgängig
        Übertragen
Verläßt das MENÜ Muster und kehrt zum Textausschnitt zurück
```

```
DRUCK:
Druckt den Inhalt der gegenwärtig benutzten Druckformatvorlage!

EINFÜGEN Tastenschlüssel: ()          Verwendung:(Zeichen)Absatz Bereich
         Variante: 1                  Anmerkung:
Geben Sie den Tastenschlüssel mit 1 oder 2 Buchstaben für das Druckformat an!

FORMAT: Zeichen Absatz Tabulator Rahmen Position
Bestimmt Zeichenformatierungen und Schriftarten für die markierten Druckformate

HILFE:
Stellt Soforthilfe und Lernprogramm-Lektionen bereit!

KOPIE:
Kopiert die markierten Druckformate in den Papierkorb!

LÖSCHEN:
Löscht die markierten Druckformate in den Papierkorb!

NAME Tastenschlüssel: A1          Variante: 1
     Anmerkung: Absatz normal, Blocksatz
Geben Sie den Tastenschlüssel mit 1 oder 2 Buchstaben für das Druckformat an!

RÜCKGÄNGIG:
Macht die letzte Änderung im Druckformat rückgängig!

ÜBERTRAGEN: Laden Speichern Bildschirmlöschen Dateilöschen Zusammenführen
            Optionen Umbenennen
Lädt die angegebene Druckformatvorlage zur Ansicht oder Bearbeitung
```

Quitt-Befehl

Word beenden und zur übergeordneten Ebene (wie z.B. zur Ebene des Betriebssystems MS-DOS) zurückkehren. TMP-Dateien auflösen und Einstellungen in MW.INI aktualisieren.

```
QUITT:
Geben Sie J ein wenn Sie speichern möchten N wenn nicht oder unterbrechen Sie!
```

Rückgängig-Befehl

Die zuletzt im Text vorgenommene Änderung rückgängig machen.

```
RÜCKGÄNGIG:
Macht die letzte Änderung des Textes oder den letzten Befehl rückgängig
```

Suchen-Befehl

Text in der aktiven Datei suchen und markieren.

```
SUCHEN Suchbegriff: _____
       Richtung: Nach-oben(Nach-unten)    Graphie: Ja(Nein)    Nur Wort: Ja(Nein)
Geben Sie bitte Text ein!
```

Übertragen-Befehl mit Unterbefehlen Laden, Speichern, Bildschirmlöschen, Dateilöschen, Zusammenführen, Optionen, Umbenennen, Textbausteine, Alles-speichern

Dateien zwischen RAM und Externspeicher (Diskette, Festplatte) übertragen und zugehörige Einstellungen vornehmen.

```
ÜBERTRAGEN: Laden Speichern Bildschirmlöschen Dateilöschen Zusammenführen
            Optionen Umbenennen Textbausteine Alles-speichern
Lädt die angegebene Datei
```

```
ÜBERTRAGEN LADEN Dateiname:
           Schreibschutz: Ja(Nein)
Geben Sie bitte einen Dateinamen ein oder wählen Sie einen mit F1!
```

```
ÜBERTRAGEN SPEICHERN Dateiname:
                    Format:(Word)Nur-Text Nur-Text-mit-Zeilenumbrüchen RTF
Geben Sie bitte den Dateinamen ein!
```

```
ÜBERTRAGEN BILDSCHIRMLÖSCHEN: Gesamt Ausschnitt
Löscht alle Textausschnitte, Textbausteine usw. aus dem Arbeitsspeicher
```

```
ÜBERTRAGEN DATEILÖSCHEN Dateiname:
Geben Sie bitte einen Dateinamen ein oder wählen Sie einen mit F1!
```

```
ÜBERTRAGEN ZUSAMMENFÜHREN Dateiname:
Geben Sie bitte einen Dateinamen ein oder wählen Sie einen mit F1!
```

```
ÜBERTRAGEN OPTIONEN Laufwerk/Verzeichnis: C:\TOOL\WORD
            Speichern zwischen Sitzungen: Ja(Nein)
Geben Sie bitte den Pfad ein oder wählen Sie einen mit F1!
```

```
ÜBERTRAGEN UMBENENNEN Dateiname:
Geben Sie bitte den neuen Dateinamen ein!
```

```
ÜBERTRAGEN TEXTBAUSTEINE: Dateiladen Speichern Zusammenführen Löschen
Lädt angegebenen Textbaustein
```

```
ÜBERTRAGEN TEXTBAUSTEINE DATEILADEN Dateiname:
                    Schreibschutz: Ja(Nein)
Geben Sie bitte einen Dateinamen ein oder wählen Sie einen mit F1!
```

```
ÜBERTRAGEN TEXTBAUSTEINE SPEICHERN Dateiname: C:\STANDARD.TBS
Geben Sie bitte den Dateinamen ein!
```

```
ÜBERTRAGEN TEXTBAUSTEINE ZUSAMMENFÜHREN Dateiname:
Geben Sie bitte einen Dateinamen ein oder wählen Sie einen mit F1!
```

```
ÜBERTRAGEN TEXTBAUSTEINE LÖSCHEN Name:
Geben Sie Textbausteinnamen getrennt durch Semikola ein oder löschen Sie alle!
```

```
ÜBERTRAGEN ALLES-SPEICHERN:
Speichert alle bearbeiteten Dateien, Druckformatvorlagen und Textbausteine
```

Wechseln-Befehl

Text suchen und durch neuen Text ersetzen.

```
WECHSELN Ersetze:                   Durch:
 Mit Bestätigung:(Ja)Nein           Graphie: Ja(Nein)       Nur Wort: Ja(Nein)
Geben Sie bitte Text ein!
```

Zusätze-Befehl

Voreinstellungen (Standards) des Word-Systems zum Fenster-Management (AUSSCHNITT) und ALLGEMEIN ändern.

```
AUSSCHNITT ZUSÄTZE Ausschnitt Nr.: 1
       Verborgener Text sichtbar:(Ja)Nein          Zeilenlineal:(Ja)Nein
         Sonderzeichen sichtbar: Nein Teilweise(Alle)    Layout: Ja(Nein)
               Zeilenumbrüche: Ja(Nein)            Gliederung: Ja(Nein)
            Druckformatspalte:(Ja)Nein
ALLGEMEINE ZUSÄTZE Warnton aus: Ja(Nein)       Kurzinformation:(Ja)Nein
               Maßeinheit: Zoll(Cm)10er-Teilung 12er-Teilung Punkt
               Bildschirm: 1                 Seitenumbruch:(Auto)Manuell
                   Farben:                   Auto-speichern:
Auto-speichern mit Bestätigung: Ja(Nein)       Menü sichtbar:(Ja)Nein
         Ausschnittsrahmen: Ja(Nein)       Dezimaltrennzeichen: .(,)
               Zeitformat: 12(24)          Abstand Tabstopps: 1,25 cm
             Zeilennummern: Ja(Nein)       Leerzeilen zählen: Ja(Nein)
           Geschwindigkeit: 3                  Linienzeichen: (|)
         Rechtschreibung: C:\TOOL\WORD\SPELL-GE.LEX
Geben Sie bitte eine Zahl ein!
```

2.2 Tasten und Tastaturbelegung

Tastaturcodes in der Statuszeile

Die folgenden Codes zeigen den aktuellen Tastaturstatus in der Statuszeile
am unteren Bildschirmrand an.

Code:	Tasten:	Bedeutung:
BA	Rollen/Feststellen	Bildlauf mit Richtungstasten durchführen
ER	F6	Die Markierung erweitern
ES	Strg/F3	Einzelschriftmodus bei Makroausführung
KM	Format/Überarbeitung/Optionen	Textänderungen kennzeichnen
LY	Alt/F4 oder Zusätze/Layout	Layout als Betriebsart aktivieren
LZ	Strg/F5	Linienzeichen als Betriebsart
MA	Umschalten/F3	Makroaufzeichnung aktivieren
SM	Umschalten/F6	Spaltenmarkierung aktivieren
UA	Umschalten/Feststellen	Großbuchstaben schreiben
ÜB	F5	Überschreiben, .Overwrite als Betriebsart
ZA	Num/Feststellen	Ziffern auf num. Tastenblock eingeben
ZM	Strg/F1	Aktiven Ausschnitt zoomen
Se	Richtungstaste	Seite
Ze	Richtungstaste	Zeile
Sp	Richtungstaste	Spalte
(s)	Entf oder Löschen	Papierkorb als Zwischenablage

Die Codes LZ und ZA, ZM und BA, ÜB und KM sowie SM und ER erscheinen an der gleichen Stelle in der Statuszeile; dabei werden die letzt-
genannten Codes überschrieben. Beispiel für eine Statuszeile:

```
Se2 Ze5 Sp23        (s)                        ÜB    LY           BRIEFE1.TXT
```

Nicht-druckbare Sonderzeichen, die mit dem Zusätze/Sonderzeichen sichtbar-Befehl angezeigt werden können

	Zeichen	Tastenkombination:
Absatzmarke	¶	Return
Zeilenschaltungszeichen	↓	Umschalten/Return
Tabulatorzeichen	→	Tab
Leerzeichen	.	Leer
Wahlweiser Trennstrich	-	Strg/-

Vierfachbelegung der Word-Funktionstasten

	Funktionstaste F..	Umschalt/F..	Strg/F..	Alt/F..
F1	Nächster Ausschnitt	Rückgängig	Ausschnitt zoomen	Tabulator setzen
F2	Rechenfunktion	Gliederungsansicht	Kopfzeile	Fußzeile
F3	Textbaustein	Makro aufzeichnen	Einzelschritt	Kopie
F4	Bearb. wiederholen	Suche wiederholen	Groß/Kleinschr.	Layout
F5	Überschreiben	Glied.Aufbau bear.	Linienzeichnen	Gehezu Seite
F6	Erweiterung	Spaltenmarkierung	Thesaurus	Rechtschreibprog
F7	vorhergehend. Wort	vorhergehend. Satz	Laden	Zeilenumbrüche
F8	nächstes Wort	nächster Satz	Drucken	Schriftart
F9	vorhergeh. Absatz	aktuelle Zeile	Druck Layoutkont.	Text/Grafik
F10	nächster Absatz	gesamter Text	Speichern	Druckformat aufz

Tasten zur Direktformatierung

Zeichen formatieren:		Absätze formatieren:	
F	Fett	Z	Zentriert
I	Kursiv	L	Linksbündig
U	Unterstrichen	R	Rechtsbündig
D	Doppelt unterstrichen	B	Blocksatz (Randausgleich links/rechts)
K	Kapitälchen	E	Erste Zeile um einen Tab-Stopp einrücken
S	Durchgestrichen	M	Linken Einzug um Tab-Stopp verringern
V	Verborgen	G	Link. Einzug um Tab-Stopp erweitern
H	Hochgestellt	Q	Linker und rechter Einzug
T	Tiefgestellt	O	Anfangsabstand
Leertaste	Standard	N	Standard
A	Standard	Y	Negativer Erstzeileneinzug
		2	Doppelter Abstand (zweizeilig)

2.3 Makro-Programmierung

2.3.1 Tasten-Anschläge in Makros

Verzeichnis der Tastenanschläge, die in Makros in < > gesetzt werden können

```
<Alt x>              Alt-Taste, von beliebiger Taste gefolgt
<Ctrl x>             Ctrl-Taste, von beliebiger Taste gefolgt
<Umschalten x>       Umschalttaste, von beliebiger Taste gefolgt
<Unt>                Esc-Taste (Unterbrechen)
<Return>             Return-Taste bzw. EIngabetaste
<Tab>                Tabulatortaste
<Lösch>              Entf-Taste bzw. Del-Taste
<Einf>               Einfg-Taste bzw. Ins-Taste
<Pos1>               Pos1-Taste bzw. Home-Taste
<Ende>               Ende-Taste bzw. End-Taste
<Links>              Richtungstaste <---
<Rechts>             Richtungstaste --->
<Unten>              Richtungstaste "nach unten"
<Oben>               Richtungstaste "nach oben"
<Snu>                Taste "Seite nach unten" bzw. "Bild runter"
<Sno>                Taste "Seite nach oben" bzw. "Bild hoch"
<Num*>               Sternchen-Taste im numerischen Tastenblock
<Num+>               Plus-Taste im numerischen Tastenblock
<Num->               Minus-Taste im numerischen Tastenblock
<Leertaste>          Leertaste
<Rücktaste>          Rücktaste bzw. Backspace
<Numarr>             Num-Feststelltaste (Arretierung)
<Bildarr>            Rollen-Feststelltaste
<Umschaltarr>        Umschalten-Feststelltaste
```

Zur Leertaste: Diese Taste wird angegeben, um zum nächsten Befehl, zum nächsten Befehlsfeld bzw. zur nächsten Option zu gelangen.
Die Leertaste kann folglich nicht zur Gliederung des Makro-Befehlstextes verwendet werden. Hierzu dienen die Zeichen

```
        Absatzende
        Zeilenschaltung
        Tabulator
```

Nur diese drei Zeichen werden bei der Ausführung des Makros ignoriert bzw. überlesen.

Verzeichnis der Funktionstasten, die in Makros in < > zu schreiben sind

```
<F1>                    Nächster Ausschnitt (Bearbeitungsmodus) bzw.
                        Auswahlliste (Befehlsmodus)
<Umschalten F1>         Rückgängig-Befehl
<Ctrl F1>               Ausschnitt zoomen
<Alt F1>                Tabstopp setzen


<F2>                    Rechnen
<Umschalten F2>         Gliederungsansicht
<Ctrl F2>               Kopfzeile
<Alt F2>                Fußzeile


<F3>                    Textbaustein einfügen
<Umschalten F3>         Makro aufzeichnen
<Ctrl F3>               Einzelschritt als Betriebsart
<Alt F3>                In den Papierkorb kopieren


<F4>                    Letzte Aktion wiederholen
<Umschalten F4>         Suchbefehl wiederholen
<Ctrl F4>               Groß-/Kleinschreibung wechseln (Bearbeitungsmodus)
                        bzw. Liste neu zusammenstellen (Datei-Manager)
<Alt F4>                Layout als Betriebsart


<F5>                    Überschreiben (Oberwrite) - Einfügen (Insert) umschalten
<Umschalten F5>         Zwischen Gliederungstext bearbeiten und
                        Gliederungsaufbau bearbeiten umschalten
<Ctrl F5>               Linienzeichnen als Betriebsart
<Alt F5>                Gehezu/Seite-Befehl


<F6>                    Markierung erweitern
<Umschalten F6>         Spaltenmarkierung
<Ctrl F6>               -
<Alt F6>                Rechtschreibeprogramm


<F7>                    Links Wort
<Umschalten F7>         Vorhergehender Satz
<Ctrl F7>               Übertragen/Laden/F1 und Dateinamensliste bereitstellen
<Alt F7>                "Zeilenumbrüche": ein-/Ausschalten


<F8>                    Rechtes Wort
<Umschalten F8>         Nächster Satz
<Ctrl F8>               Druck/Drucker-Befehl
<Alt F8>                Format/Zeichen/Schriftart-Befehl aktivieren


<F9>                    Vorhergehender Absatz
<Umschalten F9>         Aktive Zeile
<Ctrl F9>               Druck/Layoutkontrolle-Befehl aktivieren
```

```
<Alt F9>                   Zwischen den zuletzt aktivierten Anzeigemodi wechseln

<F10>                      Nächsten Absatz markieren
<Umschalten F10>           Gesamten Text markieren
<Ctrl F10>                 Übertragen/Speichern-Befehl aktivieren
<Alt F10>                  Format/Druckformat/Festhalten-Befehl aktivivieren

<F11>                      Überschrift reduzieren
<Umschalten F11>           Haupttext reduzieren
<Ctrl F11>                 -
<Alt F11>                  -

<F12>                      Überschrift erweitern
<Umschalten F12>           Haupttext erweitern
<Ctrl F12>                 Alles erweitern
<Alt F12>                  -
```

Makro im Befehlsmodus oder Bearbeitungsmodus starten

Durch folgende Tastenanschläge wird sichergestellt, daß das Makro auch
im gewünschten Modus gestartet wird.

```
<Ctrl Unt>                 Unabhängig vom aktiven Modus den Befehlsmodus
                           aktivieren, um das Makro in diesem Modus zu
                           starten

<Ctrl Unt><Unt>            Das Makro im Bearbeitungsmodus starten

<Umschalten Ctrl Unt>      Das Makro im Befehlsmodus starten (auch wenn
                           im Muster-Menü gearbeitet wird)

<Umschalten Ctrl Unt><Unt> Das Makro im Bearbeitungsmodus starten (auch
                           wenn im Muster-Menü gearbeitet wird)
```

2.3.2 Makro-Anweisungen

Verzeichnis der Makro-Anweisungen

```
Anweisungswort:                 Format zum Aufrufen:

ABFRAGE                         «ABFRAGE Variable=?»
                                «ABFRAGE Variable=?Eingabeanforderung»


AWENN...SONST...EWENN           «AWENN Bedingung»Ergebnis«EWENN»
                                «AWENN Bedingung»Ergebnis1«SONST»Ergebnis2«EWENN»


BESTIMMEN                       «BESTIMMEN Variable=Ausdruck»
                                «BESTIMMEN Variable=?»
                                «BESTIMMEN Variable=?Eingabeanforderung»


KOMMENTAR...EKOMMENTAR          «KOMMENTAR Befehlstext»
                                «KOMENTAR Befehlstext EKOMMENTAR»


MELDUNG                         «Meldung Hinweistext»


PAUSE                           «PAUSE Eingabeanforderung»
                                «PAUSE»


QUITT                           «QUITT»


SOLANGE...ESOLANGE              «SOLANGE Bedingung»Schleifenbefehle«ESOLANGE»


WIEDERHOLE...EWIEDERHOLE        «WIEDERHOLE n»Schleifenbefehle«EWIEDERHOLE»
```

Beschreibung der Makro-Anweisungen an Beispielen

Anweisung ABFRAGE

Die Ausführung des Makros unterbrechen, auf eine Tastatureingabe hinter ANTWORT: warten und die Eingabe des Benutzers in der genannten Variablen speichern. Eine Meldung anzeigen und die Eingabe in der Variablen Datum abspeichern.

```
«ABFRAGE Datum=?Welches Datum haben wir, Herr «Name», heute?»
```

Anweisung AWENN...SONST...EWENN

Eine einseitige oder zweiseitige Auswahlstruktur im Makro kontrollieren.

```
«AWENN Ort="Heidelberg"»
«AWENN Datensatz=12»
«AWENN Datum>20.3.90»
```

Den Befehl Druck/Optionen aktivieren und - falls ein anderer Druckertreiber eingestellt ist - den Drucker STARLC10.DBS wählen, um
anschließend den Text zu drucken.

```
<Unt>do
«AWENN Feld="STARLC10"»
  <Return>
«SONST»
  STARLC10<Return>
«EWENN»
d
```

Anweisung BESTIMMEN

Einer Variablen einen Wert (Konstante, Ausdruck oder andere Variable)
zuweisen.

```
«BESTIMMEN W=774»                    W als Zahl
«BESTIMMEN Betrag=774.00DM»          Betrag als Zahl
«BESTIMMEN Betrag="774.00DM"»        Betrag als String bzw. Zeichenfolge
«BESTIMMEN Dat="31.08.44"»           Datum als String
«BESTIMMEN Dat=31.08.44»             Dat als Datum
«BESTIMMEN x=77*3.25»                x als Zahl (Ergebnis einer Berechnung)
```

Die Seitenanzahl des aktiven Textes in der Variablen MaxSeite festhalten.

```
<Ctrl Unt><Ctrl Snu>
<Ctrl Unt>gb
«BESTIMMEN MaxSeite=Feld<Unt>
```

Anweisung KOMMENTAR...EKOMMENTAR

Kommentar in den Makrotext schreiben, der bei der Ausführung des Makros ignoriert wird.

Teile des Befehlstextes eines Makros zu Testzwecken "auskommentieren".

```
«KOMMENTAR»
   ...
   Diese Tastenanschläge, Befehle und Anweisungen sind auskommentiert
   und werden bei der Makroausführung ignoriert
   ...
«EKOMMENTAR»
```

Den Format/Zeichen-Befehl kommentieren:

```
«KOMMENTAR Den markierten Text kursiv schreiben:»
<Unt>fz<Tab>j<Return>
```

Anweisung MELDUNG

Eine eigene Meldung in der Meldungszeile während der Ausführung des
Makros anzeigen.
Während des Sortierens eine Meldung anzeigen (mit der Voreinstellung
Echo="an" würde der Bildschirm aktualisiert und somit die Meldung nicht
ununterbrochen angezeigt).

```
«MELDUNG Die Datei wird sortiert. Bitte warten!»«BESTIMMEN Echo="aus"»
<Unt>bs<Tab 2>n<Return>
```

Anweisung PAUSE

Die Makroausführung unterbrechen, um eine Eingabe im Befehlsfeld ent-
gegenzunehmen, die Markierung zu verschieben, einen Bildlauf durchzuführen oder einen Formatierungsbefehl zu wählen.
Den markierten Text an eine andere Position im Text verschieben:

```
<Unt>
«PAUSE Text markieren und dann Return-Taste drücken»
<Lösch>
«PAUSE Markieren Sie die Einfügestelle und drücken Sie die Return-Taste»
<Einf>
```

Anweisung QUITT

Die Ausführung des Makros abbrechen.

```
«AWENN Eingabe="Ende"»«QUITT»
```

Anweisung SOLANGE...ESOLANGE

Solange die hinter SOLANGE angegebene Bedingung erfüllt ist, werden
alle dahinter bis ESOLANGE angegebenen Tastenanschläge, Befehle und
Anweisungen wiederholt ausgeführt.

In einer Schleife mit Zählervariable z erhalten 20 Variablen namens Var1,
Var2, ..., Var20 jeweils den Anfangswert 0 zugewiesen:

```
«BESTIMMEN zMax=20»
«BESTIMMEN z=1»
«SOLANGE z<=zMax»
  «BESTIMMEN Var«z»=0
  «BESTIMMEN z=z+1»
«ESOLANGE»
```

Wird die Endemarke eines Textes markiert, hat Markierung einen Nullstring "" als Wert. Damit läßt sich das Textende abfragen:

```
«SOLANGE Markierung<>""»
```

Die z ersten Absätze im aktiven Text löschen.

```
«ABFRAGE z=?Wieviele Absätze löschen?»
<Sno>
«SOLANGE z>0»
  <F10><Lösch>
  «BESTIMMEN z=z+1»
«ESOLANGE»
```

Anweisung WIEDERHOLE..EWIEDERHOLE

Die zwischen WIEDERHOLE und EWIEDERHOLE angegebenen Tastenanschläge, Befehle und Anweisungen wiederholt ausführen.

Den Text "Makroprogrammierung mit Word" mehrmals kursiv am Bildschirm anzeigen:

```
«ABFRAGE Oft=?Wie oft wiederholen?»
«WIEDERHOLE Oft»
   Makroprogrammierung mit Word<F10><Unt>fz<Tab>j<Return><Ende><Return>
<EWIEDERHOLE»
```

Verzeichnis der mathematischen und logischen Operatoren in Makros

Addieren	+	Gleich	=
Subtrahieren	-	Ungleich	<>
Multiplizieren	*	Kleiner als	<
Dividieren	/	Größer als	>
		Größer oder gleich	>=
Logisch UND	UND	Kleiner oder gleich	<=
Logisch ODER	ODER		
Logisch NEIN	NICHT	Klammersetzung	( )

2.3.3 Reservierte Variablen

Verzeichnis der reservierten Variablen

Variable:	Inhalt:	Datentyp:	BESTIMMEN
Ausschnitt	Nr des aktiven Ausschnitts (Ausschnitt aktivierbar)	Zahl	ja
Echo	Bildschirmanzeige während Makroausführung steuern	Text: "an" oder "aus"	ja
Eingabe- aufforderung	Eingabeaufforderung vom Benutzer beantwortet?	Text: "Benutzer", "Makro" odet "Abschalten"	ja
Feld	Wert des markierten Befehlsfeldes im Menübefehl	Text, Zahl oder Datum	nein
Gefunden, Nichtgefunden	Ergebnis einer Suche	Boolesch: wahr, falsch	nein
Markierung	Inhalt des markierten Textabschnitts	Text, Zahl oder Datum	nein
Papierkorb	Unhalt des Papierkorbs	Text, Zahl oder Datum	nein
Speichern	Wurde SPEICHERN! gemeldet?	Boolesch: wahr, falsch	nein
Wordversion	Versionsnummer von Word	Zahl	nein

Beschreibung der reservierten Variablen an Beispielen

Den Ausschnitt bzw. das Fenster 3 aktivieren (einen Wert in die reservierte Variable Ausschnitt zuweisen):

```
«BESTIMMEN Ausschnitt=3»
```

Textmeldung anzeigen, wenn der Ausschnitt 2 aktiviert ist (Wert der reservierten Variablen Ausschnitt lesen):

```
«AWENN Ausschnitt=2»«MELDUNG Achtung: Ausschnitt 2 ist aktiv»
```

Gegebenenfalls den Befehl Zusätze/Menü sichtbar:nein aufrufen, um auch das Aktualisieren des Befehlsnmenüs unsichtbar zu machen:

```
«AWENN Echo="aus"»<Unt>z<Unten 9><Rechts>n<Return>
```

Die während der Ausführung des Makros vorgenommenen Bewegungen der Markierung bzw. Änderungen am Bildschirm anzeigen:

```
«BESTIMMEN Echo="an"»
```

Eingabeaufforderungen, die im Laufe der Makroausführung auftreten, werden ignoriert (Beispiel: Übertragen/Laden fordert zur Eingabe "j" auf, um den derzeit aktiven Text zu speichern):

```
«BESTIMMEN Eingabemodus="Abschalten"»
```

Eingabemodus kann sein Abschalten, Makro (voreingestellt) und Benutzer:

```
«AWENN Eingabemodus="Benutzer"»«MELDUNG ...»
```

Den Befehl Format/Bereich/Seitenrand aufrufen und prüfen, ob im Befehlsfeld "Oben" mehr als 6 cm Abstand eingestellt sind:

```
<Unt>fbs«AWENN Feld>6»
```

Den Namen der Druckformatvorlage, mit der der Text derzeit über den Befehl Format/Druckformat/Verbinden verbunden ist, in der Variablen DFVDatei speichern. Nach dem Arbeiten mit einer anderen Vorlage (hier nicht wiedergegeben, sondern auskommentiert), wird der Text wieder mit der ursprünglichen DFV-Datei verbunden. Die Feld-Variable liefert den Inhalt des aktiven Befehlsfeldes:

```
<Unt>fdv
«BESTIMMEN DFVDatei=Feld»<Unt>
«KOMMENTAR»  ... Befehlsfolge hier einfügen ...  «EKOMMENTAR»
<Unt>fdvDFVDatei<Return>
```

Wird der Suchbegriff gefunden, dann wird er in den Papierkorb gelöscht:

```
«AWENN Gefunden»<Lösch>«EWENN»
```

Die Makroausführung abbrechen, wenn Nichtgefunden wahr ist.

```
«AWENN Nichtgefunden»«QUITT»
```

Ist das Wort "Freiburg", gefolgt von der Absatzendemarke, markiert?

```
«AWENN Markierung="Freiburg^p"»
```

Ist der Papierkorb derzeit nicht leer (leer bedeutet Nullstring)?

```
«AWENN Papierkorb<>""»
```

Wenn die Aufforderung SPEICHERN! in der Statuszeile erscheint, dann wird der Übertragen/Alles-speichern-Befehl aufgerufen, um alle derzeit offenen TXT-, TBS- und DFV-Dateien zu sichern.

```
«AWENN Speichern»<Unt>üa<EWENN>
```

Ausführung des Makros von der Wort-Version abhängig machen:

```
«AWENN Wordversion<>5»«QUITT»
```

2.3.4 Makro-Funktionen

Verzeichnis der Funktionen für Makros

```
Funktionsaufruf:              Bedeutung:

INT(Ausdruck)                 Zahl auf nächste ganze Zahl abrunden

LÄNGE(Ausdruck)               Anzahl der Zeichen einer Zeichenfolge

TEIL(Variable a,n)            n Zeichen ab dem a. Zeichen aus String entnehmen

BESTIMMEN Variable=String1 String2 String3 ...
                              Zwei oder mehrere Strings verketten und zwischen
                              den Strings je ein Leerzeichen einfügen
```

Beschreibung der Makro-Funktionen an Beispielen

Die gerade markierte Zahl kaufmännisch runden und in der Variablen Zahl ablegen. INT-Funktion liefert den ganzzahligen Teil:

```
«BESTIMMEN Zahl1=INT((LÄNGE(Markierung)/2)+0,5)»
```

Alle Wörter der aktiven Datei der Reihe nach markieren und die Länge des längsten Wortes in der Variablen MaxAnzahl bereitstellen. Die INT-Funktion wird auf reservierte Variable Markierung angewendet:

```
<Ctrl Sno><F8>
«BESTIMMEN MaxAnzahl=0»
«SOLANGE Markierung<>""»
   «BESTIMMEN Anzahl=LÄNGE(Markierung)»
   «AWENN Anzahl>MaxAnzahl»«BESTIMMEN MaxAnzahl=Anzahl»«EWENN»
   <F8>
«ESOLANGE»
```

Die ersten sieben Zeichen aus der Variablen ArtikelNr entnehmen und in die Variable Nr speichern.

```
«BESTIMMEN Nr=TEIL(ArtikelNr,1,7)
```

Eine Datei, deren Name in der Variablen Dateiname gespeichert ist, nur dann laden, wenn es sich um eine TXT-Datei handelt.

```
«BESTIMMEN Dateityp=TEIL(Dateiname,LÄNGE(Dateiname)-3,3»
«AWENN Dateityp="txt"»
  <Unt>ül«Dateiname»<Return>
«EWENN»
```

3

Kurs zur Textverarbeitung mit Word

3.1 Den ersten Text bearbeiten	**45**
3.2 Dateien zwischen RAM und Diskette übertragen	59
3.3 Text formatieren	77
3.4 Im Text rechnen	99
3.5 Mit Druckformatvorlagen arbeiten	105
3.6 Textteile in Textbausteinen bereitstellen	123
3.7 Serienbriefe schreiben	133
3.8 Einstellungen und Hilfen	143
3.9 Tabellen und Texte verknüpfen	161
3.10 Layout gestalten	175
3.11 Makros ausführen und programmieren	195
3.12 dBASE-Adreßdatei für Serienbriefe nutzen	221

3.1.1 Aufbau des Word-Bildschirmes

Nach dem Starten von Word erscheint der folgende Word-Bildschirm mit dem Textbereich oben und dem Befehlsbereich unten.

Textbereich innerhalb des Ausschnittrahmens: In dem eingerahmten Bereich wird der Text des Benutzers eingegeben und bearbeitet (editiert).
- *Cursor und Endemarke:* Nur der *Cursor* (Rechteck zur Markierung der Position des nächsten eingegebenen Zeichens) und die *Endemarke* (Raute zur Markierung der letzten Stelle des Textes) befinden sich im Textbereich; sie überlagern sich, da der Textbereich noch leer ist.
- *Ausschnittsnummer:* Die "1" oben links zeigt an, daß derzeit der 1. Ausschnitt bzw. das 1. Fenster aktiv ist.
- *Zeilenlineal:* In der oberen Rahmenlinie ist das *Zeilenlineal* eingeblendet; es markiert den linken Textrand (mit "[") und den rechten Rand (mit "]") sowie die Spaltenpositionen.
- *Druckformatspalte:* Diese senkrechte Spalte besteht derzeit nur aus einem einzigen Zeichen, dem "*".

Word-Bildschirm unmittelbar nach dem Start mit Textbereich (oben) und Befehlsbereich (vier Zeilen unten)

Befehlsbereich in den unteren vier Zeilen: *Befehlsmenü, Meldungszeile* und *Statuszeile* befinden sich im Befehlsbereich unterhalb des Textbereichs.

- *Befehlsmenü:* 16 Befehle von Ausschnitt bis Zusätze sind in zwei Zeilen angeordnet.
- *Meldungszeile:* Hier gibt Word Meldungen für den Benutzer aus; derzeit ist es die Meldung "Bearbeiten Sie bitte ...".
- *Statuszeile:* Hier informiert Word den Benutzer über den aktuellen Zustand des Systems. Links wird die aktuelle Seite (Se), Zeile (Ze) und Spalte (Sp) des Cursors benannt. Daneben symbolisieren die Klammern () einen leeren *Papierkorb* als Zwischenspeicher.

3.1.2 Text eingeben

Es soll der Text zu einem kurzen Brief eingegeben werden. Zunächst werden drei Zeilen des Absenders eingetippt.

Eingabe eines Absatzes als Texteinheit: Drückt man die Return-Taste, erscheint das "¶"-Zeichen für *Absatzende*, und der Cursor springt an den Anfang der nächsten Zeile.

```
1———[••••••••1•••••••••2•••••••••3•••••••••4•••••••••5•••••••••6•••••]•••7••┐
|*    Anita·Hildebrandt¶                                                    |
|*    Schwarzwaldstraße·48¶                                                 |
|*    7800·Freiburg¶                                                        |
|*    ♦                                                                     |
```

Text mit drei Zeilen bzw. drei Absätzen

Eingabe von Fließtext: Anders als bei der Schreibmaschine achtet man bei der Eingabe von Fließtext nicht auf den Zeilenwechsel. Da das Wort "Diskettenlaufwerk" nicht mehr in die Zeile paßt, wird es von Word automatisch in die nächste Zeile gesetzt. Erst hinter "ausprobiert." wird die Return-Taste gedrückt; damit umfaßt "seit ... ausprobiert." einen Absatz, der sich über drei Zeilen ausdehnt.

- Jedes Zeichen "*" in der linken senkrechten Druckformatspalte markiert den Anfang eines neuen Absatzes.
- Jedes Zeichen "¶" markiert das Ende eines Absatzes.

```
1───[•••••••••1•••••••••2•••••••••3•••••••••4•••••••••5•••••••••6•••••]•••7••┐
│*   Anita·Hildebrandt¶                                                       │
│*   Schwarzwaldstraße·48¶                                                    │
│*   7000·Freiburg¶                                                           │
│*   ¶                                                                        │
│*   •••••••••••••••••••••••••••••••••••••••••••••••Freiburg,·31.·August·1989¶│
│*   ¶                                                                        │
│*   Liebe·Laura,¶                                                            │
│*   ¶                                                                        │
│*   ¶                                                                        │
│*   seit·einer·Woche·habe·ich·nun·einen·PC.·Er·hat·ein·                      │
│    Diskettenlaufwerk·und·eine·Festplatte·mit·40·MB.·Den·Drucker·habe·       │
│    ich·auch·schon·ausprobiert.¶                                             │
│*   ¶                                                                        │
│*   Bis·bald·in·Heidelberg.◆                                                 │
│                                                                            │
│                                                                            │
│                                                                            │
│                                                                            │
└────────────────────────────────────────────────────────────────────────┘
BEFEHL: Ausschnitt Bibliothek Druck Einfügen Format Gehezu Hilfe Kopie
        Löschen Muster Quitt Rückgängig Suchen Übertragen Wechseln Zusätze
Bearbeiten Sie bitte Ihren Text oder unterbrechen Sie zum Hauptbefehlsmenü!
Se1 Ze14,9 Sp24     ()                                        Microsoft Word
```

Text mit 14 Zeilen bzw. 12 Absätzen

3.1.3 Text drucken

Esc-Taste zum Wechseln zwischen Textbereich und Befehlsbereich:
Zum Ausdrucken des Textes muß der Druck-Befehl aktiviert werden.
Dazu ist vom derzeit aktiven Textbereich (wir geben Text ein) in den Be-
fehlsbereich zu wechseln (wir aktivieren Befehle). Die Esc-Taste (Esc für
Escape bzw. Entkommen) übernimmt diese Aufgabe eines "Umschalters".

Druck-Befehl zum Ausdrucken des Textes:
Durch Drücken der Esc-Taste wird der Texteingabe-Modus verlassen und
das Befehlsfeld Ausschnitt im Befehlsbereich markiert. Nun kann der
Druck-Befehl aktiviert werden. Wir gehen dabei nach der 2. Methode vor
und rufen den Druck-Befehl direkt durch Eintippen von "d" oder "D" auf.

1. Methode: Befehl markieren und aktivieren
   1. *Esc-Taste drücken:* Ausschnitt-Befehl als 1. Befehl ist unterlegt bzw. markiert.
   2. *Befehl markieren:* Befehlszeiger mit der Rechts-, Tab- oder Leertaste um zwei Befehle nach rechts bewegen; der Druck-Befehl ist markiert.
   3. *Befehl aktivieren:* Return-Taste drücken; der Druck-Befehl wird aktiviert und bietet sein Untermenü zur weiteren Befehlsauswahl an.

2. Methode: Befehl direkt aktivieren
   1. *Esc-Taste drücken:* Ausschnitt-Befehl als 1. Befehl ist unterlegt bzw. markiert.
   2. *Befehl direkt aktivieren:* Den ersten Buchstaben des Befehlsnamens eintippen; hier also "d" oder "D" für den Druck-Befehl.

3. Methode: Befehl mit der Maus anklicken
   1. Pfeil auf das Befehlsfeld von Druck stellen.
   2. Druck-Befehl durch Betätigen der linken Maustaste anklicken.

Drei Methoden, um einen Befehl zu aktivieren

Befehlsfolge Druck/Drucker eingeben: Nach dem Aktivieren des Druck-Befehls erscheint ein weiteres Untermenü mit neun Unterbefehlen:

```
DRUCK: Drucker Serienbrief soFort Platte/Diskette Optionen
       Warteschlange Umbruch-Seite Textbaustein Layoutkontrolle
Druckt die Datei im aktiven Ausschnitt
```

Drucker als erster Unterbefehl ist bereits markiert; er kann durch die Return-Taste sofort aktiviert werden. Der Brieftext wird ausgedruckt.

```
DRUCK DRUCKER:                          Befehlsbereich

Drucken von Seite 1                     Meldungszeile
```

Befehlsfolgen: Die beiden Befehle Druck und Drucker wurden nacheinander bzw. *in Folge* aktiviert. Word bietet dem Benutzer zahlreiche solcher *Befehlsfolgen* an; wir stellen sie wie folgt durch Einrücken der Befehlsworte dar:

```
Druck            1. Druck als Befehl aktivieren
Drucker          2. Drucker- Unterbefehl aktivieren
```

Darstellung der Befehlsfolge Druck/Drucker

3.1.4 Text auf Diskette speichern

Übertragen/Speichern-Befehl zum Sichern des Textes: Den im RAM bzw. Hauptspeicher bearbeiteten (editierten) Text bezeichnet man als *aktiven Text*. Durch die Befehlsfolge

Übertragen Speichern B:brief1a	1. Übertragen-Befehl aktivieren 2. Speichern-Unterbefehl aktivieren 3. Dateiname Brief1a, Laufwerk B:

wird eine Kopie des aktiven Textes unter dem Namen Brief1a.TXT auf die Diskette in das Laufwerk B: abgespeichert. Nach der Befehlsauswahl

```
ÜBERTRAGEN: Laden Speichern Bildschirmlöschen Dateilöschen Zusammenführen
            Optionen Umbenennen Textbausteine Alles-speichern
Speichert die Datei im aktiven Ausschnitt auf dem Datenträger!
```

werden B: als Laufwerksbezeichnung und Brief1a als Dateiname eingegeben, anschließend mit Return der Befehl ausgeführt:

```
ÜBERTRAGEN SPEICHERN Dateiname: b:brief1a
                     Format:(Word)Nur-Text Nur-Text-mit-Zeilenumbrüchen RTF
Geben Sie bitte den Dateinamen ein!
```

Word führt Übertragen/Speichern aus, informiert über die Meldungszeile

```
Ich speichere Ihre Datei...
```

und aktiviert anschließend wieder den Textbereich. Der Textcursor befindet sich danach genau an der Stelle, wo er vor dem Betätigen der Esc-Taste gestanden hat.

Aktiven Text wiederholt speichern: Der im RAM editierte aktive Text ist bei Stromausfall verloren. Aus diesem Grunde sollte man den Text zwischendurch auf Diskette bzw. Festplatte sichern. Man verwendet dazu den Übertragen/Speichern-Befehl:

1. Mit Esc vom Textbereich in den Befehlsbereich wechseln. 2. Mit Übertragen/Speichern/B:Brief1a.TXT die aktive Datei bzw. den aktiven Text sichern. 3. Im Textbereich mit dem Bearbeiten der aktiven Datei fortfahren.

3.1.5 Text in den RAM laden

Übertragen/Laden als Gegenstück zum Befehl Übertragen/Speichern:
Durch die Befehlsfolge

Übertragen
  Laden
    Dateiname: b:brief1a
	Befehl im Befehlsbereich aktivieren
	Unterbefehl kopiert von Diskette
	Datei Brief1a.TXT von Laufwerk B:
	(abschließend Return drücken)

wird die Datei Brief1a.TXT auf der Diskette in Laufwerk B: gesucht, um
eine Kopie in den RAM zu übertragen. Der bisher im RAM befindliche
Text wird dadurch gelöscht. Deshalb erscheint ggf. die folgende Meldung:

```
Geben Sie J ein wenn Sie speichern möchten N wenn nicht oder unterbrechen Sie!
```

Bei Eingabe von "J" wird die aktive Datei aus dem RAM über einen
Übertragen/Speichern-Befehl automatisch gespeichert, um erst dann den
Übertragen/Laden-Befehl auszuführen.

Die zu ladende Datei über F1 auswählen: Gibt man anstelle des Dateinamens die Funktionstaste F1 ein, wird am oberen Bildschirmbereich eine
Liste mit allen Dateinamen sowie Verzeichnissen angezeigt. Die ge-
wünschte Datei läßt sich nun bequem über die Cursortasten markieren
und über die Return-Taste laden.

Schritt 1: b: und dann F1 tippen

```
ÜBERTRAGEN LADEN Dateiname: b:
           Schreibschutz: Ja(Nein)
Geben Sie bitte einen Dateinamen ein oder wählen Sie einen mit F1!
```
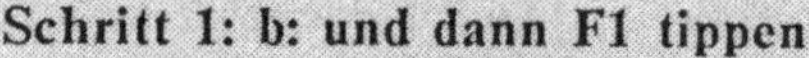

Schritt 2: In Namensliste am Bildschirm oben BRIEF1A.TXT markieren

```
B:\*.TXT
BRIEFXX.TXT        [A:]              [B:]              [C:]
RECHNUNG.TXT       BRIEF666.TXT      BRIEF1A.TXT       BRIEF8XX.TXT
```

Schritt 3: BRIEF1A.TXT mit Return laden

```
ÜBERTRAGEN LADEN Dateiname: BRIEF1A.TXT
           Schreibschutz: Ja(Nein)
Geben Sie bitte einen Dateinamen ein oder wählen Sie einen mit F1! (714752 B)
```

Dateinamen beim Übertragen/Laden-Befehl mittels F1 anzeigen lassen

3.1.6 Fehler im Text korrigieren

Folgende Fehler sollen im Text Brief1a.TXT der Reihe nach korrigiert werden:
1. Weiche Trennungsstriche einfügen, um Lücken zu schließen
2. Einen neuen Absatz bilden
3. Ein Wort in den Text einfügen
4. Text überschreiben (mit F5 vom Einfüge- zum Überschreibemodus)
5. Ein Wort mit der Rück-Taste zeichenweise löschen
6. Ein Wort mit der Entf-Taste zeichenweise löschen
7. Ein mit F8 markiertes Wort löschen

3.1.6.1 Weiche Trennstriche im Wort einfügen

Weiche Trennstriche zur Silbentrennung mit den Tasten Strg/- einfügen:
In der Datei Brief1a.TXT hat sich vor dem Wort "Diskettenlaufwerk" eine Lücke gebildet, die geschlossen werden soll.

```
*    seit·einer·Woche·habe·ich·nun·einen·PC.·Er·hat·ein·
     Diskettenlaufwerk·und·eine·Festplatte·mit·40·MB.·Den·Drucker·habe·
     ich·auch·schon·ausprobiert.¶
```

Wir positionieren den Cursor auf das "k" von "Diskettenlaufwerk" und fügen mit Strg/- (bei gedrückter Strg-Taste kurz - tippen) vor dem "k" einen Trennstrich "-" ein; "Dis-" wird dadurch in die erste Zeile übernommen:

```
*    seit·einer·Woche·habe·ich·nun·einen·PC.·Er·hat·ein·Dis-
     kettenlauf·werk·und·eine·Festplatte·mit·40·MB.·Den·Drucker·habe·
     ich·auch·schon·ausprobiert.··¶
```

Auch vor dem "t", "l" und "w" werden Trennstriche eingefügt:

```
*    seit·einer·Woche·habe·ich·nun·einen·PC.·Er·hat·ein·Dis-ket-
     tenlaufwerk·und·eine·Festplatte·mit·40·MB.·Den·Drucker·habe·ich·
     auch·schon·ausprobiert.··¶
```

```
*    seit·einer·Woche·habe·ich·nun·einen·PC.·Er·hat·ein·Dis-ket-ten-
     laufwerk·und·eine·Festplatte·mit·40·MB.·Den·Drucker·habe·ich·auch·
     schon ausprobiert.
```

```
*    seit·einer·Woche·habe·ich·nun·einen·PC.·Er·hat·ein·Dis-ket-ten-
     lauf-werk·und·eine·Festplatte·mit·40·MB.·Den·Drucker·habe·ich·auch·
     schon·ausprobiert.··¶
```

In dem dreizeiligen Absatz erscheinen nun vier Trennstriche. Man bezeichnet sie als *weiche Trennstriche*, da sie - mittels Strg/- eingegeben - nur dann ausgedruckt werden, wenn sie zum Zeitpunkt des Druckvorganges am Zeilenende stehen.

1. Strg/- als weicher Trennstrich
Trennstrich nur drucken, wenn er am Zeilenende steht.

2. Strg/Umschalt/- als geschützter Bindestrich
Nach dem Bindestrich keine Trennung vornehmen (z.B.: 3-6 km).

3. - als gewöhnlicher Trennstrich:
Bindestrich in jedem Fall drucken.

4. Strg/Leer als geschützte Leerstelle
Trennung zwischen zwei Wörtern vermeiden (z.B.: 40 KB).

Vier Möglichkeiten bei der manuellen Trennung von Wörtern

3.1.6.2 Einen neuen Absatz bilden

Der Satz ab "Den Drucker ..." soll in einer neuen Zeile beginnen.

```
*    seit·einer·Woche·habe·ich·nun·einen·PC.·Er·hat·ein·Dis-ket-ten-
     lauf-werk·und·eine·Festplatte·mit·40·MB.·Den·Drucker·habe·ich·auch·
     schon·ausprobiert.·¶
```

Dazu bewegt man den Cursor auf das "D" von "Den" und drückt die Return-Taste.
- Anstelle des "D" wurde ein "¶" als Absatzendezeichen eingefügt.
- Aus dem dreizeiligen Absatz wurden zwei Absätze gebildet. In der Druckformatspalte erscheinen zwei Zeichen "*" zur Markierung des Absatzanfangs.

```
*    seit·einer·Woche·habe·ich·nun·einen·PC.·Er·hat·ein·Dis-ket-ten-
     lauf-werk·und·eine·Festplatte·mit·40·MB.·¶
*    Den·Drucker·habe·ich·auch·schon·ausprobiert.·¶
```

3.1.6.3 Ein Wort in den Text einfügen

"einen PC" soll zu "einen neuen PC" erweitert werden. Dazu positioniert
man den Cursor auf das "P" und tippt die sechs Zeichen "einen " ein. Das
Wort wird eingefügt, der restliche Text des Absatzes verschiebt sich um
sechs Zeichen nach rechts:

```
   *    seit·einer·Woche·habe·ich·nun·einen·neuen ·hat·ein·Dis-ket-ten-
        lauf-werk·und·eine·Festplatte·mit·40·MB.·¶
   *    Den·Drucker·habe·ich·auch·schon·ausprobiert.·¶
```

```
   *    seit·einer·Woche·habe·ich·nun·einen·neuen·PC.·Er·hat·ein·Dis-ket-
        ten-lauf-werk·und·eine·Festplatte·mit·40·MB.·¶
   *    Den·Drucker·habe·ich·auch·schon·ausprobiert.·¶
```

3.1.6.4 Text überschreiben

Nach dem Programmstart schaltet Word automatisch in den *Einfügemodus*.
Tippt man die Funktionstaste F5, so erscheint in der Meldungszeile der
Hinweis ÜB für *Überschreibemodus*.

```
Se1 Ze6,9 Sp1      ()                              ÜB            BRIEF5A.TXT
```

Alle nun eingetippten Zeichen weren nicht mehr eingefügt, sondern sie
überschreiben den Text. Die Eingabe von "einen " hätte nun folgende
Wirkung:

```
   *    seit·einer·Woche·habe·ich·nun·einen·PC.·Er·hat·ein·Dis-ket-ten-
        lauf-werk·und·eine·Festplatte·mit·40·MB.·¶
   *    Den·Drucker·habe·ich·auch·schon·ausprobiert.·¶
```

Taste F5 als Schalter zwischen Einfüge- und Überschreibemodus:
Der Überschreibemodus (Overwrite) bleibt bestehen, bis mit F5 erneut
der Einfügemodus (Insert) eingestellt wird.

3.1.6.5 Ein Wort mit der Rück-Taste löschen

Ein Wort zeichenweise mit der Rück-Taste (Backspace-Taste) löschen:
Das Wort "auch " soll gelöscht werden. Dazu positioniert man den Cursor
auf das "s" von "schon" und drückt fünfmal die Rück-Taste. Das nachfol-

gende Wort "schon" verschiebt sich nach links und überschreibt bzw.
löscht das Wort "auch ":


```
*    Den·Drucker·habe·ich·auch·schon·ausprobiert.·¶

*    Den·Drucker·habe·ich·schon·ausprobiert.·¶
```

3.1.6.6 Ein Wort mit der Entf-Taste löschen

Ein Wort zeichenweise mit der Entf-Taste (Del-Taste) löschen:
Bei dieser Löschmethode positioniert man den Cursor auf das "a" als das
erste Zeichen von "auch " als zu löschendem Text und drückt fünfmal die
Entf-Taste. Diese Methode ist langsamer als das Löschen über die Rück-
Taste. Grund:
- Zuerst wird das "a" in den Papierkorb übernommen. In der Mel-
  dungszeile erscheint (a).
- Dann wird das "u" in den Papierkorb gelöscht; in der Meldungszei-
  le erscheint (u), usw.
- Word übernimmt gelöschte Zeichen stets in den Papierkorb als
  Zwischenspeicher.

3.1.6.7 Ein mit F8 markiertes Wort löschen

Ein zuvor mit F8 markiertes Wort mit der Entf-Taste löschen:
Man positioniert den Cursor auf ein beliebiges Zeichen des zu löschenden
Wortes "auch" und drückt die Funktionstaste F8: "auch" ist markiert bzw.
unterlegt. Nun kann durch Drücken der Entf-Taste das gesamte Wort in
den Papierkorb gelöscht werden. Mit (auch) wird in der Meldungszeile
angezeigt, daß sich die fünf Zeichen "auch " im Papierkorb befinden.

Die in Abschnitt 3.1.2 eingegebene und bearbeitete Datei Brief1a.TXT hat
nun das umseitig wiedergegebene Aussehen:

```
1──[········1·········2·········3·········4·········5·········6·····]···7··┐
│*    Anita·Hildebrandt¶                                                   │
│*    Schwarzwaldstraße·48¶                                                │
│*    7000·Freiburg¶                                                       │
│*    ¶                                                                    │
│*    ··············································Freiburg,·31.·August·1989¶ │
│*    ¶                                                                    │
│*    Liebe·Laura,¶                                                        │
│*    ¶                                                                    │
│*    seit·einer·Woche·habe·ich·nun·einen·neuen·PC.·Er·hat·ein·Dis-ket-    │
│     ten-lauf-werk·und·eine·Festplatte·mit·40·MB.·¶                       │
│*    Den·Drucker·habe·ich·schon·ausprobiert.·¶                            │
│*    ¶                                                                    │
│*    ¶                                                                    │
│*    Bis·bald·in·Heidelberg.♦                                            │
│                                                                         │
│                                                                         │
│                                                                         │
│                                                                         │
│                                                                         │
└──────────────────────────────────────────────────────BRIEF1A.TXT─┘
BEFEHL: Ausschnitt Bibliothek Druck Einfügen Format Gehezu Hilfe Kopie
        Löschen Muster Quitt Rückgängig Suchen Übertragen Wechseln Zusätze
Bearbeiten Sie bitte Ihren Text oder unterbrechen Sie zum Hauptbefehlsmenü!
Se1 Ze14,9 Sp24      (auch )                         ÜB     Microsoft Word
```

3.1.7 Arbeit mit Word beenden

Word stets über den Quitt-Befehl beenden: Man könnte den PC nach getaner Arbeit einfach ausschalten. Drei Gründe sind es, die diese Vorgehensweise verbieten und das ordnungsgemäße Beenden über den Quitt-Befehl nahelegen.

1. Der Quitt-Befehl prüft, ob der zuletzt editierte Text auch gespeichert worden ist. Wird Text gefunden, der noch nicht auf Diskette gesichert worden ist, so erscheint folgende Meldung:

```
QUITT:

Geben Sie J ein wenn Sie speichern möchten N wenn nicht oder unterbrechen Sie!
Se1 Ze23,9 Sp8     ()                                        BRIEF1A.TXT
```

Nur bei Eingabe von "J" wird der aktive Text vor dem Beenden von Word auf Diskette unter dem Namen Brief1a.TXT gespeichert. Bei Eingabe von "N" hingegen geht er verloren.

2. Im Zuge der Arbeit speichert sich Word wiederholt Information in einer Hilfsdatei mit dem Dateityp TMP (für TeMPorär) ab. Diese Datei kann recht umfangreich werden - wird aber durch den Quitt-Befehl gelöscht. Verläßt man Word ohne Quitt, so vermindert sich der Speicherplatz auf Diskette. Mit der Zeit sammeln sich immer mehr überflüssige TMP-Dateien aud Diskette bzw. Festplatte an.

3. Die jeweiligen Einstellungen des Benutzers (Beispiel: Zeilenbreite, Druckertyp) legt Word in einer Datei namens MW.INI (INItialisierungsdatei) ab, die beim Starten stets automatisch geladen wird. Der Quitt-Befehl stellt die während der letzten Arbeitssitzung geänderten Einstellungen in MW.INI sicher.

Aufgabe 3.1/1: Einen Text eingeben, korrigieren und speichern.
   a) Speichern Sie den Text als Pleite1a.TXT ab. Befehlsfolge?

```
L──────[·········1·········2·········3·········4·········5·········6·····]···7··┐
├*    Einer·inoffiziellen·IHK-Studie·zufolge·beträgt·die·                       |
|     durchschnittliche·Lebensdauer·PC-Handelsgeschäftes·in·München·            |
|     München·nur·rund·16·Monste.·Die·Pleite·eines·Händlers·kann·schnell·       |
|     auch·zur·Tragik·des·Kunden·werden,·wenn·diesem·der·Service·fehlt.¶        |
├*    ♦
```

   b) Nennen Sie die Befehlsfolgen zum zweimaligen weichen Trennen:

```
L──────[·········1·········2·········3·········4·········5·········6·····]···7··┐
├*    Einer·inoffiziellen·IHK-Studie·zufolge·beträgt·die·durchschnitt-          |
|     li-che·Lebensdauer·PC-Handelsgeschäftes·in·München·München·nur·           |
|     rund·16·Monste.·Die·Pleite·eines·Händlers·kann·schnell·auch·zur·          |
|     Tragik·des·Kunden·werden,·wenn·diesem·der·Service·fehlt.¶                 |
├*    ♦
```

   c) Nennen Sie die Befehlsfolgen zum Korrigieren: Löschen ("München"), Einfügen ("eines"), Überschreiben ("Monate"), Bilden eines zusätzlichen Absatzes. Speichern Sie als Pleite1b.TXT neu ab.

```
L──────[·········1·········2·········3·········4·········5·········6·····]···7··┐
├*    Einer·inoffiziellen·IHK-Studie·zufolge·beträgt·die·durchschnitt-          |
|     li-che·Lebensdauer·eines·PC-Handelsgeschäftes·in·München·nur·rund·        |
|     16·Monate.·¶                                                              |
├*    Die·Pleite·eines·Händlers·kann·schnell·auch·zur·Tragik·des·Kunden·        |
|     werden,·wenn·diesem·der·Service·fehlt.¶                                   |
├*    ♦
```

Aufgabe 3.1/2: Welche Aufgaben haben die Tasten F1, F5, F8, Strg/-, Strg/Umschalt/-, Return, Esc, Rück (Backspace) und Entf (Del)?

3

Kurs zur Textverarbeitung mit Word

3.1	Den ersten Text bearbeiten	45
3.2	**Dateien zwischen RAM und Diskette übertragen**	**59**
3.3	Text formatieren	77
3.4	Im Text rechnen	99
3.5	Mit Druckformatvorlagen arbeiten	105
3.6	Textteile in Textbausteinen bereitstellen	123
3.7	Serienbriefe schreiben	133
3.8	Einstellungen und Hilfen	143
3.9	Tabellen und Texte verknüpfen	161
3.10	Layout gestalten	175
3.11	Makros ausführen und programmieren	195
3.12	dBASE-Adreßdatei für Serienbriefe nutzen	221

Übertragen-Befehl: Zur Übertragung von Textdateien zwischen RAM (aktiver Text) und Diskette bzw. Festplatte (passive Texte) stellt Word den Übertragen-Befehl mit neun Unterbefehlen bereit.

```
ÜBERTRAGEN: Laden Speichern Bildschirmlöschen Dateilöschen Zusammenführen
            Optionen Umbenennen Textbausteine Alles-speichern
```

- *Laden:* Datei von Diskette in den RAM übertragen.
- *Speichern:* Datei vom RAM auf Diskette übertragen.
- *Bildschirmlöschen:* Aktive Datei im RAM löschen.
- *Dateilöschen:* Eine passive Datei auf Diskette löschen.
- *Zusammenführen:* Datei von Diskette zur aktiven Datei im RAM laden und an die Cursorposition hinzukopieren.
- *Optionen:* Zugriffspfad und Speicherungstermin festlegen.
- *Umbenennen:* Den Namen der aktiven Datei ändern.
- *Textbausteine:* Bausteine aus einer Textbausteindatei zusammenführen, speichern bzw. löschen.
- *Alles-speichern:* Aktive Datei mit gekoppelten Dateien speichern.

Bei der Anwendung des Übertragen-Befehls sind vier grundlegende Problemkreise zu unterscheiden, die an Beispielen erläutert werden:

Teil der aktiven Datei neu abspeichern (Abschnitt 3.2.1):
Beispiel: Der Absender von Datei Brief1a.TXT (die ersten vier Zeilen) soll unter dem Namen Absend1.TXT gespeichert werden.

Datei in die aktive Datei zusammenführen (Abschnitt 3.2.2):
Beispiel: Absend1.TXT soll an den Anfang einer beliebige aktiven Datei hinzukopiert werden.

Eine neue Datei speichern (Abschnitt 3.2.3):
Beispiel: Eine Maskendatei namens Maske1.TXT mit Leerraum zum späteren Einfügen soll neu editiert und gespeichert werden.

Geänderte Datei unter neuem Namen speichern (Abschnitt 3.2.4):
Beispiel: Maske1.TXT ist jeweils ergänzt neu abzulegen.

3.2.1 Teil der aktiven Datei neu speichern

Absender in einer gesonderten Datei speichern: In einer Datei namens Absend1.TXT soll nur der Absender gespeichert sein. Später soll diese Datei dann an den Anfang des jeweiligen Briefs hinzukopiert werden; man spart sich damit das erneute Eintippen des Absenders. Die Datei Absend1.TXT wird wie folgt in drei Schritten erstellt:

1. Datei Brief1a.TXT aus Namensliste auswählen und laden.
2. Den gesamten Dateiinhalt bis auf die ersten vier Zeilen mit dem Absender löschen.
3. "Verkleinerte" Datei unter dem Namen Absend1.TXT zusätzlich auf Diskette speichern.

1. Schritt: Datei mit Übertragen/Laden aus der Namensliste auswählen

Nach Eingabe von Übertragen/Laden/B:*.* wird die Taste F1 gedrückt, um oben am Bildschirm die Dateinamen (hier zwei Dateien) und Verzeichnisse (hier Disketten A: und B: sowie Festplatte C:) anzuzeigen.

Neben der Datei Brief1a.TXT ist dessen SIcherungsKopie Brief1a.SIK verfügbar. Brief1a.TXT wird markiert und mit Return geladen.

2. Schritt: Dateiinhalt ab Zeile 5 mit der Erweiterungstaste F6 löschen

Der Cursor wird nach Ze5/Sp1 bewegt, also an den Anfang von Zeile 5 (Zeile mit "Freiburg"). Nach Drücken der Taste F6 wird mit dem Cursor nach unten zur Zeile 14 (letzte Zeile) und dann nach rechts zur Spalte 23 (letzte beschriebene Spalte) bewegt; er steht nun in Ze14/Sp23, und der Bereich Ze5/Sp1-Ze14/Sp23 ist markiert (zum Beispiel farbig unterlegt). Drückt man nun die Entf-Taste (Del-Taste), so wird der gesamte markierte Textbereich in den Papierkorb gelöscht; unten in der Meldungszeile erscheint (.... berg.) als Papierkorb. Durch sofortiges Drücken der Einfg-Taste (Ins-Taste) würde der Text wieder aus dem Papierkorb in den Brief eingefügt.

```
1————[·········1·········2·········3·········4·········5·········6·····]···7··
│*    Anita·Hildebrandt¶
│*    Schwarzwaldstraße·48¶
│*    7000·Freiburg¶
│*    ¶
│*    ·······························Freiburg,·31.·August·1989¶
│*    ¶
│*    Liebe·Laura,¶
│*    ¶
│*    ¶
│*    seit·einer·Woche·habe·ich·nun·einen·neuen·PC.·Er·hat·ein·Dis-ket-
│     ten-lauf-werk·und·eine·Festplatte·mit·40·MB.·¶
│*    Den·Drucker·habe·ich·schon·ausprobiert.··¶
│*    ¶
│*    Bis·bald·in·Heidelberg.♦
```


*Zuerst markieren, dann löschen: Textbereich Z5/Sp1–Z14/Sp23 mit F6
markieren und mit Entf-Taste bzw. Del-Taste in den Papierkorb löschen*

3. Schritt: Datei unter dem Namen Absend1.TXT auf Diskette A: sichern

Die aktive Datei enthält nur die vier Zeilen des Absenders, hat aber noch
den Namen Brief1a.TXT. Zum Speichern bietet der Übertragen/Spei-
chern-Befehl deshalb auch den Dateinamen B:Brief1a an. Dieser muß nun
in B:Absend1 geändert werden:

- Die aktive Datei wird mit Übertragen/Speichern/B:Brief1a unter
  dem Namen Absend1.TXT auf die Diskette in Laufwerk B: gespeichert.
- Die Datei Brief1a.TXT bleibt auf Diskette unverändert erhalten.

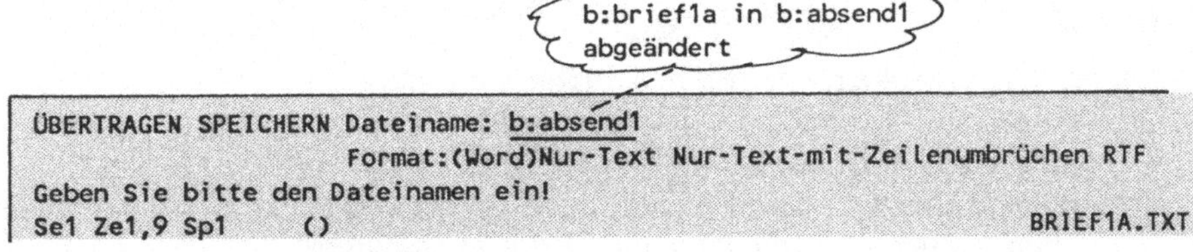

Die Datei Absend1 ist nun auf Diskette mit folgendem Inhalt gespeichert:

```
│*    Anita·Hildebrandt¶
│*    Schwarzwaldstraße·48¶
│*    7000·Freiburg¶
│*    ¶
│*    ♦
```

1. Zuerst Text markieren (wichtige Tasten):
- Cursor markiert das einzelne Zeichen
- F8 markiert ein Word
- Umschalt/F9 markiert eine Zeile
- F10 markiert einen Absatz
- Umschalt/F10 markiert den gesamten Text
- F6/Cursortaste markiert einen beliebigen Textbereich, der sich über mehrere Wörter, Zeilen, Absätze oder Bereiche erstrecken kann

2. Den markierten Text verarbeiten (drei Verarbeitungsbeispiele):
- Mit Entf (Del) in den Papierkorb löschen
- Mit Einfg (Ins) an die Cursorposition einfügen (kopieren)
- Mit Druck/Drucker ausdrucken

Grundlegend für Word: 1. Zuerst markieren und 2. dann verarbeiten

Absend1 ändern und unter neuem Namen speichern

Der folgende Text (10 Zeilen bzw. 9 Absätze) soll unter Verwendung der Datei Absend1 editiert und auf Diskette unter dem Namen Fahrrad1 gespeichert werden:

```
*    Anita·Hildebrandt¶
*    Schwarzwaldstraße·48¶
*    7000·Freiburg¶
*    ¶
*    ¶
*    Hinweis·an·alle·Benutzer·des·Fahrradabstellraumes:¶
*    Gestern·wurde·ein·Fahrrad·entwendet.·Bitte·schließen·Sie·den·Raum·
     stets·ab.¶
*    ¶
*    21.01.1990¶
*    ♦
```

Folgendes Drei-Schritte-Vorgehen bietet sich an:
1. Die Datei Absend1 in den RAM laden mit Übertragen/Laden.
2. Die Datei um den Text "Hinweis an ... 21.01.1990" erweitern.
3. Die aktive Datei mit Übertragen/Speichern unter dem neuen Namen Fahrrad1 zusätzlich auf Diskette speichern.

3.2.2 Eine Datei in die aktive Datei zusammenführen

Eine andere Möglichkeit zum Erstellen der Datei Fahrrad1.TXT (vgl. Abschnitt 3.2.1) besteht darin, zuerst den Text

```
*    ¶
*    Hinweis·an·alle·Benutzer·des·Fahrradabstellraumes:¶
*    Gestern·wurde·ein·Fahrrad·entwendet.·Bitte·schließen·Sie·den·Raum·
     stets·ab.¶
*    ¶
*    21.01.1990¶
*    ◆
```

zu editieren, um dann die Datei Absend1 mit den vier Absenderzeilen

```
*    Anita·Hildebrandt¶
*    Schwarzwaldstraße·48¶
*    7000·Freiburg¶
*    ¶
```

von Diskette an den Anfang der aktiven Datei zusammenzuführen. Man geht in fünf Schritten vor:

1. Aktive Datei im RAM löschen mit Übertragen/Bildschirmlöschen
2. Die sechs Zeilen mit dem Text "Hinweis .... 21.01.1990" editieren.
3. Den Cursor zum Anfang des Textes nach Ze1/Sp1 positionieren.
4. Die Absenderzeilen mit Übertragen/Zusammenführen/B:Absend1 von Diskette in die aktive Datei kopieren und an der Anfang des Textes einfügen, also vor "Hinweis an ...".
5. Die aktive Datei mit Übertragen/Speichern unter dem Namen Fahrrad1.TXT auf Diskette sichern.

Übertragen/Bildschirmlöschen-Befehl: Dieser Befehl löscht den kompletten Inhalt des RAM, d.h. die aktive Datei (z.B. Brief1a.TXT) samt allen mit ihr verbundenen Dateien (auf diese gehen wird später ein).

```
ÜBERTRAGEN BILDSCHIRMLÖSCHEN: Gesamt Ausschnitt

Löscht alle Textausschnitte, Textbausteine usw. aus dem Arbeitsspeicher
Se1 Ze19,9 Sp24     ()                                  BRIEF1A.TXT
```

Wurden an der aktiven Daten Brief1a seit dem letzten Speichern erneut Änderungen vorgenommen, fordert der Übertragen/Bildschirmlöschen-Befehl zum Speichern auf (Antwort "J"):

```
ÜBERTRAGEN BILDSCHIRMLÖSCHEN GESAMT: ___

J um Änderungen im Dokument zu speichern N wenn nicht oder unterbrechen Sie!
Se1 Ze1,9 Sp1      ()                                   BRIEF1A.TXT
```

Übertragen/Zusammenführen-Befehl: Übertragen/Laden kopiert die genannte Datei von Diskette in den RAM, wobei die dort vorhandene Datei überschrieben wird. Übertragen/Zusammenführen kopiert ebenfalls von Diskette in den RAM, speichert die Kopie jedoch zusätzlich zum vorgefundenen Text ab. Die Anfangsstelle des einkopierten Textes wird durch die Position des Cursors bestimmt; der ursprüngliche Text wird "nach hinten" verschoben.

```
ÜBERTRAGEN ZUSAMMENFÜHREN Dateiname:  b:absend1


Geben Sie bitte einen Dateinamen ein oder wählen Sie einen mit F1!
Se1 Ze1,9 Sp1      ()                                    FAHRRAD1.TXT
```

3.2.3 Eine neue Datei speichern

Datei Maske1.TXT enthält eine Bildschirmmaske:
Eine *Bildschirmmaske* stellt am Bildschirm Information zur Verfügung, wobei in die vorgesehenen Lücken ein entsprechender Text einzufügen ist. Die Datei Maske1.TXT beinhaltet einen Standardbrief, bei der die Textfelder *Anschrift*, *Datum*, *Bezugszeile*, *Anrede*, *Briefinhalt* und *Anlagen* Lücken aufweisen. Diese Felder sind später jeweils nach Bedarf mit Nutzdaten zu füllen.

- Textfeld *Absender*: Der Briefkopf ist vier Zeilen lang. Anschließend sind fünf Leerzeilen bis zur *Anschrift* vorgesehen, damit der Brief in einen Umschlag mit Fenster paßt.

- Textfeld *Anschrift*: Zeilen 10 bis 18; neun Zeilen zu je 34 Spalten entsprechen dem Anschriftsfeld eines Standardbriefumschlages mit 40 * 85 mm. Die Anschrift wird später im Überschreibemodus mit der Funktionstaste F5 eingegeben.
  1. Zeile Versendungsform (Eilbrief, Drucksache usw.)
  2. Zeile leer
  3 Zeile Anrede (Herr, Frau, ...)
  4. Zeile Name des Empfängers (z.B. Tillmann Derksen)
  5. Zeile Straße mit Hausnummer
  6. Zeile leer
  7. Zeile Postleitzahl mit Ort (z.B. 7400 Tübingen)
  8. Zeile leer
  9. Zeile Zusätze (z.B. Hinweise für Ausland)

- Textfeld *Bezugszeile*: In Zeile 21 wird der Ort eingegeben. Bei Geschäftsbriefen kann diese Zeile zur Bezugnahme auf den bisherigen Schriftverkehr verwendet werden.
- Textfeld *Datum*: Zeile 22 ergänzen.

- Textfeld *Betreffzeile* in Zeile 25 ergänzen.
- Textfeld *Anrede*: Zeile 28 ergänzen.
- Textfeld *Briefinhalt*: Hier muß natürlich im Einfügemodus (Taste F5) eingegeben werden; die Textfelder *Grußzeile* und *Anlagen* verschieben sich dann nach unten.
- Textfeld *Anlagen:* Beigefügte Anlagen nennen.

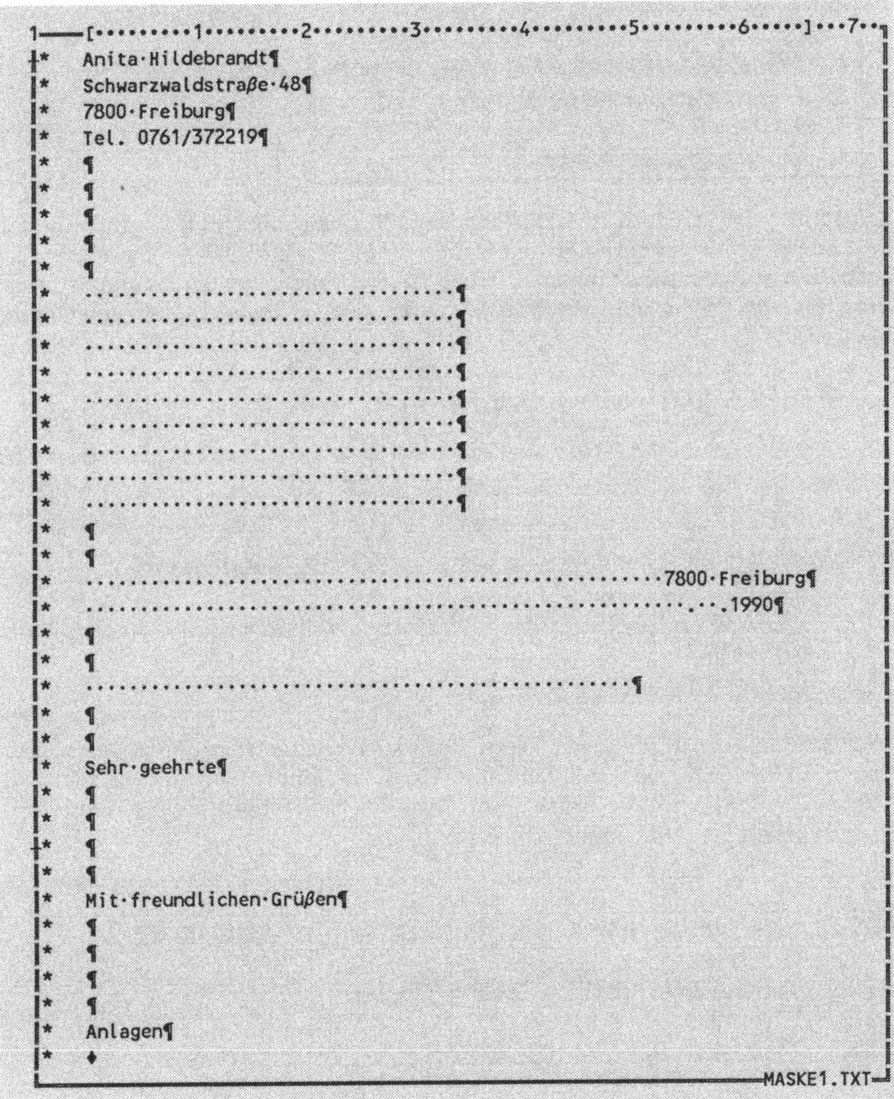

Maske1.TXT als Maskendatei für einen Standardbrief

Vier mögliche Befehlsfolgen zum Erstellen der Maskendatei Maske1.TXT

Zur Erstellung einer neuen Datei wie etwa Maske1.TXT kann man unterschiedliche Befehlsfolgen nutzen; im folgenden werden die vier grundlegenden Befehlsfolgen erläutert.

Befehlsfolge zum Speichern von Maske1.TXT (1. Möglichkeit)

```
1.  Übertragen/Bildschirmlöschen/Gesamt
2.  Übertragen/Laden/B:Maske1
3.  Editieren
4.  Übertragen/Speichern
```

Zunächst wird die aktive Datei aus dem RAM gelöscht. Der anschließende Laden-Befehl sucht in B: nach der Datei Maske1.TXT. Da diese nicht gefunden werden kann, meldet Word "J um eine neue zu erstellen". Nach Eingabe von "J" erhält die (noch leere) aktive Datei dann den Namen Maske1.TXT.

```
ÜBERTRAGEN LADEN Dateiname:  b:maske1
                 Schreibschutz:  Ja(Nein)
Die Datei existiert nicht! J um eine neue zu erstellen oder unterbrechen Sie!
Ze1 Se1,9 Sp1        ()                                          BRIEF1A.TXT
```

Befehlsfolge zum Speichern von Maske1.TXT (2. Möglichkeit)

```
1.  Übertragen/Laden/B:Maske1    (Word speichert aktive Datei ggf. ab)
2.  Editieren
3.  Übertragen/Speichern
```

Unabhängig von der aktiven Datei im RAM wird sofort der Befehl Übertragen/Laden/B:Maske1 eingegeben; Word speichert vor dem Laden von Maske1.TXT die aktive Datei auf Diskette, falls diese noch nicht gesichert worden ist. Nun kann editiert werden.

Befehlsfolge zum Speichern von Maske1.TXT (3. Möglichkeit)

```
1.  Übertragen/Bildschirmlöschen/Gesamt
2.  Editieren
3.  Übertragen/Speichern/B:Maske1
```

Der Text wird erst zum Zeitpunkt der Speicherung benannt. Während des Editierens ist die aktive Datei noch ohne Namen.

Befehlsfolge zum Speichern von Maske1.TXT (4. Möglichkeit)

```
1.  Umschalt/F10 und Entf zum Löschen des aktiven Textes
2.  Editieren
3.  Übertragen/Speichern/B:Maske1
```

Man markiert den gesamten Text mit Umschalt/F10, um ihn mit Entf in den Papierkorb zu löschen. Anschließend wird editiert und gespeichert.

3.2.4 Geänderte Datei unter neuem Namen speichern

Einen Brief Brief2a.TXT mittels Maskendatei Maske1.TXT schreiben:
Unter Verwendung der Maskendatei Maske1.TXT (vgl. Abschnitt 3.2.3) soll an die Firma PC Software der folgende Brief geschrieben werden:

> Datum: 12.1.1990.
> Anschrift des Empfängers: PC Software Import/Export GmbH, Kühler Grund 13a,
> Freiburg 6.
> Versendungsform: Eilbrief.
> Betreffzeile: Anfrage zur Speichererweiterung.
> Briefinhalt:
> ich besitze einen IBM-kompatiblen PC mit 3.5"-Diskettenlaufwerk und 40 MB-
> Festplatte und arbeite unter MS-DOS Version 4.1.
> Nun benötige ich eine Erweiterung des Hauptspeichers von derzeit 640 KB. Bitte sen-
> den Sie mir entsprechende Unterlagen zu oder rufen Sie mich an.
> Anlagen: Keine.

Man lädt die Maskendatei Maske1.TXT, editiert den Brief im RAM und speichert ihn dann unter dem Namen Brief2a.TXT neu auf Diskette ab:

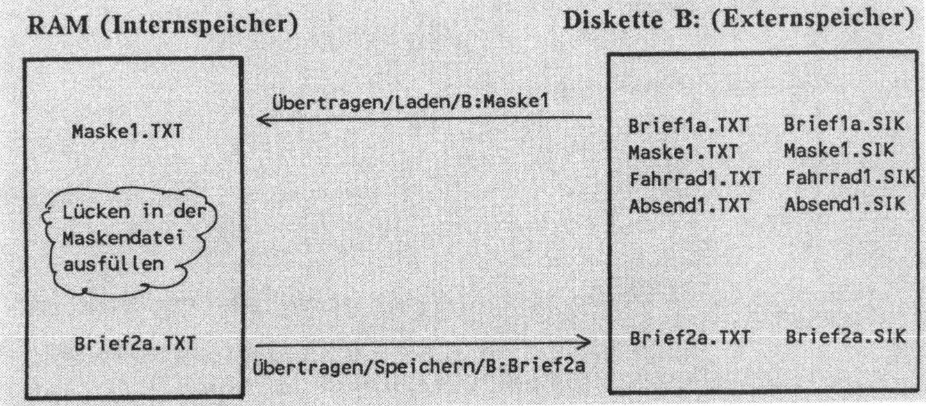

Zuerst Maske1.TXT laden, dann den Brief editieren und abschließend als Brief2a.TXT zusätzlich auf Diskette speichern

```
1———[·········1·········2·········3·········4·········5·········6····]···7··
|*    Anita·Hildebrandt¶
|*    Schwarzwaldstraße·48¶
|*    7800·Freiburg¶
|*    Tel.·0761/372219¶
|*    ¶
|*    ¶
|*    ¶
|*    ¶
|*    ¶
|*    Eilbrief·····················¶
|*    ·························¶
|*    Firma·····················¶
|*    PC-Software·Import/Export·GmbH····¶
|*    Kühler·Grund·13a················¶
|*    ·························¶
|*    7800·Freiburg·6···············¶
|*    ·························¶
|*    ·························¶
|*    ¶
|*    ¶
|*    ···············································7800·Freiburg¶
|*    ········································12.01.1990¶
|*    ¶
|*    ¶
|*    Anfrage·zur Speichererweiterung··················¶
|*    ¶
|*    ¶
|*    Sehr·geehrte·Damen·und·Herren,¶
|*    ¶
|*    ich·besitze·einen·IBM-kompatiblen·PC·mit·3.5"-Diskettenlaufwerk·
|     und·40·MB-Festplatte·und·arbeite·unter·MS-DOS·Version·4.1.·¶
|*    ¶
|*    Nun·benötige·ich·eine·Erweiterung·des·Hauptspeichers·von·derzeit·
|     640·KB.·Bitte·senden·Sie·mir·entsprechende·Unterlagen·zu·oder·ru-
|     fen·Sie·mich·an.·Vielen·Dank.¶
|*    ¶
|*    ¶
|*    Mit·freundlichen·Grüßen¶
|*    ¶
|*    ¶
|*    ¶
|*    Anlagen¶
|*    -¶
|*    ◆
                                                            ———MASKE1—
ÜBERTRAGEN SPEICHERN Dateiname: b:brief2a.txt
                     Format:(Word)Nur-Text Nur-Text-mit-Zeilenumbrüchen RTF
Geben Sie bitte den Dateinamen ein!
```

Datei Brief2a, die durch Ausfüllen der Lücken von Maskendatei Maske1
erstellt und gespeichert wird

Vorgehensweise zum Erstellen von Brief2a.TXT in fünf Schritten:

1. Mit Übertragen/Bildschirmlöschen/Gesamt die aktive Datei löschen.
2. Mit Übertragen/Laden/B:Maske1 die Maskendatei mit dem leeren bzw. lückenhaften Brief laden.
3. Den Brieftext eingeben. Dabei mit F5 den Überschreibemodus wählen.
4. Mit Übertragen/Speichern/B:Brief2a den Text als neue Datei Brief2a auf Diskettenlaufwerk B: sichern.

3.2.5 Besonderheiten des Übertragen-Befehls

Bei der Verwendung der Unterbefehle des Übertragen-Befehls muß man sich stets vor Augen halten, daß nur *eine* Datei im RAM aktiv gehalten werden kann:

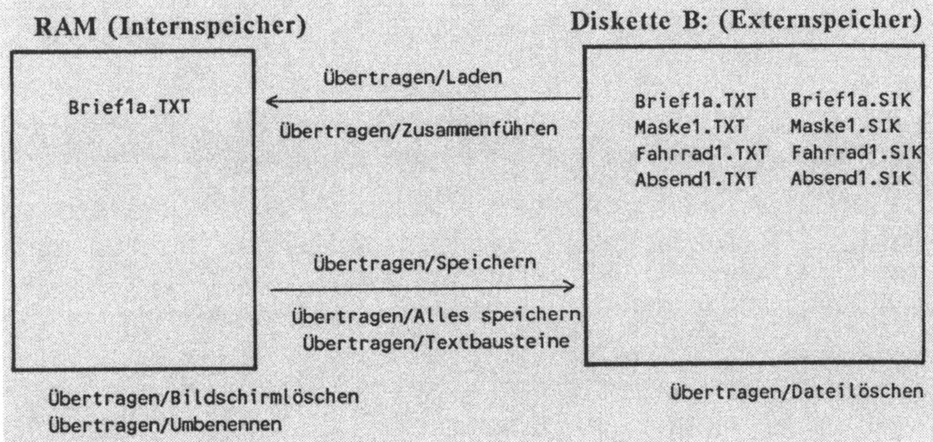

Eine aktive Datei im RAM und mehrere passive Dateien auf Diskette

3.2.5.1 Standardlaufwerk einstellen

Laufwerk B: als Standardlaufwerk einstellen: Mit der Befehlsfolge

```
Übertragen
  Optionen
    Laufwerk/Verzeichnis: b:
```

wird B: als Standardlaufwerk eingestellt. Nun kann man sich die Lauf-
werksangabe B: jeweils sparen. B:Maske1.TXT und Maske1.TXT sind
identische Angaben, da Word automatisch stets in Laufwerk B: sucht.

```
ÜBERTRAGEN OPTIONEN Laufwerk/Verzeichnis: b:
                 Speichern zwischen Sitzungen: Ja(Nein)
Geben Sie bitte den Pfad ein oder wählen Sie einen mit F1!
```

3.2.5.2 TXT-Datei und SIK-Datei

SIK-Datei als SIcherungsKopie: Der erste Übertragen/Speichern-Befehl
legt die aktive Datei Brief1a unter dem Namen Brief1a.TXT auf Diskette
ab. Ändert man nun Brief1a im RAM ab, dann arbeitet der nächste
Übertragen/Speichern-Befehl in zwei Schritten:

1. Auf Diskette wird Brief1a.TXT nach Brief1a.SIK kopiert.
2. Die aktive Datei Brief1a wird vom RAM auf Diskette kopiert und
   dort unter dem Namen Brief1a.TXT abgelegt; die "alte" Datei
   Brief1a.TXT wird somit durch die "neue" Datei Brief1a überschrieben.

Auf diese Weise verwaltet Word stets zwei Versionen einer Datei: die
TXT-Datei als aktuelle Version und die SIK-Datei als letzte Version.

Dateityp SIK muß angegeben werden: Gibt man Brief1a ein, sucht Word
nach der Datei Brief1a.TXT. Soll die Sicherungskopie übertragen werden,
muß vom Benutzer ausdrücklich Brief1a.SIK eingegeben werden.

Jokerzeichen "*" und "?": Fordert man beim Übertragen/Laden-Befehl
mit F1 eine Namensliste an, werden nur die TXT-Dateien angezeigt. Um
auch die SIK-Dateien anzuzeigen, muß das "*" als Jokerzeichen eingegeben werden. Beispiel zum Laden aller Dateien unabhängig vom Dateinamen (erstes Jokerzeichen "*") und unabhängig vom Dateityp (zweites "*"):

```
Übertragen
Laden
Dateiname: B:*.*
```
Übertragen-Befehl aktivieren
Laden als Unterbefehl
Nach * die Taste F1 drücken

Aus der folgenden Namensliste kann nun Brief1a.SIK mit den Cursortasten ausgewählt werden:

```
B:\*.*
BRIEF1A.TXT          [A:]              [B:]                  [C:]
BRIEF1A.SIK          ABSEND1.TXT       ABSEND1.SIK
```

Übertragen/Laden/B:*.*	Alle Dateien in B: anzeigen
Übertragen/Laden/B:*.sik	Nur SIK-Dateien anzeigen
Übertragen/Laden/B:*.txt	Nur TXT-Dateien anzeigen
Übertragen/Laden/B:	Wie *.TXT
Übertragen/Laden/B:R*	TXT-Dateien, die mit R beginnen
Übertragen/Laden/B:??.*	Nur Dateien mit Namenslänge 2

Beispiele zum Eingrenzen der mit F1 angezeigten Namensliste
*durch die Jokerzeichen * (für Zeichenfolge) und ? (für Einzelzeichen)*

3.2.5.3 Vorsicht beim Löschen von Dateien

Löschen durch Überschreiben auf Diskette mit Übertragen/Speichern

Die Datei Brief1a wird in den RAM geladen und editiert. Nun soll sie
unter dem Namen Maske1 auf Diskette gespeichert werden. Findet Word
im Ziellaufwerk bereits eine Datei Maske1, dann wird dies gemeldet. Nur
bei Eingabe von "J" wird überschrieben:

```
ÜBERTRAGEN SPEICHERN Dateiname: b:maske1
                  Format:(Word)Nur-Text Nur-Text-mit-Zeilenumbrüchen RTF
Die Datei existiert bereits. J zum Überschreiben oder unterbrechen Sie!
Se1 Ze1,9 Sp1       ()                                    BRIEF1A.TXT
```


Löschen durch Überschreiben im RAM mit Übertragen/Laden

Die Datei Maske1 befindet sich im RAM, wurde geändert und nach der
Änderung noch nicht wieder gesichert. Nun soll die Datei Fahrrad1 in
den RAM geladen werden. Word meldet den "drohenden Verlust von
Maske1" und überschreibt diese Datei ungesichert nur dann, wenn "N"
eingegeben wird:

```
ÜBERTRAGEN LADEN Dateiname: b:fahrrad1
          Schreibschutz: Ja(Nein)
Geben Sie J ein wenn Sie speichern möchten N wenn nicht oder unterbrechen Sie!
Se1 Ze1,9 Sp1       ()                                    MASKE1.TXT
```

Existiert Fahrrad1 auf Diskette nicht, dann erscheint *zuvor* zusätzlich
noch die folgende Meldung:

```
Die Datei existiert nicht! J um eine neue zu erstellen oder unterbrechen Sie!
Se1 Ze1,9 Sp1         ()                                          MASKE1.TXT
```

Löschen auf Diskette mit Übertragen/Dateilöschen

Mit der Befehlsfolge

Übertragen	Übertragen-Befehl aktivieren
Dateilöschen	Unterbefehl
Dateiname: b:brief2ap.txt	Dateiname und Dateityp nennen

wird die Datei Brief2ap.TXT von der Diskette in Laufwerk B: entfernt.
Dabei fragt Word zur Sicherheit nochmals nach; nur bei Eingabe von "J"
wird unwiderruflich gelöscht:

```
ÜBERTRAGEN DATEILÖSCHEN Dateiname: a:brief2ap.txt

Bestätigen Sie mit J das Löschen der Datei!
Se1 Ze1,9 Sp1         ()                                        Microsoft Word
```

Word läßt nicht zu, daß mehrere Dateien mit einem Dateilöschen-Befehl
auf einmal entfernt werden. Ebenso wird der Versuch abgewiesen, die
derzeit aktive Datei zu löschen:

```
ÜBERTRAGEN DATEILÖSCHEN Dateiname: a:*.sik
```


```
Geben Sie bitte einen Dateinamen ein oder wählen Sie einen mit F1!
Se1 Ze1,9 Sp1         ()                                          MASKE1.TXT
```

Word speichert zwischendurch wichtige Steuerungsinformationen in TMP-
Dateien ab (Dateityp TMP für TeMPorär). Diese Dateien lassen sich mit
dem Übertragen/Dateilöschen-Befehl nicht entfernen - man muß dazu in
die DOS-Ebene gehen.

Überschreiben auf Diskette mit Übertragen/Umbenennen nicht möglich

Mit dem Übertragen/Umbenennen-Befehl läßt sich der Name der aktiven
Datei ändern. Durch die Befehlsfolge

```
Übertragen
   Umbenennen
      Dateiname: b:neu
```
Übertragen-Befehl
Unterbefehl
Aktive Datei soll B:Neu.TXT heißen

wird die aktive Datei (zum Beispiel B:Brief1a.TXT) in B:Neu.TXT umbe-
nannt. Word schaut im angegebenen Laufwerk (hier in B:) nach, ob eine
Datei mit dem gewünschten Namen bereits existiert. Wenn ja, so wird der
Name abgelehnt. Grund: Das spätere Speichern würde die bisherige Datei
auf Diskette überschreiben und somit löschen.

```
ÜBERTRAGEN UMBENENNEN Dateiname: Brief2a.TXT


Geben Sie bitte den neuen Dateinamen ein!
Se1 Ze1,9 Sp1        ()                                    BRIEF1A.TXT


Ich darf die Datei nicht umbenennen!
```

Aufgabe 3.2/1: Dateiübertragung zwischen RAM und Diskette.
   a)   Grenzen Sie ab: Übertragen/Laden, Übertragen/Zusammenführen.
   b)   Aus welchem Grunde ist es ungünstig, unmittelbar hintereinander
        zweimal den Übertragen/Speichern-Befehl aufzurufen?
   c)   Wann fordern Sie beim Übertragen/Laden-Befehl die Namensliste
        mit B:, B:*.*, B:Brief? bzw. B:Brief* an - jeweils gefolgt von F1?
   d)   Nennen Sie zwei mögliche Ursachen und Reaktionen zur Meldung:

```
Geben Sie J ein wenn Sie speichern möchten N wenn nicht oder unterbrechen Sie!
```

Aufgabe 3.2/2: Geben Sie die Befehlsfolgen an.
   a)   Den aktiven Text unter dem Namen Br5 in Laufwerk B: sichern.
   b)   Einen über die Namensliste ausgewählte Datei von Laufwerk A: in
        den RAM kopieren (der zuvor gerade editierte Text ist seit der
        letzten Änderung noch nicht erneut gespeichert worden).
   c)   Die aktive Datei Statist1 zusätzlich als Datei Statist9 auf die Dis-
        kette in B: speichern und dann mit Statist1 weiterarbeiten.
   d)   Den ersten Absatz der Datei Gross als Datei Klein abspeichern.
   e)   Eine leere Datei namens Brief66 auf die Diskette in B: ablegen.
   f)   Die Sicherungskopie von Datei Mahnung2 zur TXT-Datei machen
        (die alte TXT-Datei soll überschrieben bzw. gelöscht werden).

Aufgabe 3.2/3: Schreiben Sie mit der Datei Maske1.TXT (Abschnitt 3.2.3)
den folgenden Brief B:Bestell3.TXT , und nennen Sie die Befehlsfolgen:

```
Herrn Claudio Derksen, Mozartstrasse 2 in 4300 Essen 1. 23.2.1990.
Lieber Herr Derksen, Ihre Bestellung kann abgeholt werden.
Mit freundlichen Grüßen
```

3 Kurs zur Textverarbeitung mit Word

3.1 Den ersten Text bearbeiten	45
3.2 Dateien zwischen RAM und Diskette übertragen	59
3.3 Text formatieren	**77**
3.4 Im Text rechnen	99
3.5 Mit Druckformatvorlagen arbeiten	105
3.6 Textteile in Textbausteinen bereitstellen	123
3.7 Serienbriefe schreiben	133
3.8 Einstellungen und Hilfen	143
3.9 Tabellen und Texte verknüpfen	161
3.10 Layout gestalten	175
3.11 Makros ausführen und programmieren	195
3.12 dBASE-Adreßdatei für Serienbriefe nutzen	221

Mit dem Format bzw. der Formatierung eines Textes wird dessen Gestaltung festgelegt:

- Die Formatierung bezieht sich auf die markierte Texteinheit, also auf ein *Zeichen*, ein *Wort*, eine *Zeile*, einen *Absatz*, eine *Seite* oder den *gesamten Text*.
- Text läßt sich direkt über bestimmte Tastenkombinationen formatieren (Abschnitte 3.3.1 und 3.3.2) oder über den Format-Befehl (ab Abschnitt 3.3.3):

```
FORMAT: Zeichen Absatz Tabulator Rahmen Fußnote Bereich Kopf-/Fußzeile
        Druckformat Suchen Wechseln Überarbeitung Position aNmerkung tExtmarke
Bestimmt die Zeichenformatierung (fett, kursiv usw.), Position und Schriftarten
```

3.3.1 Zeichen direkt formatieren

Zur Direktformatierung geht man stets in zwei Schritten wie folgt vor:

1. Zeichen markieren	F8, F9, F10 bzw. erweitern mit F6
2. Markierung formatieren	Alt/Formatierungstaste bzw. Alt/X/Formatierungstaste

Markieren (Schritt 1):
Zunächst sind die hervorzuhebenden Zeichen zu markieren. Dazu sieht Word für die grundlegenden Texteinheiten Tastenkombinationen vor:

Cursortaste	Einzelnes Zeichen
F8	Wort rechts (F7: Wort links)
Umschalt/F9	Zeile (F9: Text bis nächster Punkt)
F10	Absatz
Umschalt/F10	Gesamter Text
F6/Cursortaste	Erweiterung (mehrere Texteinheiten)

Tastenkombinationen zur Markierung der grundlegenden Texteinheiten
"Zeichen - Wort - Zeile - Ansatz - Textbereich"

Formatieren (Schritt 2):
Anschließend tippt man bei gedrückter Alt-Taste eine der folgenden
Buchstabentasten D bis U bzw. XD bis XU.
- Arbeitet man mit einer Druckformatvorlage, so ist jeweils ein X
  vorzusetzen. Beispiel: Um den markierten Text fett zu schreiben,
  ist Alt/XF anstelle von Alt/F zu tippen.
- Mit Alt/Leertaste wird die derzeit bestehende Formatierung zu-
  rückgenommen, d. h. das Standardformat wieder hergestellt.
- Verfügt man über keinen grafikfähigen Bildschirm, werden die
  Zeichenformate in Ersatzdarstellung wiedergegeben.

Alt/D	<u>Doppelt unterstreichen</u>
Alt/F	**Fett schreiben**
Alt/H	Hochstellen
Alt/I	*Kursiv schreiben*
Alt/K	KAPITÄLCHEN
Alt/S	~~Streichen~~
Alt/T	Tiefstellen
Alt/U	<u>Unterstreichen</u>
Alt/Leer	Formatierung zurücknehmen

Tastenkombinationen zur Direktformatierung der markierten Zeichen

Beispiel zur Direktformatierung von Zeichen: Im Zwei-Zeilen-Text

> Dieser neue Personalcomputer mit 640 KB RAM verfügt über ein
> Diskettenlaufwerk und eine Festplatte.

soll "Personalcomputer mit 640 KB RAM" fett, "Diskettenlaufwerk" doppelt unterstrichen und "Festplatte" kursiv formatiert werden:

> Dieser neue **Personalcomputer mit 640 KB RAM** verfügt über ein
> <u>Diskettenlaufwerk</u> und eine *Festplatte.*

Durch die Befehlsfolge

```
Cursor auf "P" als erstes Zeichen
F6 tippen, mit Rechts-Taste bis "RAM" erweitern bzw. markieren
  Mit Alt/F die fünf markierten Wörter fett schreiben
```

wird "Personalcomputer mit 640 KB RAM" fett ausgezeichnet. Zu beachten ist, daß sich durch die Zeichenformatierung der Zeilenumbruch än-

dern kann. So rückt das Wort "ein" in die nächste Zeile, wenn man "verfügt" mit F8 markiert und mit Alt/K in Kapitälchen schreibt:

> Dieser neue **Personalcomputer mit 640 KB RAM** VERFÜGT über
> ein <u>Diskettenlaufwerk</u> und eine *Festplatte.*

Durch die Befehlsfolge

> Cursor an beliebige Stelle innerhalb des Absatzes bewegen
>   Mit F10 den gesamten Absatz markieren
>   Mit Alt/Leertaste sämtliche Zeichenformatierungen zurücknehmen

kann man die sämtliche Formatierungen im Absatz wieder entfernen.

3.3.2 Absätze direkt formatieren

Um einen bestimmten Absatz direkt zu formatieren, geht man wie folgt
in zwei Schritten vor:

> 1. Cursor an eine Stelle innerhalb des Absatzes bewegen.
> 2. Tastenkombination eingeben: z.B. Alt/B für Blocksatz.

Sind mehrere hintereinander stehende Absätze zu formatieren, müssen
diese zunächst markiert werden:

> 1. Cursor an eine Stelle innerhalb des 1. Absatzes bewegen.
> 2. Mit F6/Cursortaste die Markierung bis zum letzten
>   Absatz erweitern.
> 3. Tastenkombination eingeben: z.B. Alt/Z für Zentrierung.

Wird mit einer Druckformatvorlage gearbeitet, so ist ein X vorzusetzen.
Zu rechtsbündigen Ausrichtung der Zeilen im Absatz ist also Alt/XR anstelle von Alt/R einzugeben.

Alt/B	Blocksatz
Alt/E	Einzug 1.5 cm in der ersten Zeile
Alt/L	Linksbündige Zeilenausrichtung
Alt/M	Einzug 1.5 cm links aller Zeilen
Alt/O	Standard-Absatzabstand
Alt/R	Rechtsbündige Zeilenausrichtung
Alt/V	Einzug 1.5 cm rechts
Alt/Y	Negativer Einzug in der ersten Zeile
Alt/Z	Zentrierte Ausrichtung der Zeilen
Alt/2	Doppelter Zeilenabstand
Alt/N	Normaler Standard-Absatz, also Absatzformatierung zurücknehmen

Tastenkombinationen zur Direktformatierung von Absätzen

Beispiele zu direkt formatierten Absätzen

Blocksatz mit Alt/B:

"Personalcomputer = Hardware + Software". In dieser Gleichung nimmt der Kostenanteil der Software mehr und mehr zu. Zur Demonstration des Blocksatzes wurde dieser Satz angefügt.

Einzug 1. Zeile mit Alt/E:

"Personalcomputer = Hardware + Software". In dieser Gleichung nimmt der Kostenanteil der Software mehr und mehr zu.

Linksbündig mit Alt/L:

"Personalcomputer = Hardware + Software". In dieser Gleichung nimmt der Kostenanteil der Software mehr und mehr zu.

Negativeinzug aller Zeilen mit Alt/M:

"Personalcomputer = Hardware + Software". In dieser Gleichung nimmt der Kostenanteil der Software mehr und mehr zu.

Standard-Absatzabstand mit Alt/O:

"Personalcomputer = Hardware + Software". In dieser Gleichung nimmt der Kostenanteil der Software mehr und mehr zu.

Rechtsbündig mit Alt/R:

"Personalcomputer = Hardware + Software". In dieser Gleichung nimmt der Kostenanteil der Software mehr und mehr zu.

Einzug rechts mit Alt/V:

"Personalcomputer = Hardware + Software". In dieser Gleichung nimmt der Kostenanteil der Software mehr und mehr zu.

Negativeinzug 1. Zeile mit Alt/Y:
```
    "Personalcomputer = Hardware + Software". In dieser Gleichung nimmt der
        Kostenanteil der Software mehr und mehr zu.
```

Zentrierung mit Alt/Z:
```
    "Personalcomputer = Hardware + Software". In dieser Gleichung nimmt der Kosten-
            anteil der Software mehr und mehr zu.
```

Doppelter Zeilenabstand mit Alt/2:
```
    "Personalcomputer = Hardware + Software". In dieser Gleichung nimmt der Kosten-

    anteil der Software mehr und mehr zu.
```

Die Formatierung zurücknehmen bzw. den Standard wieder herstellen:

Alt/N	Absatzformat wieder standardmäßig
Alt/Leer	Zeichenformat wieder standardmäßig

3.3.3 Zeichen formatieren mit Format/Zeichen

Befehl Format/Zeichen: Zeichen wird als erster Unterbefehl des Format-Befehls angeboten und dient zwei Zwecksetzungen:
1. Die Direktformatierung (vgl. Abschnitt 3.3.1) nicht über Alt-Tastenkombinationen, sondern über ein Befehlsmenü vornehmen.
2. Die *Schriftart* (Aussehen von Zeichen) und den *Schriftgrad* (Größe von Zeichen) einstellen.

```
FORMAT: Zeichen Absatz Tabulator Rahmen Fußnote Bereich Kopf-/Fußzeile
        Druckformat Suchen Wechseln Überarbeitung Position aNmerkung tExtmarke
Bestimmt die Zeichenformatierung (fett, kursiv usw.), Position und Schriftarten
```

3.3.3.1 Zeichen über das Befehlsmenü formatieren

Darstellung von drei Absätzen auf Bildschirm und Drucker als Beispiel:
Bei Verwendung eines Grafik-Bildschirms wird sich die Darstellung der Zeichen auf Bildschirm und Drucker kaum unterscheiden. Das Prinzip lautet WYSIWYG "What You See Is What You Get" bzw. "Was Sie am Bildschirm sehen, entspricht genau dem, was Sie am Drucker erhalten". Die unten wiedergegebenen drei Absätze sind so formatiert:

1. Absatz: Schriftart TimesRoman_F_K_P, Schriftgrad 10. Wörter fett, kursiv und mit Kapitälchen formatiert.
3. Absatz: Schriftart LinePrinter_IBM, Schriftgrad 8.5. Das Wort "Neckar" ist mit Schriftart TimesRoman_F_K_P und Schriftgrad 10 formatiert.
5. Absatz: Schriftart Helvetica_Z, Schriftgrad 16.

Ausgabe der drei verschieden formatierten Zeilen auf dem Drucker:

> **Heidelberg** liegt am *Neckar* und ist IMMER eine Reise wert.
>
> Heidelberg liegt am Neckar und ist immer eine Reise Wert.
>
> **Heidelberg liegt am Neckar und ist immer eine Reise Wert.**

Ausgabe der drei verschieden formatierten Zeilen auf dem Monochrom-Bildschirm:

```
1——[•••••••1•••••••••2•••••••••3•••••••••4•••••••••5•••••••••6•••••]•••7••
|*   Heidelberg·liegt·am·Neckar·und·ist·immer·eine·Rei-se·Wert.¶
|*   ¶
|*   Heidelberg·liegt·am·Neckar·und·ist·immer·eine·Rei-se·Wert.¶
|*   ¶
|*   Heidelberg·liegt·am·Neckar·und·ist·immer·eine·Rei-se
|    Wert.¶
|*   ♦
 ....

FORMAT ZEICHEN Fett: Ja Nein          Kursiv: Ja(Nein)  Unterstrichen: Ja(Nein)
  Durchgestrichen: Ja(Nein)     Großbuchstaben: Ja(Nein)     Kapitälchen: Ja(Nein)
  Doppelt unterstrichen: Ja(Nein)      Position:(Normal)Hochgestellt Tiefgestellt
  Schriftart: TimesRoman_F_K_P     Schriftgrad: 10               Farbe: Schwarz
  Verborgen: Ja(Nein)
Geben Sie bitte eine Schriftartbezeichnung ein oder wählen Sie eine mit F1!
```

Formatierung von Zeichen mit dem Format/Zeichen-Befehl

Im wiedergegebenen Bildschirm wird gerade das Wort "Neckar" kursiv formatiert. Über die Befehlsfolge

Cursor auf "Neckar"	... dann das Wort mit F8 markieren
Format	Befehl aktivieren
Zeichen	Ersten Unterbefehl aktivieren
Kursiv:Ja	Mit Rechts-Taste "Kursiv" und "Ja"

wird die Formatierung vorgenommen. Entsprechend kann man die anderen Formate einstellen.

3.3.3.2 Schriftart formatieren

Formatierung der Schriftart mit dem Format/Zeichen-Befehl

Die Schriftart legt das Aussehen der Buchstaben und Zeichen einer Schrift fest. Dabei ist je nach *Schriftfamilie* und *Schrittweite* zu unterscheiden.

- **Zwei Familien von Schriftarten:** *Grotesk-Schriftfamilie* ohne Serifen bzw. Schnörkel wie z.B. Courier und Helvetica. *Antiqua-Schriftfamilie* mit Schnörkeln wie z.B. TimesRoman.

- **Feste oder variable Schrittweite:** Bei *Schriften mit fester Schrittweite* hat jedes Zeichen die gleiche Breite (Beispiele Courier, Pica, Prestige, Line...). Bei *Proportionalschriften* sind die Abstände zwischen den Zeichen je nach der Zeichenbreite verschieden (Beispiele Helvetica, TimesRoman).

Schriftart über Schriftartenliste einstellen (Beispiel)

Der erste Absatz soll mit der Schriftart Courier_R8_S1 formatiert werden. Über die Befehlsfolge

Cursor in Absatz 1	Absatz mit F10 markieren
Format	Befehl aktivieren
Zeichen	Ersten Unterbefehl aktivieren
Schriftart	Hier F1 tippen

fordert man im Befehlsfeld Schriftart mit F1 eine Schriftartenliste an:

```
Courier_IBM_S1 (Modern a)        LinePrinter_IBM (Modern b)
Courier_R8_S1 (Modern c)         LinePrinter_R8 (Modern d)
PrestigeElite_D_J_M (Modern e)   LetterGothic_E_N_Q_U (Modern f)
TimesRoman_F_K_P (Roman a)       TimesRoman_Z (Roman b)
Helvetica_F (Roman i)            Helvetica_U (Roman j)
Helvetica_Z (Roman k)            PrestigeMath_J (Symbol a)
PrestigePiFont_J (Symbol b)      TimesRomanMath_K (Symbol c)
TimesRomanPiFont_K (Symbol d)    LineDraw_U (Symbol e)
```

Mit der Cursortaste wird die Schriftart Courier_R8_S1 markiert bzw. ins Befehlsmenü übernommen und mit der Return-Taste dem markierten Absatz zugeordnet. Die Anzahl und die Typen der angezeigten Schriftarten hängen vom derzeit eingestellten Druckertreiber ab. Bei der wiedergegebenen Schriftartenliste ist ein HP-Laserdrucker angeschlossen.

3.3.3.3 Schriftgrad formatieren

Formatierung des Schriftgrades mit dem Format/Zeichen-Befehl

Größe der Schriftzeichen: Der Schriftgrad gibt die Größe eines Zeichens an und wird in der Schriftgradliste von Word in Punkt (pt als typografischer Punkt) angegeben. Je mehr Punkte, desto größer sind die Schriftzeichen. 1 pt entspricht 0.35 Millimeter. 72 pt entsprechend einem Zoll. Die Schrift Courier 12 ist somit größer als die Schrift Courier 10.

Schriftart und Schriftgrad hängen voneinander ab:
- Für eine Schriftart kann ein bestimmter Schriftgrad als Standard voreingestellt sein. Beispiel: Für Courier_R8_S1 wird der Schriftgrad 12 standardmäßig zugeordnet.
- Für eine Schriftart kann nur ein Schriftgrad (Beispiel Lineprinter-_IBM mit 8.5) verfügbar sein, oder aber man kann sich über die Schriftgradliste mehrere Größen anzeigen lassen und auswählen.

Schriftgradliste mit F1 anzeigen: Um den Absatz 1 mit Schriftgrad 10 zu formatieren, läßt man sich über die Befehlsfolge

Cursor in Absatz 1	Absatz mit F10 markieren
Format	Befehl aktivieren
Zeichen	Ersten Unterbefehl aktivieren
Schriftgrad	Schriftgradliste mit F1 anzeigen

die folgende *Schriftgradliste* oben am Bildschirm anzeigen (von 8 pt für kleine Zeichen bis zu 18 pt für große Zeichen):

```
8        10         12         14       16       18
Geben Sie bitte einen Schriftgrad in Punkten ein oder wählen Sie einen!
```

Nun kann die Schriftgröße 10 Punkt bzw. 10 pt mit der Cursortaste markiert und mit der Return-Taste ausgewählt werden.

3.3.4 Absätze formatieren mit Format/Absatz

Über den Format/Absatz-Befehl kann man die Direktformatierung (vgl. Abschnitt 3.3.2) über folgendes Befehlsmenü vornehmen (der Cursor zeigt gerade auf das Befehlsfeld Zeilenabstand):

```
FORMAT ABSATZ Ausrichtung:(Links)Zentriert Rechts Block
  Linker Einzug: 0 cm        Erste Zeile: 0 cm         Rechter Einzug: 0 cm
  Zeilenabstand: 1 zg        Anfangsabstand: 0 zg          Endeabstand: 0 zg
  Selbe Seite: Ja(Nein)      Nächster Absatz selbe Seite: Ja(Nein)
  Nebeneinander: Ja(Nein)
Geben Sie bitte das Maß in Zeilen oder "Auto" ein!
```

Maßeinheiten über Zusätze/Maßeinheit einstellen: Die Angaben für den linken, erstzeiligen und rechten Einzug nimmt der Format/Absatz-Befehl standardmäßig in cm entgegen. Durch die Befehlsfolge

Zusätze	Zusätze-Befehl aktivieren
Maßeinheit	Unterbefehl
10er-Teilung	Von *cm* auf *10er-Teilung* umstellen

kann man die Maßeinheit in *10er-Teilung* umstellen. Diese Einstellung kann von Vorteil sein, da das Zeilenlineal die 10er-Teilung als Maßeinheit verwendet.

```
AUSSCHNITT ZUSÄTZE Ausschnitt Nr.: 1
          Verborgener Text sichtbar:(Ja)Nein          Zeilenlineal:(Ja)Nein
          Sonderzeichen sichtbar: Nein Teilweise(Alle)     Layout: Ja(Nein)
              Zeilenumbrüche: Ja(Nein)                   Gliederung: Ja(Nein)
          Druckformatspalte:(Ja)Nein
ALLGEMEINE ZUSÄTZE Warnton aus: Ja(Nein)          Kurzinformation: Ja(Nein)
                  Maßeinheit: Zoll Cm 10er-Teilung 12er-Teilung Punkt
                  Bildschirm: 1                  Seitenumbruch:(Auto)Manuell
                      Farben:                     Auto-speichern:
Auto-speichern mit Bestätigung: Ja(Nein)              Menü sichtbar:(Ja)Nein
              Ausschnittsrahmen:(Ja)Nein          Dezimaltrennzeichen: .(,)
                  Zeitformat: 12(24)              Abstand Tabstopps: 1,25 cm
              Zeilennummern:(Ja)Nein              Leerzeilen zählen:(Ja)Nein
              Geschwindigkeit: 3                    Linienzeichen: (|)
              Rechtschreibung: C:\TOOL\WORD\SPELL-GE.LEX
Wählen Sie bitte eine Option!
```

Maßeinheit von Cm auf 10er-Teilung umstellen mit dem Befehl Zusätze/Maßeinheit

Am Beispiel des Textes "Heidelberg liegt am Neckar und ist eine Reise
wert." sollen die Wirkungen von Absatzformat und Maßeinheit dargestellt
werden. Zunächst erscheint der Absatz in einer Zeile bei der Standardeinstellung von jeweils 0 cm bzw. 0 p10 (p10 für 10er-Teilung: 10 Zeichen/-
Zoll bzw. 10 cpi) für linken Einzug, erste Zeile und rechten Einzug; das
Zeilenlineal zeigt dabei 66 Zeichen bzw. Spalten an:

```
1─────[·········1·········2·········3·········4·········5·········6·····]···7··┐
|*   Heidelberg·liegt·am·Neckar·und·ist·immer·eine·Rei-se·wert.¶              |
```

10er-Teilung: Stellt man über den Format/Absatz-Befehl 15 p10 für den
linken Einzug, 3 p10 für die erste Zeile und 25 p10 für den rechten Einzug ein, erscheint der Absatz wie folgt (im Zeilenlineal werden neu eingestellten Einzüge dargestellt):

```
1─────0·········1····[··|·2·········3·········4]·········5·········6·········7··┐
┼                       Heidelberg·liegt·am·                                   |
|                       Neckar·und·ist·immer·eine·                             |
|                       Rei-se·wert.¶                                          |
····                                                                           |
└──────────────────────────────────────────────────────────────────────────────┘
FORMAT ABSATZ Ausrichtung:(Links)Zentriert Rechts Block
  Linker Einzug: 15 p10        Erste Zeile: 3 p10         Rechter Einzug: 25 p10
  Zeilenabstand: 1 zg          Anfangsabstand: 0 zg          Endeabstand: 0 zg
  Selbe Seite: Ja(Nein)        Nächster Absatz selbe Seite: Ja(Nein)
  Nebeneinander: Ja(Nein)
Geben Sie bitte das Maß ein!
```

12er-Teilung: Stellt man über den Zusätze/Maßeinheit-Befehl von der
10er-Teilung auf die 12er-Teilung um, und ruft man anschließend den
Format/Absatz-Befehl auf, dann erscheinen folgende Maße:

```
  Linker Einzug: 18 p12        Erste Zeile: 3,6 p12        Rechter Einzug: 30 p12
  Zeilenabstand: 1 zg          Anfangsabstand: 0 tg
  Endeabstand: 0 zg
```

Es entsprechen sich: 15 p10 (10er-Teilung) und 18 p12 (12er-Teilung).

Punkte: Stellt man über den Zusätze/Maßeinheit-Befehl auf Punkte als
Maßeinheit um, nennt Format/Absatz folgende Maße:

```
  Linker Einzug: 108 pt        Erste Zeile: 21,6 pt
  Rechter Einzug: 180 pt Zeilenabstand: 12 pt
  Anfangsabstand: 0 pt         Endeabstand: 0 pt
```

Zoll: Stellt man über den Zusätze/Maßeinheit-Befehl auf Zoll um, nennt Format/Absatz folgende Maße:

```
Linker Einzug: 1,5"        Erste Zeile: 0,3"        Rechter Einzug: 2,5"
Zeilenabstand: 1 zg        Anfangsabstand: 0 zg     Endeabstand: 0 zg
```

Cm: Stellt man über den Zusätze/Maßeinheit-Befehl auf Cm um, nennt Format/Absatz folgende Maße:

```
Linker Einzug: 3,81 cm     Erste Zeile: 0,76 cm     Rechter Einzug: 6,35 cm
Zeilenabstand: 1 zg        Anfangsabstand: 0 zg     Endeabstand: 0 zg
```

Beziehungen zwischen den Maßeinheiten:
- Bei der 10er-Teilung nehmen 10 Zeichen genau ein Zoll (in bzw. ") ein. Zeichen/Zoll wird als cpi (charactes per inch) abgekürzt. Dem linken Einzug von 15 p10 entspricht somit die Zollangabe von 1,5".
- 1 Zoll entspricht 2,54 cm.
- Der typografische Punkt (als pt abgekürzt) ist die von Schriftsetzern verwendete Maßeinheit. 72 pt entsprechen einem Zoll. 1 pt entsprechen ungefähr 0,35 Millimeter.
- Je mehr Punkte (pt), desto größer sind die Schriftzeichen. Die Schrift Courier 12 ist größer als Courier 10.
- Je mehr cpi bzw. Zeichen/Zoll bei der 10er-Teilung, desto kleiner sind die Schriftzeichen.
- Word zeigt Schriftgrößen in der *Schriftgradliste* in der Maßeinheit Punkt (pt) an. Für die Einteilung im *Zeilenlineal* wählt Word die 10er-Teilung (p10) als Maßeinheit.

3.3.5 Seiten formatieren mit Format/Bereich

Der Befehl Format/Bereich dient zur Gestaltung von Bereich bzw. Seite:

```
FORMAT BEREICH: Seitenrand Paginierung Layout Zeilennummern

Bestimmt Seitenmaße und Position der Kopfzeilen für den aktiven Bereich
```

Standardeinstellung kontrollieren über Format/Bereich/Seitenrand:
Standardmäßig ist von Word eine Seite mit den DIN A4-Abmessungen
21*29,7 cm eingestellt.

```
FORMAT BEREICH SEITENRAND
     Oben: 2,5 cm              Unten: 2 cm
     Links: 2 cm               Rechts: 2 cm
     Seitenlänge: 29,7 cm      Breite: 21 cm        Bundsteg: 0 cm
     Abstand Kopfzeile von oben: 1,25 cm            Fußzeile von unten: 1,25 cm
     Ränder spiegeln: Ja(Nein)                      Standardbenutzung: Ja(Nein)
Geben Sie bitte das Maß ein!
```

DIN A4-Abmessungen als Voreinstellung für Format/Bereich/Seitenrand

Drucker mit Einzelblatteinzug bzw. Endlospapier:
Arbeitet man mit einem Drucker mit Einzelblatteinzug, so kann diese Seitenlänge von 29,7 cm übernommen werden. Bei Endlospapier hingegen
muß man auf die Seitenlänge 30,5 cm umstellen.

Maßeinheiten für die Eingabe:
Neben der Voreinstelllung von cm können auch die Maßeinheiten Zoll ("),
10er-Zeilung (p10), 12er-Teilung (p12) oder Punkt (pt) eingegeben werden. Über den Zusätze/Maßeinheit-Befehl kann man die Einheit fest einstellen (wie bei der Absatzformatierung in Abschnitt 3.3.4).

Seitenwechsel erzwingen: Durch die Tastenkombination Strg/Umschalt-
/Return kann man den Beginn einer neuen Seite erzwingen. Dabei wird
im Text eine gepünktelte Linie angezeigt.

Umschalt/Return	Neue Zeile (Zeilenschaltung) mit ↓
Return	Neuer Absatz mit ¶
Strg/Umschalt/Return	Neue Seite mit ....
Strg/Return	Neuer Bereich mit ::::::::::::::::::::::::

Tastenkombinationen zur Trennung für Zeile - Absatz - Seite - Bereich

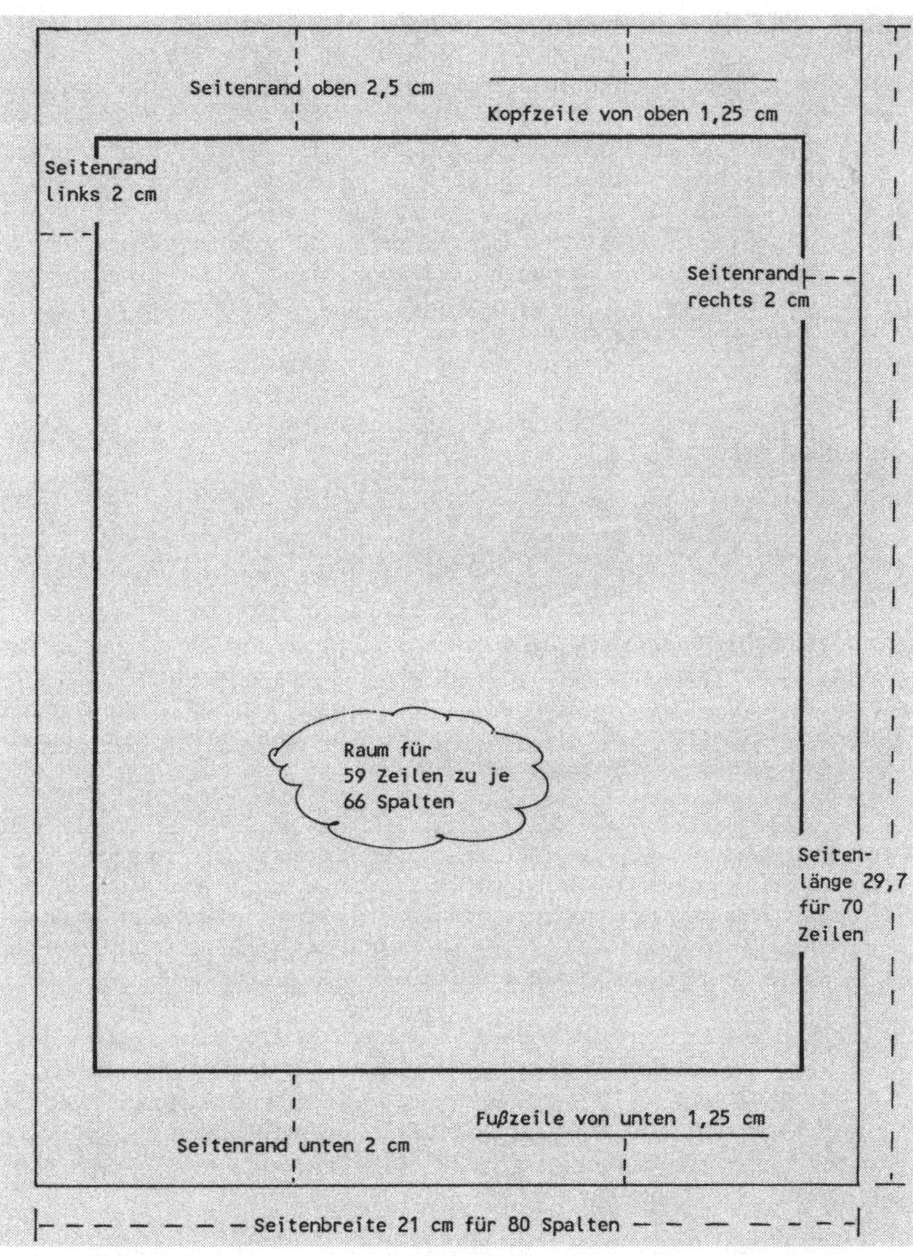

Standardmäßige Aufteilung einer DIN A4-Seite über den Befehl
Format / Bereich / Seitenrand eingestellt

3.3.6 Tabellen formatieren mit Format/Tabulator

Der Einsatz von Tabulatoren (abgekürzt Tabs) ist immer dann von Vorteil, wenn:

- Felder rasch angesteuert bzw. ausgefüllt werden sollen. Durch Drücken der Tab-Taste (Tabulator-Taste) wird der Cursor direkt zum entsprechenden Tab-Stopp bewegt.
- Tabellen bei Proportionalschrift aufgebaut werden müssen. Da die Schriftzeichen verschieden breit sind, kann eine senkrechte Anordnung von Textspalten nur über die Tab-Taste erreicht werden, nicht aber über die Leertaste.

Über den Befehl Format/Tabulator lassen sich Tab-Stopps setzen, verändern und löschen:

```
FORMAT TABULATOR: Setzen Löschen Gesamtlöschen

Bestimmt die Position und Ausrichtung der Tabstopps in den markierten Absätzen
```

Rechnungsschreibung als Beispiel: In Rechnungen sind die einzelnen Artikelpositionen tabellarisch zu erfassen; dabei ist es vorteilhaft, Tabulatoren zu verwenden. Im folgenden wird am Beispiel einer Rechnungsmaske Maske2.TXT gezeigt, wie Tabulatoren sinnvoll genutzt werden können. Dabei geht man wie folgt in drei Schritten vor.

1. *Datei Maske2.TXT übernehmen:* In Abschnitt 3.2.3 wurde eine Maskendatei Maske1.TXT mit einem leeren Briefformular gespeichert. Von dieser Datei sollen die Teile *Absender* und *Anschrift* für das Rechnungsformular übernommen werden. Die Datei Maske1.-TXT wird geladen, der Textbereich ab Zeile 23 gelöscht und die Datei unter dem Namen Maske2.TXT neu gespeichert.

2. *Maskendatei mit Tabulatoren aufbauen:* In der Datei Maske2.TXT werden nun Tabulatoren in den Zeilen 22 (Datumsfeld), 26 (Artikelposition), 29 (Warenwert netto), 30 (Mehrwertsteuer) und 32 (Warenwert brutto) gesetzt, damit die entsprechenden Eintragungen in die jeweilige Rechnung später rasch vorgenommen werden können.

3. *Tab-Stopps zur Rechnungsschreibung nutzen:* Durch Ausfüllen der Maskendatei kann man eine Rechnung schreiben und zum Beispiel unter dem Namen Rech1.TXT zusätzlich speichern.

```
1———[R•••L••••1•••••••••2•••••••••3•••R•••••4R••••••••5•D•••••••6••D••]•••7••
|*    Anita·Hildebrandt¶
|*    Schwarzwaldstraße·48¶
|*    7800·Freiburg¶
|*    Tel.·0761/372219¶
|*    ¶
|*    ¶
|*    ¶
|*    ¶
|*    ¶
|*    ..............................................¶
|*    ..............................................¶
|*    ..............................................¶
|*    ..............................................¶
|*    ..............................................¶
|*    ..............................................¶
|*    ..............................................¶
|*    ..............................................¶
|*    ..............................................¶
|*    ¶
|*    ¶
|*    Rechnung···························7800·Freiburg¶
|     →····················································.........¶
|*    ¶
|*    Pos··Bezeichnung···············ArtNr··Anzahl··Einz-Preis··Ges-Preis¶
|*    ¶
|     →.→.....................→·····....→···...→·····  ·.....,..→··.....,..¶
|*    ¶
|*    ¶
|     ····························Warenwert·netto:→  .....,..¶
|     ···························+·14%·MWSt:→  .....,..¶
|*    ·········································· ...............¶
|     ···························=·Warenwert·brutto:→  .....,..¶
|*    ·········································· ··========¶
                                                            MASKE2.TXT
```

Maskendatei Maske2.TXT als Rechnungsformular mit Tab-Stopps (die Tabulatoren sind mittels → und .... sichtbar gemacht)

3.3.6.1 Maskendatei mit Tabulatoren aufbauen

Möglichkeit 1: Tab-Stopp durch Eintippen der Position (z.B. 53) setzen

In Zeile 22 ist unter "7800 Freiburg" ein Tab-Stopp in der Spaltenposition 53 zu setzen. Dazu wird über die Befehlsfolge

Format
Tabulator
Setzen
Position: 53

Format-Befehl aktivieren
Unterbefehl aktivieren
Option zum Setzen neuer Tab-Stopps
53 oder 53 p10 eintippen

ein Tab-Stopp in Spalte 53 gesetzt. Oben im Zeilenlineal erscheint an Position 53 ein "L", da der Tab-Stopp mit der Ausrichtung "Links" gesetzt wurde; der Datumstext soll später ja linksbündig tabuliert werden.

```
FORMAT TABULATOR SETZEN Position: 53 p10
 Ausrichtung:(Links)Zentriert Rechts Dezimal Vertikal
 Füllzeichen:(Leerzeichen). - _
Geben Sie bitte das Maß ein!
```

Zwei Voreinstellungen über den Zusätze-Befehl (vgl. Abschnitt 3.3.4):
- Über Zusätze/Maßeinheit wird von Cm (Standard) auf die 10er-Teilung umgeschaltet. Grund: Im Zeilenlineal werden Tab-Stopps in der Skalierung der 10er-Teilung angezeigt. 53 und 53 p10 sind nun identische Spaltenbenennungen.
- Über Zusätze/Dezimaltrennzeichen wird "," eingestellt, da für die DM-Beträge die Ausrichtung Dezimal gewählt wird, wobei das "," genau an die Tabulatorposition gesetzt wird.
- Über Zusätze/Sonderzeichen sichtbar wird Alle eingestellt. Damit kann man auch die Tab-Stopps im Text erkennen.

Tabulator in 53 nutzen mit Tab-Taste: Soll später zum Beispiel das Datum "11.02.1990" eingegeben werden, so bewegt man den Cursor in die Zeile 22 unter "Rechnung", um durch Tippen der Tab-Taste (-> erscheint) den Cursor direkt unter "7800 Freiburg" zu positionieren:

```
1——[··········1··········2··········3··········4··········5··L······6·····]···7··
|*    ¶
|*    Rechnung·············································· ···········7800·Freiburg¶
|     →                                                    11.02.1990¶            22
|*    ¶
```

In Zeile 22: Tab-Stopp in 53 mit Ausrichtung Links (bei Position -> wur-
de die Tab-Taste gedrückt, um dann 11.02.1990 einzugeben)

Möglichkeit 2: Tab-Stopp über die Cursortaste am Zeilenlineal setzen

Man muß die Tabulatorposition 53 bzw. 53 p10 nicht unbedingt selbst eintippen, sondern man kann sie auch am Zeilenlineal markieren. Dazu geht man wie folgt vor:

1. Den Cursor an den Anfang der Zeile bewegen (hier Zeile 22).
2. Den Befehl Format/Tabulator/Setzen aktivieren.
3. Hinter *Position:* ... F1 drücken. Nun wird *Position: 0 p10* angezeigt und der Cursor markiert die Position 0 am Zeilenlineal oben.
4. Mit der Rechts-Taste den Cursor am Zeilenlineal bis zur gewünschten Spaltenposition bewegen, hier also bis zur Spalte 53.
5. Unten beim Format-Befehl wird *Position: 53 p10* angezeigt. Mit Return setzt man den Tabulator.
6. Sollen im gleichen Absatz weitere Tabulatoren gesetzt werden, so ist anstelle von Return die Einfg-Taste (Ins-Taste) zu drücken. Entsprechend können Tabulatoren mit der Entf-Taste (Del-Taste) gelöscht werden. Erst abschließend ist Return zu drücken.

Sechs Tabulatoren in die Zeile 26 setzen

Die Rechnungspositionen sind sechsspaltig ab Zeile anzugeben. Entsprechend sind in der Zeile 26 sechs Tabulatoren mit dem Format/Tabulator/Setzen-Befehl zu setzen:

- 1 p10, Ausrichtung Rechts für die Rechnungspositionsnummer
- 5 p10, Links für die Bezeichnung (Tab steht auf 1. Stelle)
- 34 p10, Rechts für die Artikelnummer (Tab steht 1 weiter rechts)
- 41 p10, Rechts für die Anzahl
- 52 p10, Dezimal für den Einzelpreis (Tab steht auf dem ",")
- 63 p10, Dezimal für den Gesamtpreis

```
1——[R•••L••••1•••••••••2•••••••••3•••R•••••4R•••••••••5•D•••••••6••D••]•••7••┐
|*    Rechnung••••••••••••••••••••••••••••••••••••••••••••••••••7800•Freiburg¶   |
|      →                                                              ¶          22
|*    ¶                                                                          |
|*    Pos••Bezeichnung•••••••••••••••ArtNr••Anzahl••Einz-Preis••Ges-Preis¶       |
|*    ¶                                                                          |
|      →    →                        →      →         →         →¶               26
|*    ¶                                                                          |
```

Der Cursor steht in der Zeile 26 mit sechs Tab-Stopps bei Punkt 1/Rechts, 5/Links, 34/Rechts, 41/Rechts, 52/Dezimal und 63/Dezimal

Befehlsfolge zum Setzen eines Tabulators mit Rechts-Ausrichtung:

Format
  Tabulator
   Setzen
    Position: 34
    Ausrichtung: Rechts

Befehl in Zeile 26 aktivieren
Unterbefehl aktivieren
Option zum Setzen neuer Tab-Stopps
Tab-Stopp in 34 p10 setzen
Rechtsbündig tabulieren

Zu beachten ist, daß bei der rechtsbündigen Ausrichtung das letzte Zeichen nicht direkt auf dem Tab-Stopp steht, sondern um ein Zeichen nach links versetzt.

Befehlsfolge zum Setzen eines Tabulators mit Dezimal-Ausrichtung:
Hierbei ist über Format/Tabulator/Setzen als Ausrichtung *Dezimal* anzugeben. Das Dezimaltrennzeichen "," steht dann genau auf dem Tab-Stopp, also genau auf den Positionen 52 (Einzelpreis) und 63 (Gesamtpreis). Verwendet man den ".", so funktioniert die Tabulierung nicht; Grund: über Zusätze/Dezimaltrennzeichen wurde "," eingestellt.

Nachdem die Tabulatoren gesetzt und die Tabellenüberschrift eingegeben sind, wird die Datei Maske2.TXT als leeres Rechnungsformular gespeichert.

3.3.6.2 Tab-Stopps zur Rechnungsschreibung nutzen

Problemstellung: Unter Verwendung der Maskendatei Maske2.TXT (vgl. Abschnitt 3.3.6.1) soll eine Rechnung geschrieben werden.
- Kunde: Unternehmensberatung Dr. Severin K. Kai, Giersbergweg 13, 7400 Tübingen 2.
- Datum 12.01.1990, als Einschreiben.
- Lieferung: 20 Disketten 5.25", Artikelnummer 301, Stückpreis DM 1,25. Festplatte 20 MB, Artikelnummer 302, DM 600.

Problemlösung in sieben Schritten:
1. Leerformular Maske2.TXT von Diskette laden.
2. Adressat ab Zeile 9 im Überschreibemodus (Taste F5) eingeben.
3. Cursor an den Anfang von Zeile 22 bewegen; Tab-Taste drücken, um den Cursor in Spalte 53 zu setzen; Datum 12.01.1990 eingeben.
4. Cursor an den Anfang von Zeile 26 bewegen; sechs Eintragungen für Rechnungsposition 1 mit Hilfe der Tab-Taste eingeben.

5. Am Ende der Zeile 26, also nach der Eingabe von 25,00, wird nicht die Return-Taste gedrückt (damit würde der Absatz beendet), sondern die Umschalt/Return-Taste (damit wird eine Zeilenschaltung vorgenommen). Der "Pfeil nach unten" zeigt an, daß eine neue Zeile erzeugt worden ist, *in der alle sechs Tab-Stopps weiter wirksam sind.* Nun kann man in Zeile 27 die zweite Rechnungsposition eingeben und mit Return abschließen.
6. Warenwerte und Mehrwertsteuer in Zeilen 30, 31 und 33 eingeben.
7. Rechnung mit Übertragen/Speichern unter dem Namen Rech1.-TXT abspeichern.
8. Rechnung mit Druck/Drucker ausdrucken.

```
1———[········1·········2·········3··········4··········5·········6·····]···7··
|*   Anita·Hildebrandt¶
|*   Schwarzwaldstraße·48¶
|*   7800·Freiburg¶
|*   Tel.·0761/372219¶
|*   ¶
|*   ¶
|*   ¶
|*   ¶
|*   ¶
|*   Einschreiben·····················¶
|*   ·····························¶
|*   Herrn·························¶
|*   Dr.·Severin·K.·Kai··············¶
|*   Unternehmensberatung·············¶
|*   Giersbergweg·13···············¶
|*   ·····························¶
|*   7400·Tübingen·2···············¶
|*   ·····························¶
|*   ¶
|*   ¶
|*   Rechnung·································· ········7800·Freiburg¶
|→   ··································· ·········12.01.1990¶          22
|*   ¶
|*   Pos··Bezeichnung·············ArtNr··Anzahl··Einz-Preis··Ges-Preis¶
|*   ¶
|    →1→··Diskette·5.25"→···········301→····20→···· ····1,25→··· ·25,00↓   26
|    →2→··Festplatte·20·MB→·········302→·····1→······ 600,00→·· ··600,00¶   27
|*   ¶
|*   ¶
|    ·····························Warenwert·netto:→·· ·625,00¶          30
|    ························+·14%·MWSt:→·········· ··87,50¶           31
|*   ······························ ·······---------¶
|    ·····················=·Warenwert·brutto:→· ··712,50¶             33
|*   ······························ ·······========¶
└————————————————————————————————————————————RECH1.TXT┘
```

Anhand des Rechnungsformulars Maske2.TXT erstellte Rechnung
Rech1.TXT

Aufgabe 3.3/1: Nennen Sie die Tastenkombinationen bzw. Befehlsfolgen,
  a) um folgende fünf Formatierungen vorzunehmen:
      Essen, **Münster**, ^{Dortmund}, <u>Gelsenkirchen</u> und RADEVORMWALD.
  b) um die aktive Zeile in großer Schrift (Schriftgrad 16) zu drucken.
  c) damit zentriert, im Blocksatz bzw. zweizeilig ausgegeben wird.
  d) um einen bislang auf DIN A4-Einzelblatt gedruckten Text auf
      Endlospapier ausgeben zu können.

Aufgabe 3.3/2: Auf welche Text- bzw. Dateneinheiten beziehen sich die
Formatierungsaufgaben 3.3/1 a), b), c) und d)?

Aufgabe 3.3/3: Sie drücken nun unmittelbar nacheinander die vier Funktionstasten F8, F6, F8 und F8 und dann Alt/I. Was passiert? Nennen Sie eine andere Tastenfolge, die dasselbe bezweckt.

Aufgabe 3.3/4: Wie lauten die beiden folgenden Absatzformatierungen?
  a) Links ist 1), 2), 3) ... angegeben: b) In erster Zeile nach rechts:

```
1) Alle nach dem 12.11.1988 zugelassenen        Kaum ein Bewerber kann die ge-
   PKWs müssen in die Werkstatt, um die          forderten Qualifikationen nach-
   Bremsen überprüfen zu lassen.                  weisen.
```

Aufgabe 3.3/5: Was bezweckt die folgende Formatierung von Absätzen, wenn ein linker Tab-Stopp ebenfalls auf 4,92 p10 gesetzt ist?

```
FORMAT ABSATZ Ausrichtung: Links Zentriert Rechts Block
 Linker Einzug: 4,92 p10      Erste Zeile: -2,56 p10       Rechter Einzug: 0 p10
 Zeilenabstand: 1 zg          Anfangsabstand: 1 zg         Endeabstand: 0 zg
 Selbe Seite: Ja(Nein)        Nächster Absatz selbe Seite: Ja(Nein)
 Nebeneinander: Ja(Nein)
```

Aufgabe 3.3/6: Text zu einem Sonderangebot als Datei Sonder.TXT.
  a) Formatieren Sie den einen Absatz umfassenden Text wie folgt:

```
L——[·········1·········2·········3·········4·········5·········6·····]···7··┐
│                              Sonderangebot:↓                              │
│         3.5"-Qualitätsdisketten·DS,·135·TPI,·in·der·10er-Plastikbox,↓     │
│              in·den·Farben·blau,·gelb,·grau,·grün·und·rot↓                 │
│                           nur·DM·22.50¶                                    │
```

  b) Formatieren Sie den Absatz um, daß er wie folgt erscheint:

```
L——0·········1····|····2·········[·········4·········5·········6·····]···7··┐
│         Sonderangebot:↓                                                   │
│                         3.5"-Qualitätsdisketten·DS,·135·TPI,·             │
│                         in·der·10er-Plastikbox,·in·den·Far-               │
│                         ben·blau,·gelb,·grau,·grün·und·rot·               │
│                         nur·DM·22.50¶                                     │
```

3

Kurs zur Textverarbeitung mit Word

3.1 Den ersten Text bearbeiten	45
3.2 Dateien zwischen RAM und Diskette übertragen	59
3.3 Text formatieren	77
3.4 Im Text rechnen	**99**
3.5 Mit Druckformatvorlagen arbeiten	105
3.6 Textteile in Textbausteinen bereitstellen	123
3.7 Serienbriefe schreiben	133
3.8 Einstellungen und Hilfen	143
3.9 Tabellen und Texte verknüpfen	161
3.10 Layout gestalten	175
3.11 Makros ausführen und programmieren	195
3.12 dBASE-Adreßdatei für Serienbriefe nutzen	221

3.4.1 Berechnungen über F2 ausführen lassen

Berechnungen im Rechnungsformular Maske2a.TXT ausführen lassen

Bei dem in Abschnitt 3.3.6.2 dargestellten Rechnungsformular Maske2.-TXT bzw. Rech1.TXT mußten die DM-Beträge für die Rechnungspreise von Hand ermittelt und eingetragen werden. Diesem Nachteil kann man abhelfen, in dem man die Rechenfunktion von Word nutzt; am Beispiel der Rechnungsformulare Maske2a.TXT bzw. Rech1a.TXT wird die Benutzung der Rechenfunktion demonstriert.

Leeres Rechnungsformular Maske2a.TXT speichern

Das leere Rechnungsformular Maske2.TXT wird geladen. Dann setzt man an den Tab-Stopp der Einzelpreises und der Mehrwertsteuer das Multiplikationszeichen "*" . Abschließend speichert man die Datei unter dem Namen Maske2a.TXT zusätzlich auf Diskette.

```
1——————[R···L····1··········2··········3···R·····4R········5·D········6··D··]···7··┐
|*   Rechnung·····················································7800·Freiburg¶   |
|                                                                       ->¶      |
|*   ¶                                                                           |
|*   Pos··Bezeichnung··············ArtNr··Anzahl··Einz-Preis··Ges-Preis¶         |
|*   ¶                                                                           |
|    ->   ->                      ->      ->       ··      *->        ->¶         |
|*   ¶                                                                           |
+*   ¶                                                                           |
|    ································Warenwert·netto:->z······¶                   |
|    ···························zz*·14%·MWSt:->·············¶                     |
|*   ·····················································-------¶                |
|    ························z·Warenwert·brutto:->·······¶                       |
|*   ·············································=========¶                       |
```

Leeres Rechnungsformular Maske2a.TXT mit 2 Multiplikationszeichen "" (Zeichen -> zur Markierung der Tab-Stopps zusätzlich eingetragen)*

Rechnung Rech1a.TXT eingeben und Berechnungen mit F2 ausführen

Gesamtpreise ermitteln lassen: Man gibt die Rechnungspositionen in das Formular ein (entsprechend Abschnitt 3.3.6.2) und speichert die Datei als Rech1a.TXT ab. Die Spalte Ges-Preis bleibt zunächst leer. Den Gesamtpreis 25 DM der ersten Rechnungsposition läßt man wie folgt berechnen:

> 1. Cursor auf Anzahl 20 als linken Anfangspunkt setzen
> 2. Umschalt/F6 aktiviert Spaltenmarkierung: unten erscheint SM
> 3. Mit Cursor auf 1,25 nach rechts gehen: "20 * 1,25" ist markiert
> 4. F2 aktiviert die Rechenfunktion: Im Papierkorb wird 25,00 als Rechenergebnis bereitgestellt
> 5. Tab-Taste und Einfg-Taste drücken: 25,00 wird eingefügt

Mit dieser 5-Schritt-Befehlsfolge ermittelt man jetzt auch den Gesamtpreis der zweiten Rechnungsposition.

Warenwert netto ermitteln lassen: Gesamtpreise 25,00 und 600,00 markieren, mit F2 die Rechenfunktion aufrufen und mit Einfg das Rechenergebnis 600,25 aus dem Papierkorb einfügen.

Mehrwertsteuer ermitteln lassen: Die zwei Zeilen mit Nettowarenwert und MWSt markieren, F2 aufrufen und 87,50 aus dem Papierkorb in die Zeile der MWSt einfügen.

Warenwert brutto ermitteln lassen: Mit Umschalt/F6 die Spaltenmarkierung aktivieren und 600,25 sowie 87,50 markieren, F2 drücken, Cursor zum Feld Warenwert brutto bewegen und Rechenergebnis 712,50 mit der Einfg-Taste einfügen.

```
1——[R···L····1··········2·········3··R····4R········5·D·······6··D··]···7··┐
│*    Rechnung·······································7800·Freiburg¶
│                                                  12.01.1990¶
│*   ¶
│*   Pos··Bezeichnung·············ArtNr··Anzahl··Einz-Preis··Ges-Preis¶
│*   ¶
│    1   Diskette·5.25"->··········301->···20->·······*1,25        25,00↓
│    2   Festplatte·20·MB->········302->····1->······*600,00      600,00¶
│*   ¶
│*   ¶
│    ·····································Warenwert·netto:-> ···600,25¶
│    ································*·14%·MWSt:->··········87,50¶
│*   ·······························································¶
│    ·····························Warenwert·brutto:->······¶
│*   ······································=======¶

···                              (  Einfg-Taste  )

Se1 Ze33,9 Sp63         (712,50)                              RECH1A.TXT
```


Warenwert netto und MWSt mit Umschalt/F6 markieren, Rechenfunktion mit F2 aufrufen und Ergebnis 712,50 aus Papierkorb einfügen

3.4.2 Einstellungen für die Rechenfunktion

Rechenfunktion durch F2 aktivieren

Nach dem Drücken der Funktionstaste F2 werden Zahlen, bei denen kein
Rechenoperator gefunden wird, addiert und das Ergebnis der Berechnung
im Papierkorb (...) bereitgestellt. Aus dem Papierkorb kann das Ergebnis
dann mit der Einfg-Taste bzw. Ins-Taste an die Cursorposition kopiert
werden. Der markierte Bereich kann auch Text enthalten - dieser wird
von der Rechenfunktion überlesen bzw. ignoriert. Folgende Rechenopera-
toren sind zugelassen:

```
+    Addition (+ kann entfallen)
-    Subtraktion (oder Zahl in runden Klammern)
*    Multiplikation
/    Division
%    Prozentrechnen mit Division durch 100
()   Klammern setzen Priorität
```

Multiplikationszeichen "*" entfernen mit dem Wechseln-Befehl

Die Multiplikationszeichen "*" dienen als Hilfzeichen, um über F2 die
Rechenfunktion von Word aufrufen zu können. Man kann die "*" mühsam
einzeln entfernen. Eine bequemere Möglichkeit bietet der Wechseln-Befehl: Man ruft den Befehl auf, um in der Rechnung alle Zeichen "*"
durch Leerzeichen " " zu ersetzen bzw. auszuwechseln.

```
Wechseln                          Wechseln-Befehl aktivieren
  Ersetze: *                      Zeichen "*" eingeben
    Durch:                .       Leerzeichen " "
      Mit Bestätigung: Nein       ... sonst bei jedem Zeichen fragen
```

Multiplikationszeichen "*" als verborgene Zeichen formatieren

Eine andere Möglichkeit zum Verbergen der Zeichen "*" bietet Word über
den Format-Befehl. Zunächst formatiert man die Zeichen "*" verborgen:

```
Format                            Ein Zeichen "*" ist markiert
  Zeichen                         Unterbefehl Zeichenformatierung
    Verbergen: Ja                 Voreinstellung Nein auf Ja umstellen
```

Vor dem Ausdrucken der Rechnung muß man dafür sorgen, daß die "*"-
Zeichen verborgen werden. Mit der Befehlsfolge

```
Druck                         Druck-Befehl aktivieren
  Optionen                    Unterbefehl
    Verborgener Text: Nein    Voreinstellung Nein beibehalten
```

stellt man ein, daß der über Format/Zeichen/Verbergen zuvor verborgene Text (also die "*"-Zeichen) nicht ausgedruckt wird.

Aufgabe 3.4/1: Schreiben Sie folgende Rechnung mit dem Formular Maske2a.TXT, ersetzen Sie die "*" und speichern Sie als Rech2a.TXT ab.

```
L——[R···L····1·········2·········3···R·····4R········5·D·······6··D··]···7··
*    Anita·Hildebrandt¶
*    Schwarzwaldstraße·48¶
*    7800·Freiburg¶
*    Tel.·0761/372219¶
*    ¶
*    ¶
*    ¶
*    ¶
*    ¶
*    An·····································¶
*    Institut·für·integrierte·········¶
*    Datenverarbeitung················¶
*    ································¶
*    c/o·Herrn·Jakob·Severin··········¶
*    ····Herrn·Till·Schult············¶
*    Im·Rotbad·40····················¶
*    ································¶
*    1000·Berlin·44··················¶
*    ¶
*    ¶
*    Rechnung····································7800·Freiburg¶
                                            23.02.1990
*    ¶
     1    Druckerpapier            2190    10        23,00      230,00↓
     2    Diskettenbox·3.5"        2001     5        17,00       85,00↓
     3    VGA-Karte·18·Bit         1908     2       570,25     1140,50↓
     4    VGA-Monitor·14"·monochr  1925     2       430,00      860,00↓
     5    Tastatur-Abdeckung       2060    13        25,00      275,00¶
*    ¶
*    ¶
     ·····························Warenwert·netto:    2590,50¶
     ·····························14%·MWSt:            362,67¶
*    ·······················································--------¶
     ·····························Warenwert·brutto:   2953,17¶
*    ·················································========¶
*    ¶
*    ◆
                                                        ——RECH2A.TXT——
```

3 Kurs zur Textverarbeitung mit Word

3.1 Den ersten Text bearbeiten	45
3.2 Dateien zwischen RAM und Diskette übertragen	59
3.3 Text formatieren	77
3.4 Im Text rechnen	99
3.5 Mit Druckformatvorlagen arbeiten	**105**
3.6 Textteile in Textbausteinen bereitstellen	123
3.7 Serienbriefe schreiben	133
3.8 Einstellungen und Hilfen	143
3.9 Tabellen und Texte verknüpfen	161
3.10 Layout gestalten	175
3.11 Makros ausführen und programmieren	195
3.12 dBASE-Adreßdatei für Serienbriefe nutzen	221

3.5.1 Formatierung mit einer DFV-Datei

Druckformatvorlage als DFV-Datei

Sollen Briefe jeweils in einem bestimmten Format (Seitenlänge, linker Einzug, Blocksatz, Schriftart, Schriftgrad, usw.) ausgedruckt werden, dann hat man zur Formatierung zwei Möglichkeiten:

1. Bei jedem Brief formatiert man den Bereich (Seite), die Absätze und die Zeichen mit dem Format-Befehl (z.B. Format/Absatz) oder über die Direktformatierung (z.B. Alt/F für fett) neu.
2. Man verbindet den jeweiligen Brief mit einer *Druckformatvorlage, die als DFV-Datei auf Diskette abgelegt ist* und mehrere Druckformate für Bereiche, Absätze bzw. Zeichen enthält. Nun kann man durch Eintippen von Alt/Tastenschlüssel bequem die fertigen Druckformate den einzelnen Texteinheiten zuordnen.

Die 2. Möglichkeit ist von Vorteil, wenn man wiederholt Briefe mit der gleichen Form zu schreiben hat. Dann nämlich lohnt sich die Arbeit, Druckformate zu sammeln und in einer DFV-Datei (DruckFormatVorlage) zu speichern.

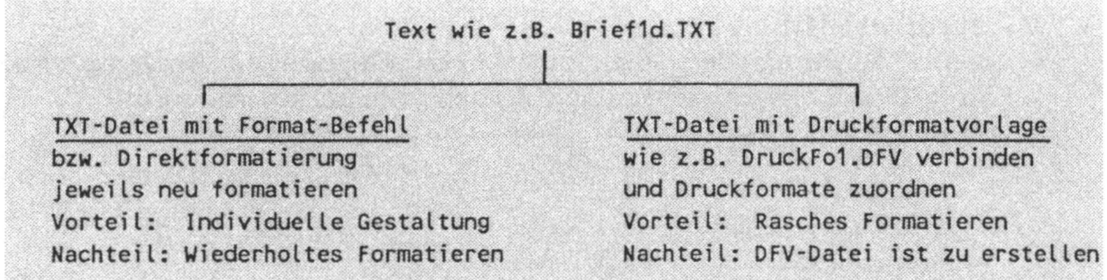

Formatierung mit Format-Befehl oder mit Druckformatvorlage

Eine DFV-Datei als Druckformatvorlage erstellen bzw. bearbeiten

Eine Druckformatvorlage ist eine Datei vom Dateityp DFV, in der mehrere Druckformate für Bereiche, Absätze bzw. Zeichen gespeichert sind.
  - Word sieht standardmäßig die Druckformatvorlage Standard.DFV vor. Die nachfolgende, vom Benutzer erstellte Beispielvorlage heißt DruckFo1.DFV.

- Mit dem Befehl Format/Druckformat/Festhalten kann man ein Bereichs-, Absatz- bzw. Zeichenformat aus der aktiven TXT-Datei in die DFV-Datei übernehmen.
- Mit dem Befehl Muster wird eine DFV-Datei eingegeben, geändert, betrachtet, kopiert, gespeichert und geladen.

Eine DFV-Datei mit einer bestimmten TXT-Datei verbinden

Mit dem Befehl Format/Druckformat/Verbinden kann man eine DFV-Datei auf Diskette auswählen und mit der aktiven TXT-Datei verbinden. Von diesem Zeitpunkt an sind alle in der DFV-Datei enthaltenen Druckformate für die TXT-Datei verfügbar. Diese Verbindung bleibt auch über das Speichern bzw. Laden der TXT-Datei hinweg erhalten.

Einzelne Druckformate der DFV-Datei den Texteinheiten zuordnen

Jedes Druckformat ist mit einem *Tastenschlüssel* (wie z.B. B1, A1, U1) benannt, über den es mit *Alt/Tastenschlüssel* der zuvor markierten Texteinheit zugeordnet werden kann.
- In der Druckformatspalte am linken Bildschirmrand zeigt Word die Tastenschlüssel des Druckformates an, der dem jeweiligen Absatz zugeordnet ist.
- Ohne Zuordnung erscheint ein "*". Dem folgenden Absatz ist also kein Druckformat zugeordnet, d.h. das Standardformat gilt:

```
1───────[········1·········2·········3·········4·········5·········6·····]···7··┐

│*    seit·einer·Woche·habe·ich·nun·einen·neuen·PC.·Er·hat·ein·Dis-ket-      │
│     ten-lauf-werk·und·eine·Festplatte·mit·40·MB.·¶                          │
```

- Markiert man diesen Absatz mit F10, um ihm dann mit Alt/A1 das Druckformat A1 zuzuordnen, dann erhält er z.B. das folgende Aussehen (Zeilenlineal, Druckformatspalte und Text (Blocksatz, Schriftart usw.) erscheinen nun anders):

```
1──────0··[······1·········2·········3·········4·········5····]····6·········7··┐

│A1    seit·einer·Woche·habe·ich·nun· einen· neuen· PC.· Er·                  │
│      hat·ein·Dis-ket-ten-lauf-werk· und· eine· Festplatte·                  │
│      mit·40·MB.·¶                                                           │
```

3.5.2 Druckformate durch Festhalten erstellen

Festhalten als "Abphotographieren von Formatierungen"

Die einfachste Möglichkeit zum Erstellen von Druckformaten besteht darin, daß man zunächst eine konkrete TXT-Datei editiert, formatiert und deren Druckbild testet. Anschließend werden die den Texteinheiten zugrundeliegenden Formatierungen "abphotographiert" und in eine DFV-Datei kopiert bzw. in ihr festgehalten. Dazu stellt Word den Befehl Format/Druckformat/Festhalten bereit.

Brief1d.TXT als Beispieldatei mit Druckformaten

Die zuletzt in Abschnitt 3.1.6.7 editierte Datei Brief1a.TXT soll geladen werden, um dann die Texteinheiten Bereich, Absatz und Zeichen neu zu formatieren und als Druckformate namens B1, A1 und U1 in der Druckformatvorlage DruckFo1.DFV festzuhalten. Der mit DruckFo1.DFV verbundene Text soll unter dem Namen Brief1d.TXT verfügbar sein.

Datei Brief1a.TXT Laden und als Brief1d.TXT speichern:
Mit dem Übertragen/Laden-Befehl wird der Text aktiviert, um ihn dann sogleich mit Übertragen/Speichern unter dem Namen Brief1d.TXT zusätzlich zu speichern.

```
1——[•••••••••1•••••••••2•••••••••3•••••••••4••••••••••5•••••••••6•••••]•••7••┐
│* ▐ Anita·Hildebrandt¶                                                       │
│* ▐ Schwarzwaldstraße·48¶                                                    │
│* ▐ 7000·Freiburg¶                                                           │
│* ▐ ¶                                                                        │
│* ▐ ···········································Freiburg,·31.·August·1989¶      │
│* ▐ ¶                                                                        │
│* ▐ Liebe·Laura,¶                                                            │
│* ▐ ¶                                                                        │
│* ▐ seit·einer·Woche·habe·ich·nun·einen·neuen·PC.·Er·hat·ein·Dis-ket-        │
│     ten-lauf-werk·und·eine·Festplatte·mit·40·MB.·¶                          │
│* ▐ Den·Drucker·habe·ich·schon·ausprobiert.·¶                               │
│* ▐ ¶                                                                        │
│* ▐ ¶                                                                        │
│* ▐ Bis·bald·in·Heidelberg.◆                                                │
│                                                                            │
│                                                                            │
│                                                                            │
└───────────────────────────────────────────────────────BRIEF1D.TXT─┘
```

3.5.2.1 Druckformat für einen Bereich festhalten

Bereich formatieren mit Format/Bereich/Seitenrand

Der Brief soll links einen 4 cm und rechts einen 3 cm breiten Rand erhalten. Man setzt den Cursor auf die Textendemarke und formatiert den Bereich:

Format	Befehl aktivieren (Text markiert)
Bereich	Bereichsformatierung wählen
Seitenrand	Links 4 und Rechts 3 eingeben

Oben im Zeilenlineal wird der rechte Rand mit "]" bei 55 Punkt gekennzeichnet. Der Text selbst erscheint schmaler. Unter der Zeile "Bis bald in Heidelberg." erscheint eine Zeile mit ":::::::::::::::::::::::::", um das Ende des Bereichs anzugeben.

Bereich nochmals formatieren mit Format/Zeichen

Für den gesamten Bereich soll die Schriftart Lineprinter_IBM und der Schriftgrad 8,5 ausgewählt werden. Dazu wird der gesamte Bereich mit Umschalt/F10 markiert und als Befehlsfolge eingegeben:

Format	Format-Befehl aktivieren
Zeichen	Befehl zur Gestaltung der Zeichen
Schriftart: F1	Lineprinter_IBM aus Liste wählen
Schriftgrad: F1	8,5 aus Liste auswählen

Bereichsformatierung als B1 sichern mit Format/Druckformat/Festhalten

Diese Bereichsformatierung soll nun als Druckformat namens B1 in die Druckformatvorlage "abphotographiert" bzw. festgehalten werden. Dazu wird mit Umschalt/F10 der gesamte Text markiert, um dann das Druckformat mit Druck/Druckformat in die Druckformatvorlage zu kopieren:

Format	Format-Befehl aktivieren
Druckformat	Befehl zur Druckformat-Bearbeitung
Festhalten	
Tastenschlüssel: B1	Name B1 für das Druckformat
Verwendung: Bereich	B1 zur Bereichsformatierung
Variante: 1	Nummer 1 als Vorgabe von Word
Anmerkung:	Maximal 28 Zeichen Text eingeben

```
1———[•••••••••1•••••••••2•••••••••3•••••••••4•••••••••5••••]••••6•••••••••7••
*    Anita·Hildebrandt¶
*    Schwarzwaldstraße·48¶
*    7000·Freiburg¶
*    ¶
*    ·····································Freiburg,·31. August·1989¶
*    ¶
*    Liebe·Laura,¶
*    ¶
*    ¶
*    seit·einer·Woche·habe·ich·nun·einen·neuen·PC.·Er·hat·
     ein·Dis-ket-ten-lauf-werk·und·eine·Festplatte·mit·40·
     MB.·¶
*    Den·Drucker·habe·ich·schon·ausprobiert.·¶
*    ¶
*    Bis·bald·in·Heidelberg.
     ::::::::::::::::::::::::::::::::::::::::::::::::::::::::::::::::::::::::::
*    ♦

FORMAT DRUCKFORMAT FESTHALTEN Tastenschlüssel: b1
          Verwendung: Zeichen Absatz(Bereich)
          Variante: 1              Anmerkung: Bereichsformat Einzelblatt
Geben Sie den Tastenschlüssel mit 1 oder 2 Buchstaben für das Druckformat an!
```

Den formatierten Bereich als Druckformat B1 in der Druckformatvorlage festhalten

Druckformat anzeigen mit dem Muster-Befehl

Mit dem Muster-Befehl kann man die aktive Druckformatvorlage betrachten bzw. editieren. Mit der Befehlsfolge

Muster	Muster-Bildschirm aktivieren
Esc	Befehl im Muster-Menü aktivieren
Text	Zurück zum aktiven Text gehen

wird zunächst vom TXT-Bildschirm in den DFV-Bildschirm bzw. Muster-Bildschirm gewechselt. Oben wird B1 als Bereichs-Druckformat mit
seinen Einstellungen angezeigt; unter anderem mit Seitenrand links 4 cm
und rechts 3 cm.

```
1─[········1········2········3········4········5········]·········7····
┤ 1   B1 Bereich 1                              Bereichsformat Einzelblatt │
│        Seite: Wechsel der Seitenlänge 29,7 cm; Breite 21 cm. Seitenzahl  │
│        arabische Ziffern. Seitenrand oben 2,5 cm; Seitenrand unten 2 cm; │
│        Links 4 cm; Rechts 3 cm. Abstand Kopfzeile von oben 1,25 cm.      │
│        Abstand Fußzeile von unten 1,25 cm. Fußnoten auf derselben Seite. │
│  ◆                                                                        │
│                                                                          │
│  ....                                                                     │
│                                                                          │
│                                                         ─STANDARD.DFV─   │
MUSTER: Text Druck Einfügen Format Hilfe Kopie Löschen Name Rückgängig
        Übertragen
Wählen Sie bitte ein Druckformat oder unterbrechen Sie zum Menü!
```

Bildschirm des Muster-Befehls mit Druckformat(en) oben und Menü unten

Muster-Bildschirm und Muster-Befehlsmenü

Der Muster-Befehl verwaltet einen eigenen Bildschirm und ein eigenes
Befehlsmenü. Nach Tippen von Esc wird der Text-Befehl im Befehlsmenü
markiert; mit Return wird dieser Befehl ausgeführt und zum aktiven Text
zurückgekehrt: am Bildschirm erscheint wieder der Text von Brief1d.-
TXT.

```
MUSTER: Text Druck Einfügen Format Hilfe Kopie Löschen Name Rückgängig
        Übertragen
Verläßt das MENÜ Muster und kehrt zum Textausschnitt zurück
```

3.5.2.2 Druckformat für einen Absatz festhalten

Absatz mit Format/Absatz formatieren

Der erste Absatz des Brieftextes Brief1d.TXT soll im Blocksatz und mit
einem linken Einzug von 1 cm formatiert werden. Befehlsfolge:

Format	Dabei ist 1. Absatz mit F10 markiert
Absatz	Unterbefehl zur Absatzformatierung
Ausrichtung: Block	Blocksatz
Linker Einzug: 1	1 cm einrücken

```
FORMAT ABSATZ Ausrichtung: Links Zentriert Rechts Block
  Linker Einzug: 1 cm       Erste Zeile: 0 cm        Rechter Einzug: 0 cm
  Zeilenabstand: 1 zg       Anfangsabstand: 0 zg     Endeabstand: 0 zg
  Selbe Seite: Ja(Nein)     Nächster Absatz selbe Seite: Ja(Nein)
  Nebeneinander: Ja(Nein)
```

Formatierten Absatz als A1 mit Format/Druckformat/Festhalten sichern

Nun wird die Formatierung in einem Absatz-Durchformat namens A1 festgehalten:

<table>
<tr><td>

Format
  Druckformat
    Festhalten
      Tastenschlüssel:
      Verwendung: Absatz
      Variante: 1
      Bemerkung:

</td><td>

1. Absatz ist immer noch markiert
Unterbefehl
"Abphotographieren" des Formates
A1 als Name zum späteren Aufruf
Ein Absatz soll formatiert werden
Von Word vorgeschlagene Nummer
"Absatz normal, Blocksatz"

</td></tr>
</table>

Für den markierten Absatz wird links in der Druckformatspalte der "*" durch den Tastenschlüssel A1 ersetzt.

Allen Absätzen das Druckformat A1 zuordnen

Durch die Befehlsfolge

<table>
<tr><td>

Umschalt/F10
Alt/A1

</td><td>

Den gesamten Text markieren
Allen Absätzen Format A1 zuordnen

</td></tr>
</table>

werden alle Absätze mit dem Druckformat A1 formatiert; in der Druckformatspalte erscheint überall der Tastenschlüssel A1. Oben im Zeilenlineal verschiebt sich die linke Randmarkierung "[" um 1 cm nach rechts.

```
1——0··[······1·········2·········3·········4·········5····]····6·········7··
│A1    Anita·Hildebrandt¶
│A1    Schwarzwaldstraße·48¶
│A1    7000·Freiburg¶
│A1    ¶
│A1    ······································ · Freiburg,·31.·August·1989¶
│A1    ¶
│A1    Liebe·Laura,¶
│A1    ¶
│A1    ¶
│A1    seit·einer·Woche·habe·ich·nun· einen· neuen· PC.· Er·
│      hat·ein·Dis-ket-ten-lauf-werk· und· eine· Festplatte·
│      mit·40·MB.·¶
│A1    Den·Drucker·habe·ich·schon·ausprobiert.·¶
│A1    ¶
│A1    Bis·bald·in·Heidelberg¶
│      ::::::::::::::::::::::::::::::::::::::::::::::::::::::::::::::::::::::::
│A1    ♦
```

Allen Absätzen der Datei Brief1d.TXT ist das Druckformat A1
mit Alt/A1 zugeordnet worden

Der Muster-Befehl zeigt zwei Druckformate an

Ruft man nun den Muster-Befehl auf, so erscheinen das Bereichsdruckformat B1 und das Absatzdruckformat A1:

Esc	Ins Menü wechseln
Muster	Zum Muster-Bildschirm wechseln

```
1—0··[······1·········2·········3·········4·········5·········]·········7····
 1   B1 Bereich 1                              Bereichsformat Einzelblatt
        Seite: Wechsel der Seitenlänge 29,7 cm; Breite 21 cm. Seitenzahl
        arabische Ziffern. Seitenrand oben 2,5 cm; Seitenrand unten 2 cm;
        Links 4 cm; Rechts 3 cm. Abstand Kopfzeile von oben 1,25 cm.
        Abstand Fußzeile von unten 1,25 cm. Fußnoten auf derselben Seite.
 2   A1 Absatz 1                                 Absatz normal, Blocksatz
        LinePrinter_IBM (Modern b) 8,5/12. Block, Einzug links 1 cm.
 ♦
```

Der Muster-Bildschirm zeigt die beiden Druckformate B1 und A1

3.5.2.3 Druckformat für Zeichen festhalten

In einer Druckformatvorlage kann man Druckformate für Bereiche, Absätze und Zeichen sammeln. Als Beispiel soll über Alt/U1 ein Druckformat U1 aufgerufen werden können, das die markierten Zeichen unter-
streicht.

Zuerst formatieren ...: Zunächst formatiert man ein Wort wie zum Beispiel "Diskettenlaufwerk".

Format	"Diskettenlaufwerk" ist markiert
Zeichen	Unterbefehl Zeichen
Unterstreichen: Ja	Von Nein auf Ja stellen

... dann festhalten: Nun kann man dieses Format mit der Befehlsfolge

<table>
<tr><td>

```
Format
  Druckformat
    Festhalten
      Tastenschlüssel: U1
      Verwendung: Zeichen
      Variante: 1
      Anmerkung:
```

</td><td>

"Diskettenlaufwerk" noch markiert
Unterbefehl
... zum "Abphotographieren"
Name des Zeichendruckformates

Von Word vorgeschlagene Nummer
Zeichen unterstreichen als Hinweis

</td></tr>
</table>

in der Druckformatvorlage im RAM festhalten bzw. speichern.

3.5.2.4 Druckformatvorlage speichern

Die Druckformatvorlage enthält als DFV-Datei jetzt drei Druckformate:
- Ein Bereichs-Druckformat namens B1
- Ein Absatz-Druckformat namens A1
- Ein Zeichen-Druckformat namens U1

Die DFV-Datei befindet sich im RAM, hat noch den Namen Standard.-DFV und ist noch nicht auf Diskette sichergestellt worden.

DFV-Datei DruckFo1 mit Muster/Übertragen/Speichern sichern

Durch die Befehlsfolge werden die Druckformate von Standard.DFV unter dem Namen DruckFo1.DFV als Druckformatvorlage auf der Diskette im Laufwerk B: gespeichert:

<table>
<tr><td>

```
Muster
  Esc
    Übertragen
      Speichern
```

</td><td>

Zum Muster-Bildschirm wechseln
Befehlsmenü von Muster aktivieren
Unterbefehl zum Sicherstellen
B:DruckFo1 oder B:DruckFo1.DFV

</td></tr>
</table>

```
1──[••ZZ•••••1•••••••••2•••••••••3•••••••••4•••••••••5•••••••••]•••••••••7••••
  1   B1 Bereich 1                              Bereichsformat Einzelblatt
          Seite: Wechsel der Seitenlänge 29,7 cm; Breite 21 cm. Seitenzahl
          arabische Ziffern. Seitenrand oben 2,5 cm; Seitenrand unten 2 cm;
          Links 4 cm; Rechts 3 cm. Abstand Kopfzeile von oben 1,25 cm.
          Abstand Fußzeile von unten 1,25 cm. Fußnoten auf derselben Seite.
  2   A1 Absatz 1                                  Absatz normal, Blocksatz
          LinePrinter_IBM (Modern b) 8,5/12. Block, Einzug links 1 cm.
```

```
|  3   U1 Zn 1                                     Zeichen unterstreichen      |
|        LinePrinter_IBM (Modern b) 8,5 Unterstrichen.                        |
|  ◆                                                                          |
|                                                                             |
|  ...                                                                        |
L──────────────────────────────────────────────────STANDARD.DFV─┘
ÜBERTRAGEN SPEICHERN Name der Druckformatvorlage: B:\DRUCKFO1.DFV

Geben Sie bitte den Dateinamen ein!
```

Standard.DFV unter dem Dateinamen DruckFol.DFV speichern

3.5.2.5 Druckformat in der DFV-Datei ändern

Format oder Benennung von Druckformaten ändern

Über den Muster/Format-Befehl kann man das Format (also den Inhalt) und über den Muster/Name-Befehl die Benennung (also die Kennzeichnung) von Druckformaten ändern. Zum letzteren Befehl wird ein Beispiel angegeben.

Variante eines Druckformats mit dem Muster/Name-Befehl ändern

Dem Text Brief1d.TXT sind zwei Bereichsformate zugeordnet:
- Bereichsformat B1 vom Textbeginn bis zur Marke ":::::::::::".
- Standardbereichsformat von der Markierung an beginnend (also nur auf dem Dateiendezeichen).

Entfernt man die Marke ":::::::::::" (mit Cursor markieren und dann die Entf-Taste drücken), so wird das Bereichsformat B1 gelöscht bzw. durch das standardmäßige Bereichsformat ersetzt.

Wie läßt sich das Format B1 als standardmäßiges Bereichsformat einstellen? Man ersetzt für Variante von B1 die Nummer *1* durch die Bezeichnung *Standard*. Dazu geht man zunächst mit der Befehlsfolge

Muster	Zum Muster-Bildschirm wechseln
Cursor	Bereich B1 markieren
Esc	Muster-Befehlsmenü aktivieren

zum Befehlsmenü des Muster-Befehls, in dem zehn Unterbefehle angeboten werden:

```
MUSTER: Text Druck Einfügen Format Hilfe Kopie Löschen Name Rückgängig
        Übertragen
Verändert Tastenschlüssel, Variante oder Anmerkung des gewählten Druckformates
```

Nun wird der Unterbefehl Name aktiviert, um die Variantennummer 1 in Standard abzuändern:

<table>
<tr><td>Name
  Variante: F1</td><td>Unterbefehl Name aktivieren
Aus Variantenliste Standard wählen</td></tr>
</table>

Oben im Bereichsdruckformat B1 wird jetzt Standard anstelle von 1 angezeigt.

```
1—[••ZZ•••••1•••••••••2•••••••••3••••••••••4••••••••5•••••••••]••••••••••7••••
 1   B1 Bereich Standard                         Bereichsformat Einzelblatt
         Seite: Wechsel der Seitenlänge 29,7 cm; Breite 21 cm. Seitenzahl
         arabische Ziffern. Seitenrand oben 2,5 cm; Seitenrand unten 2 cm;
         Links 4 cm; Rechts 3 cm. Abstand Kopfzeile von oben 1,25 cm.
         Abstand Fußzeile von unten 1,25 cm. Fußnoten auf derselben Seite.
 2   A1 Absatz 1                                  Absatz normal, Blocksatz
         LinePrinter_IBM (Modern b) 8,5/12. Block, Einzug links 1 cm.
 3   U1 Zn 1                                      Zeichen unterstreichen
         LinePrinter_IBM (Modern b) 8,5 Unterstrichen.
 ◆
 ...
                                                          —DRUCKFO1.DFV—
NAME Tastenschlüssel: B1          Variante: Standard
     Anmerkung: Bereichsformat Einzelblatt
Geben Sie den Tastenschlüssel mit 1 oder 2 Buchstaben für das Druckformat an!
```

Muster/Name-Befehl: Für das Druckformat B1 die Variante von 1 in Standard abändern

B1 ist nun als Standard-Bereichsformat verfügbar. Löscht man nun in der Datei Brief1d.TXT die Bereichsendemarke "::::::::::", so wird B1 zur Bereichsformatierung genutzt.

Zwei abschließende Speicherungen sind erforderlich

1. Mit dem Muster/Übertragen/Speichern-Befehl wird die geänderte Druckformatvorlage DruckFo1.DFV neu gesichert. Anschließend verläßt man mit Esc/Text den Muster-Bildschirm.

2. Mit dem Übertragen/Speichern-Befehl wird die Datei Brief1d.- TXT sichergestellt. Beim nächsten Laden wird dieser Datei automatisch die Vorlage DruckFo1.DFV zugeordnet.

Versucht man, Word zu verlassen, ohne eine geänderte DFV-Datei zuvor gesichert zu haben, wird man wie folgt zur Entscheidung aufgefordert:

```
J um Änderungen in der Druckformatvorlage zu speichern N wenn nicht oder ESC!
```

3.5.3 Druckformatvorlage mit der Textdatei verbinden

Format/Druckformat/Verbinden-Befehl

Ein und dieselbe TXT-Datei kann mit verschiedenen DFV-Dateien zur Formatierung verbunden werden. Zum Herstellen wie zum Auflösen einer solchen Verbindung wird der Format/Druckformat/Verbinden-Befehl verwendet.

Verbindung zwischen TXT-Datei und DFV-Datei lösen

Zum Lösen der Verbindung "Text-Datei - DFV-Datei" entfernt man im Verbinden-Befehlsfeld den Namen B:DruckFo1.DFV mit der Entf-Taste (Del-Taste). In der Druckformatspalte erscheint jetzt bei allen Absätzen das Zeichen "*": die TXT-Datei ist nicht mehr formatiert.

Format	Befehl zum Formatieren
Druckformat	Unterbefehl
Verbinden: B:DruckFo1.DFV	... hier Entf-Taste drücken

Verbindung zwischen TXT-Datei und DFV-Datei herstellen

Mit F1 läßt man sich im Verbinden-Befehlsfeld die Liste aller Namen von Druckformatvorlagen anzeigen, um mit der Cursortaste B:DruckFo1 auszuwählen:

Format	Befehl zum Formatieren
Druckformat	Unterbefehl
Verbinden: F1	... aus der Liste B:DruckFo1 wählen

Brief1d.TXT und DruckFo1.DFV sind nun miteinander verbunden:
- Mit *Alt/Tastenschlüssel* sind die Druckformate verfügbar und den Texteinheiten zuzuordnen.

- Auch nach dem Sichern der TXT-Datei bleibt die Verbindung erhalten: Lädt man die TXT-Datei, so wird sie automatisch wieder mit der Druckformatvorlage bzw. DFV-Datei verbunden.

```
                                                          BRIEF1D.TXT
FORMAT DRUCKFORMAT VERBINDEN: B:\DRUCKFO1.DFV

Geben Sie bitte einen Dateinamen ein oder wählen Sie einen mit F1!
```

3.5.4 Druckformate mit dem Muster-Befehl erstellen

Word bietet dem Benutzer zwei Methoden an, um Druckformate in einer DFV-Datei als Druckformatvorlage zu speichern: die Festhalten-Methode und die Einfügen-Methode.

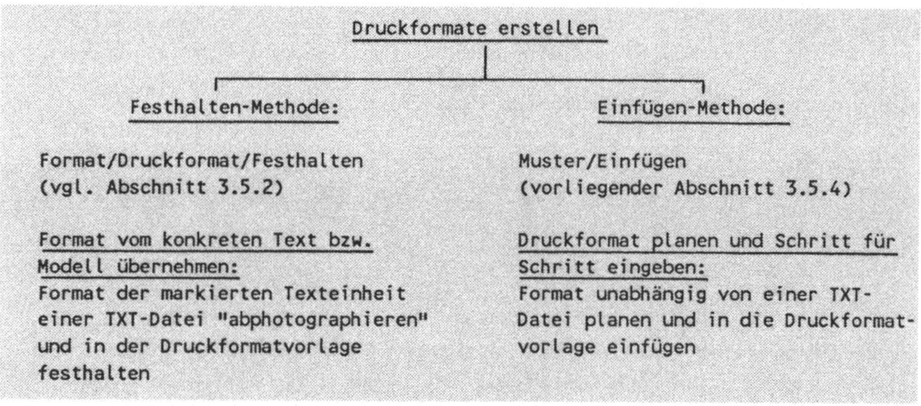

Zwei Methoden zum Erstellen neuer Druckformate

Vier Schritte-Vorgehen zum Einfügen eines Druckformates

Die bequemer anzuwendende Festhalten-Methode wurde in Abschnitt 3.5.2 dargestellt. Bei der Einfügen-Methode geht man in vier Schritten vor. Zunächst ruft man den Muster-Befehl auf (Schritt 1).

```
                                                          BRIEF1D.TXT
BEFEHL: Ausschnitt Bibliothek Druck Einfügen Format Gehezu Hilfe Kopie
        Löschen Muster Quitt Rückgängig Suchen Übertragen Wechseln Zusätze
Enthält ein MENÜ zum Erstellen und Verändern von Druckformatvorlagen
```

Der Muster-Befehl stellt ein eigenes Menü bereit, aus dem der Einfügen-
Befehl aktiviert wird (Schritt 2):

```
L                                                        DRUCKFO1.DFV
MUSTER: Text Druck Einfügen Format Hilfe Kopie Löschen Name Rückgängig
        Übertragen
Fügt ein neues Druckformat in eine Druckformatvorlage ein
```

Nun können der Tastenschlüssel (z.B. A2), die Verwendung (z.B. Absatz),
die Variante (2 von Word vorgeschlagen) und eine Textanmerkung zur
Kennzeichnung des neuen Druckformates eingegeben werden (Schritt 3):

```
EINFÜGEN Tastenschlüssel: ()          Verwendung:(Zeichen)Absatz Bereich
         Variante: 2                  Anmerkung:
Geben Sie den Tastenschlüssel mit 1 oder 2 Buchstaben für das Druckformat an!
```

Anschließend ist die konkrete Formatierung über den Muster/Format-Be-
fehl anzugeben (Schritt 4).

Ein neues Druckformat "über den Papierkorb erstellen"

Eine weitere Möglichkeit zum Erstellen eines zusätzlichen Druckformates
bietet das Löschen über die Entf-Taste. Man geht dabei in sechs Schritten
vor.

1. Ein bestehendes Druckformat (z.B. A1) mit F10 markieren.
2. Druckformat mit Entf bzw. Del in den Papierkorb löschen.
3. Format mit Einfg wieder in die Druckformatliste einfügen.
4. Cursor zum Beispiel hinter das letzte Druckformat (hier U1)
   bewegen.
5. Das Format A1 erneut aus dem Papierkorb kopieren - nun an das
   Ende der Druckformate.
6. Dieses Format mit F10 markieren und mit Muster/Name neu benennen (z.B. Tastenschlüssel von A1 in A2 ändern) sowie mit Mu-
   ster/Format neu formatieren.

```
1—0··[······1·········2·········3··········4··········5·········]·········7····┐
┼  1   B1 Bereich Standard                        Bereichsformat Einzelblatt │
│         Seite: Wechsel der Seitenlänge 29,7 cm; Breite 21 cm. Seitenzahl   │
│         arabische Ziffern. Seitenrand oben 2,5 cm; Seitenrand unten 2 cm;  │
│         Links 4 cm; Rechts 3 cm. Abstand Kopfzeile von oben 1,25 cm.       │
│         Abstand Fußzeile von unten 1,25 cm. Fußnoten auf derselben Seite.  │
│  2   A1 Absatz 1                                  Absatz normal, Blocksatz  │
│         LinePrinter_IBM (Modern b) 8,5/12. Block, Einzug links 1 cm.       │
│  3   U1 Zn 1                                      Zeichen unterstreichen    │
│         LinePrinter_IBM (Modern b) 8,5 Unterstrichen.                      │
│  4   A1 Absatz 1                                  Absatz normal, Blocksatz  │
│         LinePrinter_IBM (Modern b) 8,5/12. Block, Einzug links 1 cm.       │
│  ◆                                                                         │
│                                                                            │
│  ...                                                                       │
└────────────────────────────────────────────────────────────DRUCKFO1.DFV─┘
FORMAT: Zeichen Absatz Tabulator Rahmen Position

Bestimmt Zeichenformatierungen und Schriftarten für die markierten Druckformate
```

Druckformat A1 wurde über Entf-Taste und Einfg-Taste kopiert und ist nun neu zu benennen (Muster/Name) und zu formatieren (Muster/Format)

Aufgabe 3.5/1: Druckformatvorlage ändern und mit Text verbinden.

a) Geben Sie den Text ein und speichern Sie ihn als Aushang1.TXT:

```
L——[·········1·········2·········3·········4·········5····]····6·········7··┐
┼*   Aushang·Nr.·9¶                                                        │
│*   ¶                                                                     │
│*   Morgen,·23.01.1990,·findet·um·Raum·N03·ein·Meeting·                   │
│    statt·zu·folgendem·Thema:¶                                            │
│*   "PC-Einsatz·mit·integrierten·Paketen·im·Büro"¶                        │
│*   Teilnahmepflicht·für·alle·Mitarbeiter.¶                              │
│*   ◆                                                                     │
```

b) Verbinden Sie den Text mit der Druckformatvorlage Druck-
    Fo1.DFV (Abschnitt 3.5.4), ändern Sie das Absatzformat A2 dem
    folgenden Bildschirm entsprechend ab (Cursor zeigt auf diesen
    Absatz) und sichern Sie die geänderte Vorlage als DruckFo2.DFV.

```
l——0······[··1·········2·········3·········4······]··5·········6·········7 ·
|A1      Aushang·Nr.·9¶                                                     |
|*   ¶                                                                      |
|A1      Morgen,·23.01.1990,·findet·um·Raum·N03· ein· Meeting·             |
|        statt·zu·folgendem·Thema:¶                                         |
|                                                                          |
|A2          "PC-Einsatz·mit·integrierten·Paketen·im·                      |
|                         Büro"¶                                           |
|                                                                          |
|A1      Teilnahmepflicht·für·alle·Mitarbeiter.¶                           |
|*   ◆                                                                      |
```

3

Kurs zur Textverarbeitung mit Word

3.1 Den ersten Text bearbeiten	45
3.2 Dateien zwischen RAM und Diskette übertragen	59
3.3 Text formatieren	77
3.4 Im Text rechnen	99
3.5 Mit Druckformatvorlagen arbeiten	105
3.6 Textteile in Textbausteinen bereitstellen	**123**
3.7 Serienbriefe schreiben	133
3.8 Einstellungen und Hilfen	143
3.9 Tabellen und Texte verknüpfen	161
3.10 Layout gestalten	175
3.11 Makros ausführen und programmieren	195
3.12 dBASE-Adreßdatei für Serienbriefe nutzen	221

Textbausteine sind Textteile, die in einer TBS-Datei (für TextBauSteine-Datei) gespeichert sind, über Textbausteinnamen ausgewählt und über den Einfügen-Befehl an eine beliebige Stelle des gerade editierten Textes eingefügt werden können.

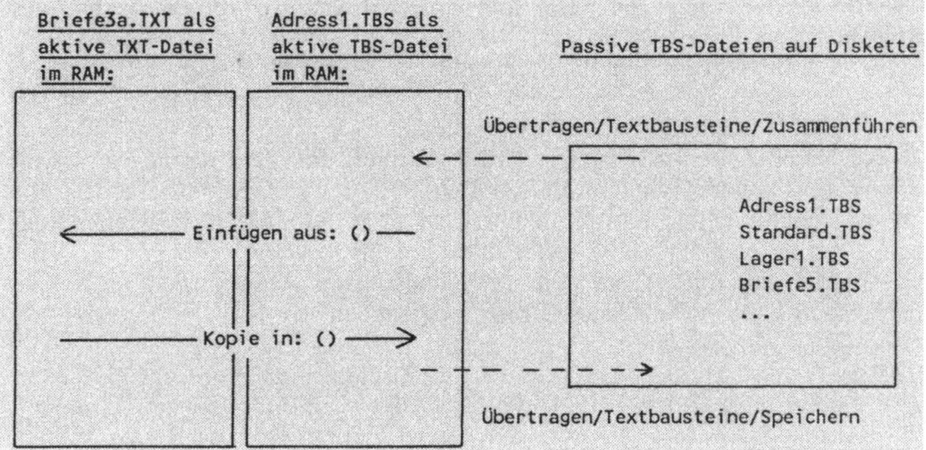

TBS-Dateien als Textbausteindateien unterstützen TXT-Dateien

Beispielproblem: Formbriefe ausfüllen mit Adressen als Textbausteinen

In Abschnitt 3.2.4 wurde gezeigt, wie man Briefe durch Ausfüllen eines leeren Briefformulars namens Maske1.TXT schreibt. Dabei mußte man die Adresse jeweils neu in ein neunzeiliges Adressenfeld eintragen. Nun sollen die Adressen als Textbausteine in einer Textbausteindatei Adress1.TBS gespeichert werden, um sie bei Bedarf bequem in das jeweilige Briefformular Maske3.TXT einzufügen. Man geht dabei in vier Schritten vor:

1. *Kopie-Befehl:* Adressen eintippen und als Textbausteine in einer Textbausteindatei im RAM speichern (Abschnitt 3.6.1).
2. *Übertragen/Textbausteine/Speichern-Befehl:* Die im RAM aktive Textbausteindatei auf Diskette unter dem Namen Adress1.TBS abspeichern (Abschnitt 3.6.2).
3. *Übertragen/Textbausteine/Zusammenführen-Befehl:* Die Textbausteindatei Adress1.TBS für den gerade editierten Brieftext Brief3a.TXT im RAM zusammenführen (Abschnitt 3.6.3).
4. *Einfügen-Befehl:* Einen Textbaustein auswählen und in den editierten Text an die Cursorposition einfügen (Abschnitt 3.6.4).

3.6.1 Adressen in Textbausteinen im RAM speichern

Adresse von "PC Software" im Textbaustein PCSOFTWARE speichern

Jede Adresse soll einen Absatz mit neun Zeilen umfassen. Aus diesem
Grunde schließt man die Zeile mit Umschalt/Return ab, nicht aber mit
Return.
- Befehl Übertragen/Biildschirmlöschen/Gesamt ausführen.
- Eingabe der Adresse von "PC Software Import/Export GmbH,
  Kühler Grund 13a, 7800 Freiburg 6".
- Neun-Zeilen-Absatz mit F10 markieren und dem Kopie-Befehl als
  Textbaustein namens PCSOFTWARE in der Textbausteindatei ab-
  speichern. Als Bausteinname wird PCSOFTWARE eingegeben (der
  Name darf bis zu 31 Zeichen lang sein).
- Mit der Entf-Taste den noch markierten Absatz wieder löschen;
  nun kann die nächste Adresse eingegeben werden.

Esc-Taste	Befehlsmenü von Word aktivieren
Kopie in: ()	PCSOFTWARE als Bausteinname
Entf-Taste	Den 9-Zeilen-Text im RAM löschen

```
 L───[·········1·········2·········3·········4·········5·········6·····]···7·
 ┃*   ↓
 ┃    ↓
 ┃    ↓
 ┃    Firma↓
 ┃    PC·Software·Import/Export·GmbH↓
 ┃    Kühler·Grund·13a↓
 ┃    ↓
 ┃    7800·Freiburg·6↓
 ┃    ↓
 ┃    ◆
 ...

 KOPIE in: pcsoftware

 Geben Sie bitte einen Textbausteinnamen ein oder wählen Sie einen mit F1!
```

Adresse als 9-Zeilen-Absatz editieren und mit dem Kopie-Befehl
als Textbaustein namens PCSOFTWARE zunächst im RAM speichern

Nach dem Löschen des Bildschirms mit F10 und Entf wird die nächste Adresse editiert und als Baustein gespeichert, z.B. SOFT_TOMERL:

```
l————[•••••••••1•••••••••2•••••••••3•••••••••4•••••••••5•••••••••6•••••]•••7••
|*       ↓
|        ↓
|        Gesellschaft·für·Softwarelösungen·mbH↓
|        zu·Händen·↓
|        Herrn·Klaus·Tomerl↓
|        ↓
|        Kirchzartener·Straße·101↓
|        7800·Freiburg-Littenweiler↓
|        ↓
|        ◆
|        ...
L
KOPIE in: soft_tomerl
```

3.6.2 Textbausteine in einer TBS-Datei speichern

Übertragen/Textbausteine/Speichern-Befehl zum Sichern

Die Textbausteine sind im RAM aktiv, aber noch nicht auf Diskette gesichert. Dazu wird der Übertragen-Befehl verwendet. Word ergänzt den Dateinamen Adress1 automatisch um den Dateityp TBS zu Adress1.TBS:

```
ÜBERTRAGEN TEXTBAUSTEINE SPEICHERN Dateiname: b:adress1

Geben Sie bitte den Dateinamen ein!
```

Beim Speichern schlägt Word Standard.TBS als Name für die Textbausteindatei vor. Standard.TBS wird - falls vorhanden - bei jedem Starten von Word automatisch in den RAM geladen. Man sollte also in dieser Datei solche Textbausteine sammeln, die man tagtäglich benötigt.

3.6.3 TBS-Datei zu einer TXT-Datei im RAM zusammenführen

Befehl Übertragen/Textbausteine/Zusammenführen zum Aktivieren

Nach dem Starten von Word ist entweder Standard.TBS im RAM aktiv oder überhaupt keine Textbausteindatei. Dann muß diese zunächst mit Übertragen-Befehl in den RAM zusammengeführt werden. "Zusammen-

führen" heißt, daß die TBS-Datei *zusätzlich* zur TXT-Datei im RAM gehalten wird:

<table>
<tr><td>

Übertragen
  Textbausteine
    Zusammenführen
      b:adress1

</td><td>

Befehl zum Diskettenzugriff
... auf eine TBS-Datei zugreifen
TBS-Datei in den RAM kopieren
Datei Adress1.TBS kopieren

</td></tr>
</table>

```
ÜBERTRAGEN TEXTBAUSTEINE: Datei laden Speichern Zusammenführen Löschen

Kombiniert die Textbausteine der angegebenen und der aktiven Textbausteindatei
```

Verfügt man über mehrere Textbausteindateien, kann man sich diese
durch Eintippen von F1 oben am Bildschirm auflisten lassen, um mit den
Richtungstasten eine TBS-Datei auszuwählen:

```
B:\*.TBS
ADRESS1.TBS          [A:]            [B:]            [C:]
HILFE.TBS    —  __  LAGER1.TBS      STANDARD.TBS
 ....                                                      F1 getippt




ÜBERTRAGEN TEXTBAUSTEINE ZUSAMMENFÜHREN Dateiname: ADRESS1.TBS

Geben Sie bitte einen Dateinamen ein oder wählen Sie einen mit F1! (323584 B)
```

3.6.4 Textbausteine in den Text gezielt einfügen

Neues Briefformular Maske3.TXT speichern

Das Briefformular Maske1.TXT (vgl. Abschnitt 3.2.3) laden, neun Zeilen
des Adreßfeldes löschen (F6 und Entf) und unter dem Namen Maske3.-
TXT zusätzlich speichern.

Adresse aus TBS-Datei mit Einfügen-Befehl einfügen

Maske3.TXT soll nun dazu verwendet werden, um einen Brief an Frau
Dr. Schulte-Walldorf zu schreiben, deren Adresse über den Textbausteinnamen SCHULTE aus der Datei Adress1.TBS eingefügt werden kann.

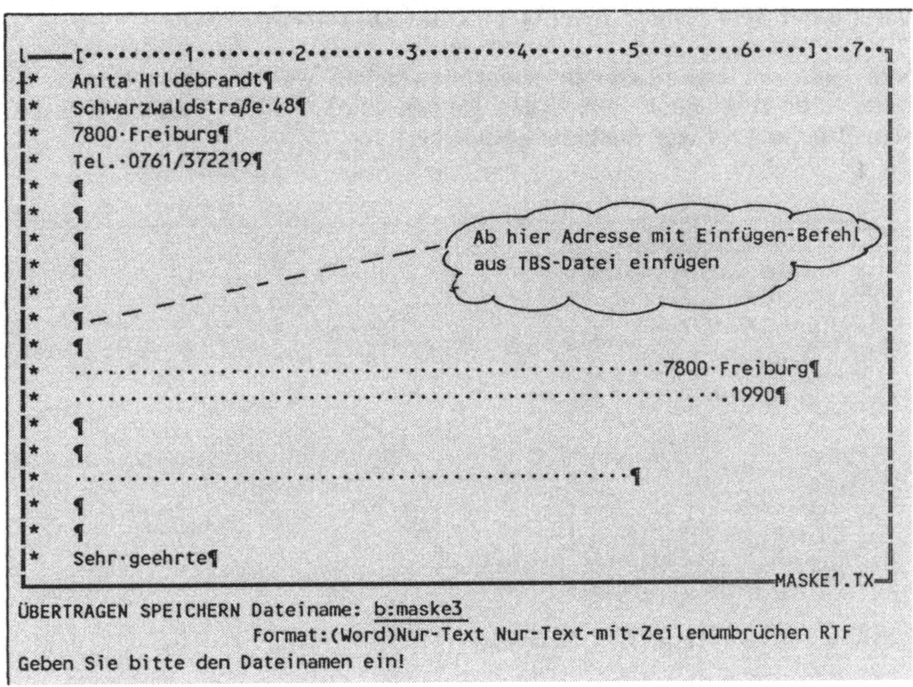

Cursor an Einfügestelle	Richtungstasten im Brief bewegen
Esc	Befehlsmenü aktivieren
Einfügen aus:()	Mit F1 Bausteinnamensliste anzeigen
Return	Markierten Baustein einfügen

Oben am Bildschirm werden die Namen aller Textbausteine angezeigt. Mit den Richtungstasten wird SCHULTE markiert und mit Return in den Brief an die Cursorposition eingefügt.

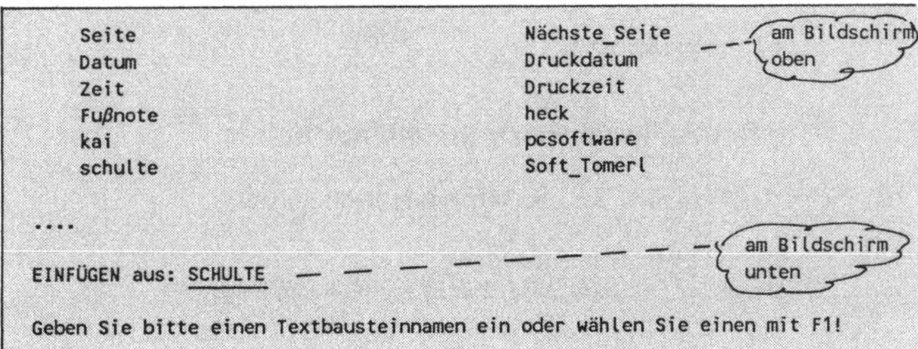

Datei unter dem Namen Brief3a.TXT auf Diskette speichern

Nun kann der eigentliche Brieftext eingegeben werden. Danach wird die Datei - sie trägt noch immer den Namen Maske3.TXT - unter dem Namen Brief3a.TXT auf Diskette gespeichert.

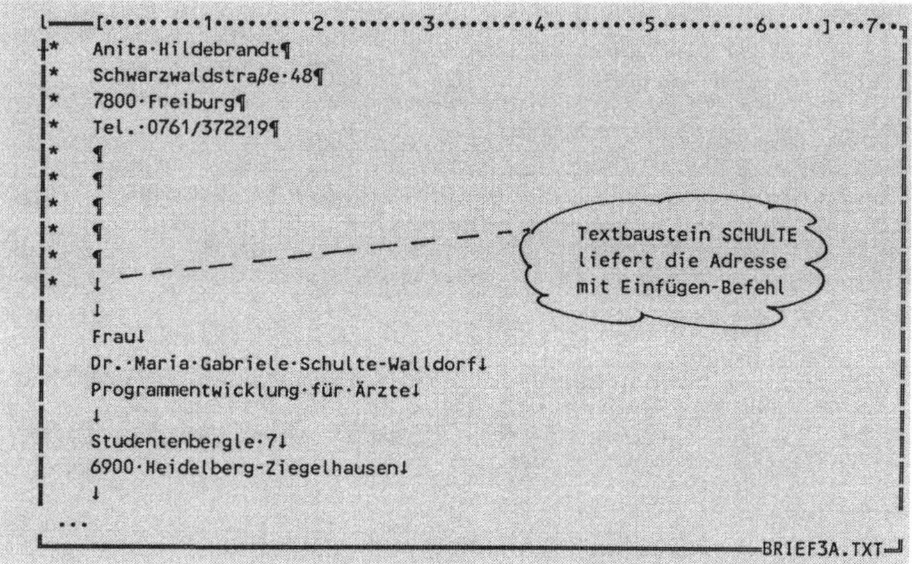

Textbaustein aus TBS-Datei über Funktionstaste F3 einfügen

Statt mit dem Einfügen-Befehl zu arbeiten, kann man den Textbaustein (z.B. SCHULTE) auch wie folgt über die Funktionstaste F3 einfügen:

Cursor an Einfügestelle	Richtungstasten im Brief bewegen
Textbausteinname	SCHULTE schreiben und markieren
F3	Textbaustein wird eingefügt

3.6.5 Textbausteine ändern und sicherstellen

Vier-Schritte-Vorgehen zum Ändern eines Textbausteins

1. Textbausteindatei laden:
   Übertragen/Textbausteine/Zusammenführen/b:adress1

2. Textbaustein aktivieren und ändern:
   Einfügen/SCHULTE und "... für Ärzte und Apotheker" ergänzen.

3. Textbaustein in TBS-Datei kopieren
   F10 und Kopie/SCHULTE

4. Geänderte Textbausteindatei neu speichern
   Übertragen/Textbausteine/Speichern/b:adress1

Im Textbaustein SCHULTE wird die Firma "Programmentwicklung für Ärzte" abgeändert zu "Programmentwicklung für Ärzte und Apotheker". Der Kopie-Befehl fragt nach, ob der Baustein überschrieben werden soll.

```
L——[•••••••••1•••••••••2•••••••••3•••••••••4•••••••••5•••••••••6•••••]•••7••┐
|*   ↓                                                                      |
|    ↓                                                                      |
|    Frau↓                                                                  |
|    Dr.·Maria·Gabriele·Schulte-Walldorf↓                                   |
|    Programmentwicklung·für·Ärzte·und·Apotheker↓                           |
|    ↓                                                                      |
|    Studentenbergle·7↓                                                     |
|    6900·Heidelberg-Ziegelhausen↓                                          |
|    ↓                                                                      |
|    ◆                                                                      |
|  ...                                                                      |
└──────────────────────────────────────────────────────────────────────────┘
KOPIE in: schulte

J um Textbaustein zu ersetzen N zur Neuwahl des Namens oder unterbrechen Sie!
```

Nach dem Kopie-Befehl fragt auch der Übertragen-Befehl nach, ob überschrieben werden soll. Nur bei Eingabe von "J" wird die auf Diskette in Laufwerk B: gespeicherte Datei Adress1.TBS durch die im RAM aktive Textbausteindatei überschrieben.

```
ÜBERTRAGEN TEXTBAUSTEINE SPEICHERN Dateiname: b:adress1

Die Datei existiert bereits. J zum Überschreiben oder unterbrechen Sie! J
Speichern von B:\ADRESS1.TBS
```

Einen Textbaustein löschen

Mit dem Übertrgaen/Textbausteine/Löschen-Befehl können beliebige Textbausteine aus der aktiven TBS-Datei im RAM gelöscht werden.

```
ÜBERTRAGEN TEXTBAUSTEINE: Dateiladen Speichern Zusammenführen Löschen

Löscht einen oder alle Textbaustein(e) aus der aktiven Textbausteindatei
```

Tippt man unmittelbar hinter "Name:" die Return-Taste, so werden *alle* Textbausteine aus der TBS-Datei entfernt.

```
ÜBERTRAGEN TEXTBAUSTEINE LÖSCHEN Name:

Geben Sie Textbausteinnamen getrennt durch Semikola ein oder löschen Sie alle!
```

Die Textbausteine sind nur im RAM gelöscht. Sollen sie auch auf der Diskette gelöscht werden, ist mit Übertragen/Textbausteine/Speichern die "alte" TBS-Datei auf Diskette durch die "neue, kleinere" TBS-Datei zu überschreiben.

Aufgabe 3.6/1: Einen Textbaustein abändern. Der in der Datei Adress1- .TBS abgelegte Textbaustein Kai soll geändert und wieder auf Diskette gespeichert werden. Geben Sie die dazu erforderliche Befehlsfolge an.

Aufgabe 3.6/2: Einen neuen Textbaustein speichern. Die folgende Adresse soll unter dem Name *EDV-Beratung* als zusätzlicher Textbaustein in die Datei Adress1.TBS aufgenommen werden. Wie gehen Sie vor?

```
L——[••••••••1••••••••••2•••••••••3•••••••••4•••••••••5•••••••••6•••••]•••7••┐
+*   ↓                                                                      |
|    ↓                                                                      |
|    EDV-Beratungsgesellschaft·mbH↓                                         |
|    Zweigstelle·Süd↓                                                       |
|    z.·Hd.·Herrn·Ullrich·Paul·Heck↓                                        |
|    Am·großen·See·5c↓                                                      |
|    ↓                                                                      |
|    7777·Salem·am·Bodensee¶                                                |
|*   ↓                                                                      |
|    ♦                                                                      |
```

3 Kurs zur Textverarbeitung mit Word

3.1	Den ersten Text bearbeiten	45
3.2	Dateien zwischen RAM und Diskette übertragen	59
3.3	Text formatieren	77
3.4	Im Text rechnen	99
3.5	Mit Druckformatvorlagen arbeiten	105
3.6	Textteile in Textbausteinen bereitstellen	123
3.7	**Serienbriefe schreiben**	**133**
3.8	Einstellungen und Hilfen	143
3.9	Tabellen und Texte verknüpfen	161
3.10	Layout gestalten	175
3.11	Makros ausführen und programmieren	195
3.12	dBASE-Adreßdatei für Serienbriefe nutzen	221

Serienbriefe werden mit gleichem bzw. ähnlichem Inhalt an unterschiedliche Empfänger verschickt. Beispiele sind Einladungen, Werbesendungen, Rundschreiben, Angebote usw. Zu einem Serienbrief gehören zwei miteinander verknüpfte Dateien: Die *Serientextdatei* mit dem Brieftext und die *Steuerdatei* mit den Adressen und sonstigen Kennungen (z.B. Anrede).

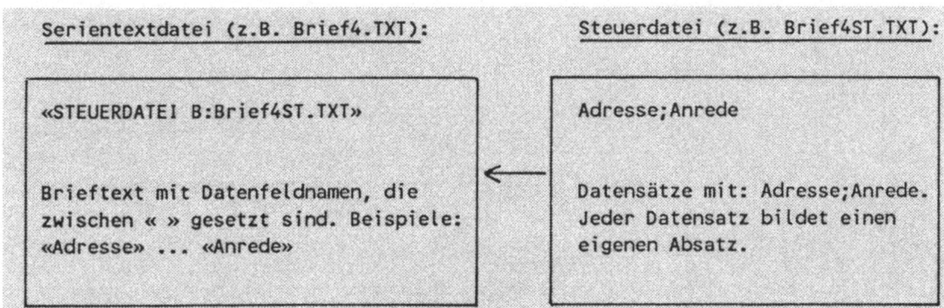

Die Serientextdatei holt über «Datenfeldernamen» Information aus einer Steuerdatei ein

3.7.1 Serientextdatei erstellen

An die Kunden soll die Mittelung "Im Februar bin ich auf Geschäftsreise in Japan. Ab 3. März werde ich wieder erreichbar sein." verschickt werden. Dieser Text wird in einer Serientextdatei namens Brief4.TXT editiert. Die zur Verknüpfung mit der Steuerdatei erforderlichen Angaben werden darin zwischen "«" (Strg/a) und "»" (Strg/s) eingetragen:

1. *«STEUERDATEI ...»:* In der ersten Zeile trägt man das Anweisungswort STEUERDATEI ein und dahinter die Bezeichnung der Steuerdatei, hier A:Brief4ST.TXT. Gegebenenfalls ist ein Zugriffspfad anzugeben, zum Beispiel C:\Briefe\Privat\Brief5ST.TXT. Bei Beginn des Druckens aktiviert Word die genannte Steuerdatei mit den darin abgelegten Datensätzen.

2. «Datenfeldname»: Innerhalb des Textes werden die zu ersetzenden Feldnamen «Adresse» und «Anrede» zwischen die Zeichen « (mit Strg/a erzeugt) und » (Strg/s) an der jeweiligen Einfügestelle angegeben. Zum Zeitpunkt des Druckens holt sich Word die zugehörige Information aus dem in der Steuerdatei abgelegten Datensatz

und fügt sie in den Text ein. Die Datenfeldnamen bezeichnet man
auch als Variablen bzw. als Kennungen.

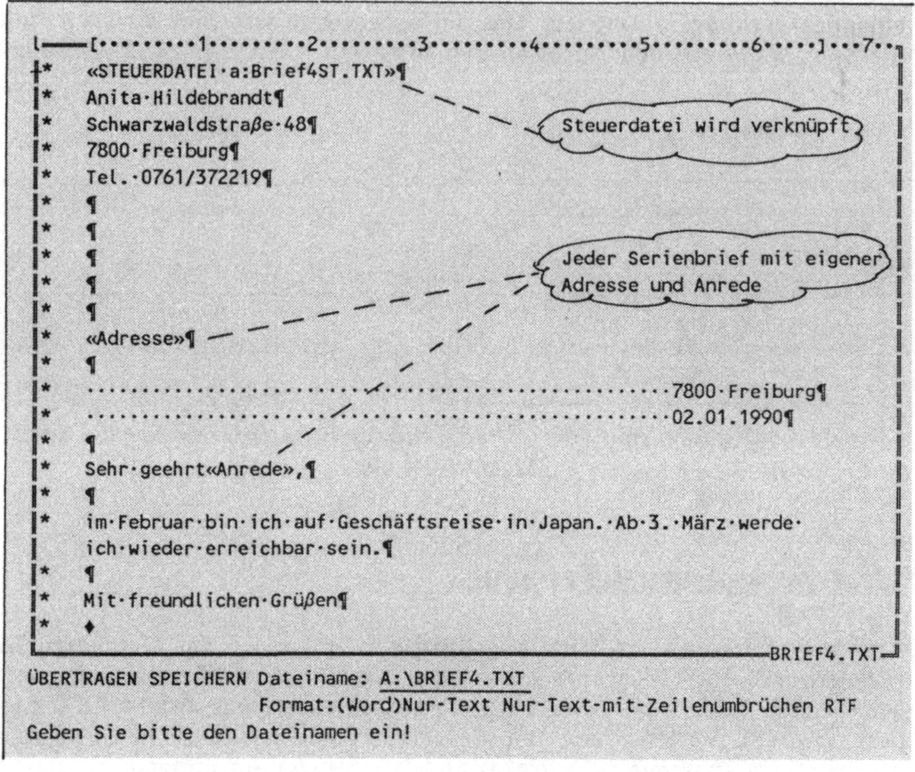

*Serientextdatei Brief4.TXT zur Steuerdatei Brief4ST.TXT mit
Zwei-Felder-Datensätzen Adresse;Anrede verknüpft*

3.7.2 Steuerdatei erstellen

Die Serientextdatei Brief4.TXT bezieht sich auf eine Steuerdatei namens
Brief4ST.TXT. Da für jeden Brief die beiden variablen Informationen
Adresse und *Anrede* benötigt werden, stellt die Steuerdatei Datensätze mit
jeweils zwei Datenfeldern *Adresse* und *Anrede* (auch Felder, Kennungen
bzw. Variablen genannt) bereit.

Zwei Bestandteile der Steuerdatei

1. *Datenfeldliste mit den Namen der Felder:* Die Feldnamen *Adresse* und *Anrede* werden durch ";" getrennt angegeben.

   `Adresse;Anrede`

   Diese Variablenvereinbarung muß am Anfang der Steuerdatei erfolgen und mit der Return-Taste schließen, d.h. einen eigenen Absatz bilden.

2. *Datensätze entsprechend der Datenfeldliste:* Da in der Variablenliste mit *Adresse* und *Anrede* zwei Namen genannt wurden, muß jeder Datensatz aus zwei Datenfeldern bestehen, die wiederum durch ";" getrennt werden. Erst danach darf die Return-Taste gedrückt werden; jeder Datensatz bildet somit einen Absatz.
   - Das Datenfeld *Adresse* wird aus der Textbausteindatei eingefügt.
   - Das Datenfeld *Anrede* wird an der Tastatur eingegeben.

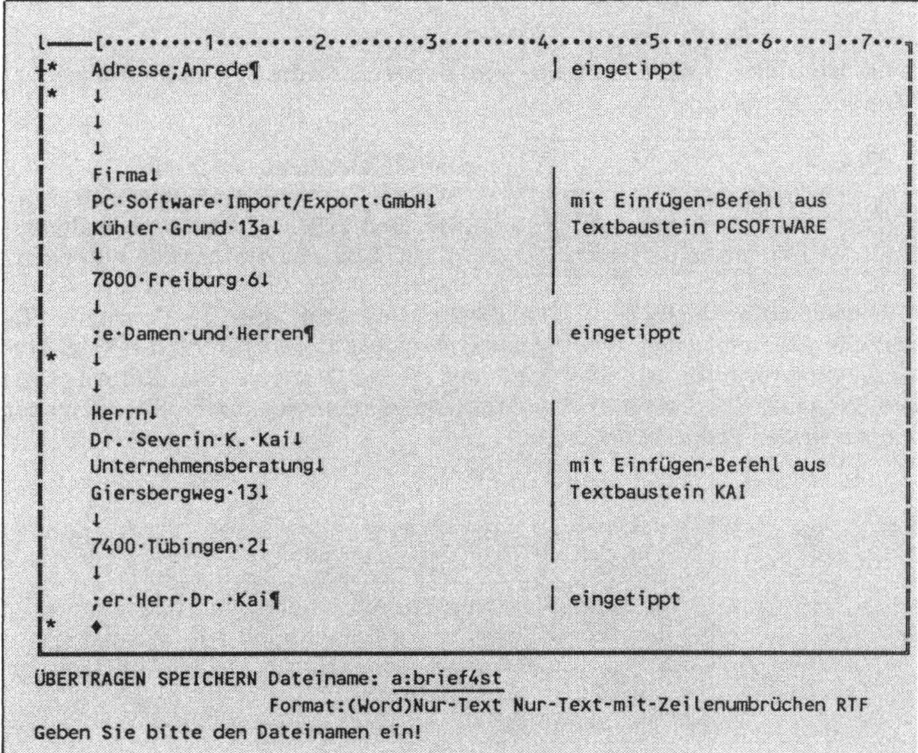

Steuerdatei Brief4ST.TXT mit derzeit nur zwei gespeicherten Datensätzen (2-Felder-Datensätze mit Adresse und Anrede)

Vorgehensweise zum Eingeben der Information in die Steuerdatei

Zunächst wird mit Übertragen/Bildschirmlöschen/Gesamt der Bildschirm gelöscht. Nun wird in die erste Zeile die Datenfeldliste

Adresse;Anrede

eingetragen. Die Datenfelder werden durch ";" oder Tabulatorzeichen getrennt. Die Datenfeldliste bildet einen Absatz.

Der Datenfeldliste schließen sich die Datensätze an. Da die Adressen aus der Textbausteindatei Adress1.TBS eingefügt werden sollen, muß diese aktiviert werden (vgl. Abschnitt 3.6):

Übertragen	Esc und dann Ü tippen
Textbausteine	Unterbefehl mit T aktivieren
Zusammenführen	B:Adress1 oder B:Adress1.TBS tippen

Nun kann der erste Datensatz übernommen (Adresse) bzw. eingegeben (Anrede) werden:

Esc	Ins Befehlsmenü wechseln
Einfügen aus: ()	Mit F1 Textbausteinnamensliste zeigen und PCSOFTWARE auswählen
;e Damen und Herren	... als Text für die Anrede eingeben

Die neunzeilige *Adresse* (1. Datenfeld) wird über den Textbaustein PC-SOFTWARE eingefügt, während die *Anrede* (2. Datenfeld) direkt eingetippt wird. Wichtig ist, daß man erst hinter "Herren" die Return-Taste drückt: jeder Zwei-Felder-Datensatz *Adresse;Anrede* muß einen eigenen Absatz in der Steuerdatei bilden.

- Datenfeldname bis zu 64 Zeichen lang, ohne Leerzeichen.
- Zu jedem Datenfeld in der Serientextdatei muß ein Datenfeld in der Steuerdatei angegeben werden (die Umkehrung gilt nicht).
- Reihenfolge der Datenfelder in der Steuerdatei: Die Reihenfolge in der Datenfeldliste (1. Zeile) muß der Reihenfolge in den Datensätzen exakt entsprechen.
- Reihenfolge der Datenfelder in der Serientextdatei: Reihenfolge und Häufigkeit des Aufrufs sind beliebig.

> - Formatierung des Datenfeldes: Die Formatierung des ersten Zeichens des Datenfeldnamens (in der Serientextdatei) bestimmmt die Formatierung des Datenfeldinhaltes bzw. einzufügenden Textes.
> - Sonderzeichen im Datenfeld: Kommen im Text Sonderzeichen wie ",", ";", """ und Tabulatoren vor, so sind diese in Anführungszeichen zu schreiben. *Till, Klaus und Partner* ist als *"Till, Klaus und Partner"* zu schreiben; Anführungszeichen sind doppelt anzugeben.

Vereinbarung der Datenfelder als Variablen bzw. Kennungen im Datensatz

3.7.3 Serienbriefe ausdrucken

3.7.3.1 Optionen zum Ausdrucken einstellen

Vor dem Ausdrucken muß die Serientextdatei, wie zum Beispiel die Datei Brief4.TXT, in den RAM geladen sein.
Zum Ausdrucken von Serienbriefen stellt Word den Druck/Serienbrief-Befehl zur Verfügung. Zuerst sollte man über den Optionen-Unterbefehl den Druckumfang einstellen.

```
                                                        ━BRIEF4.TXT━┙
DRUCK: Drucker Serienbrief soFort Platte/Diskette Optionen
       Warteschlange Umbruch-Seite Textbaustein Layoutkontrolle
Führt die festen und variablen Bestandteile eines Serientextes zusammen



DRUCK SERIENBRIEF: Drucker Test-Datei Optionen


Bestimmt die Datensätze, die im Serientext verwendet werden sollen


DRUCK SERIENBRIEF OPTIONEN Umfang: Alles Datensatz     Datensatznummern:

Wählen Sie bitte eine Option!
```

Umfang/Alles: Alle in der Steuerdatei gespeicherten Datensätze werden in der entsprechenden Reihenfolge gedruckt.

Umfang/Datensatz: Im Datensatznummern-Feld Sätze auswählen.
- 3;11 druckt die zwei Sätze 3 und 11.
- 3-11 bzw. 3:11 druckt die neun Sätze 3 bis 11.
- 3-11;14;20 druckt die elf Sätze 3 bis 11, 14 und 20.

3.7.3.2 Serienbriefe in eine Test-Datei drucken

Zum Testen und Kontrollieren der Verknüpfung von Serientextdatei und
Steuerdatei kann man den Befehl Druck/Serienbrief/Test-Datei verwenden, um die Serienbriefe zunächst in eine Test-Datei zu speichern. Damit
hat man die Möglichkeit, die Serienbriefe vor dem endgültigen Drucken
nochmals zu überprüfen bzw. zu korrigieren. Vorgehen anhand der Beispieldateien:

1. Serienbriefdatei Brief4.TXT laden.
2. Mit Druck/Serienbrief/Optionen gegebenenfalls Einstellungen vor-
    nehmen.
3. Mit Druck/Serienbrief/Test-Datei die Serienbriefe zum Beispiel in
    eine Test-Datei namens Brief4TE.TXT drucken.
4. Test-Datei Brief4TE.TXT laden und editieren. Nach entsprechen-
    den Änderungen ist die Test-Datei wieder zu speichern.
5. Mit Druck/Drucker den Inhalt der Test-Datei Brief4TE.TXT aus-
    drucken.

```
DRUCK SERIENBRIEF: Drucker Test-Datei Optionen

Erstellt eine Datei des zusammengeführten Serientextes
```

3.7.3.3 Serienbriefe sofort drucken

Die Serienbriefe als Ergebnis der Verknüpfung von Serientextdatei
Brief4.TXT und Steuerdatei Brief4ST.TXT werden unmittelbar an den
Drucker geleitet.

```
DRUCK SERIENBRIEF: Drucker Test-Datei Optionen

Druckt und führt feste/variable Textelemente zusammen
```

Nach dem Befehlsaufruf Druck/Serienbrief/Drucker gibt der Drucker-
Befehl zum Beispiel folgende Meldungen aus:

```
DRUCK SERIENBRIEF DRUCKER:

Die Funktion Serienbrief läuft!
Drucken von Seite 1 von BRIEF4.TXT
Drucken von Seite 2 von BRIEF4.TXT
60 Zeilen und 92 Wörter gezählt.
```

Fehlermeldungen:
"Unbekannter Feldname!" zeigt an, daß ein Datenfeldname nicht vereinbart oder falsch geschrieben ist (z.B. ";" nach dem letzten Datenfeld angegeben, Leerzeile in der Steuerdatei). "
"Der eingegebene Dateiname ist ungültig!" zeigt an, daß in der ersten Zeile der Serientextdatei ein Fehler ist (z.B. Angabe des Zugriffspfades fehlt, Dateiname und/oder Dateityp falsch geschrieben, Zeichen «...» fehlen).

Aufgabe 3.7/1: Steuerdatei namens EinladSt.TXT für Serienbriefe.
- a) Wie lautet die Datenfeldliste?
- b) Wieviele Datensätze mit jeweils wievielen Datenfeldern sind derzeit in der Steuerdatei gespeichert?
- c) Die Datei weist einen formalen Fehler auf (Word meldet "Ungültiger Feldname" und bricht nach dem Drucken des ersten Briefes ab). Korrigieren Sie den Fehler. Geben Sie dann die Datei ein.

```
L══[•••••••••1•••••••••2•••••••••3•••••••••4•••••••••5•••••••••6•••••]•••7••┐
├* ·  Name;·wen;¶                                                           │
│* ·  e·Lena;·Dich¶                                                         │
│* ·  e·Familie·Tomerl;·Sie¶                                               │
│* ·  er·Klaus;·Dich¶                                                      │
│* ·  e·Reicherts·mit·Opa·und·Oma;·Euch¶                                  │
│* ·  ♦                                                                    │
L═════════════════════════════════════════════════════════════EINLADST.TXT┘
```

Aufgabe 3.7/2: Serientextdatei Einlad.TXT entwickeln.
- a) Erstellen Sie die Serientextdatei Einlad.TXT, die sich der Steuerdatei EinladST.TXT (Aufgabe 3.7/1) bedient und zum Beispiel den folgenden Serienbrief ausdruckt:

```
Einladung·zu·unserem·Grillfest·am·12.·August

Liebe Lena,

zu·unserem·Fest·laden·wir·Dich·ganz·herzlich·ein.·Für·Essen·und
Trinken·ist·gesorgt.·Was·Dich·vielleicht·überraschen·wird:·Hugo
wird·mit·seiner·Dixieland-Band·kommen.

Viele·Grüße
```

- b) Richten Sie mit dem Ausschnitt-Befehl zwei Bildschirmfenster ein und stellen Sie die Steuerdatei EinladST.TXT im oberen und die zugehörige Serientextdatei Einlad.TXT im unteren Fenster dar.

3 Kurs zur Textverarbeitung mit Word

3.1	Den ersten Text bearbeiten	45
3.2	Dateien zwischen RAM und Diskette übertragen	59
3.3	Text formatieren	77
3.4	Im Text rechnen	99
3.5	Mit Druckformatvorlagen arbeiten	105
3.6	Textteile in Textbausteinen bereitstellen	123
3.7	Serienbriefe schreiben	133
3.8	**Einstellungen und Hilfen**	**143**
3.9	Tabellen und Texte verknüpfen	161
3.10	Layout gestalten	175
3.11	Makros ausführen und programmieren	195
3.12	dBASE-Adreßdatei für Serienbriefe nutzen	221

3.8.1 Einstellungen über den Zusätze-Befehl

Der Zusätze-Befehl stellt ein Menü bereit, über das Word Voreinstellungen (Defaults) zur Bildschirmgestaltung (AUSSCHNITT ZUSÄTZE) und zur allgemeinen Bedienung (ALLGEMEINE ZUSÄTZE) anbietet, die vom Benutzer nach seinen Wünschen angepaßt werden können. Verläßt man Word über den Quitt-Befehl, werden die Einstellungen in der Datei MW.INI gespeichert, damit sie beim nächsten Starten von Word wieder aktiviert werden können.

Einstellungen für die Textdateien dieses Buches

Im unten wiedergegebenen Befehlsmenü sind die Einstellungen, die den Beispieldateien dieses Buches zugrundeliegen, durch Unterstreichen gekennzeichnet.

```
AUSSCHNITT ZUSÄTZE Ausschnitt Nr.: 1
        Verborgener Text sichtbar:(Ja)Nein              Zeilenlineal:(Ja)Nein
        Sonderzeichen sichtbar: Nein Teilweise(Alle)          Layout: Ja(Nein)
            Zeilenumbrüche: Ja(Nein)                      Gliederung: Ja(Nein)
        Druckformatspalte:(Ja)Nein
ALLGEMEINE ZUSÄTZE Warnton aus: Ja(Nein)              Kurzinformation: Ja(Nein)
                Maßeinheit: Zoll(Cm)10er-Teilung 12er-Teilung Punkt
                Bildschirm: 1                       Seitenumbruch:(Auto)Manuell
                   Farben:                          Auto-speichern:
Auto-speichern mit Bestätigung: Ja(Nein)            Menü sichtbar:(Ja)Nein
        Ausschnittsrahmen:(Ja)Nein            Dezimaltrennzeichen: .(,)
            Zeitformat: 12(24)                 Abstand Tabstopps: 1,25 cm
        Zeilennummern:(Ja)Nein                 Leerzeilen zählen: Ja(Nein)
            Geschwindigkeit: 3                    Linienzeichen: (|)
            Rechtschreibung: C:\TOOL\WORD\SPELL-GE.LEX
F1 zur Elementauswahl. Buchstaben oder BILD NACH OBEN/UNTEN-TASTE für Farbe!
```

Mit dem Zusätze-Befehl vorgenommene Einstellungen für die Dateien dieses Buchs (der Cursor markiert gerade das Farben-Befehlsfeld)

Befehlsfelder des Zusätze-Befehls

Ausschnitt Nr.:
Die Nummer des Ausschnitts bzw. Fensters angeben, für die jetzt Einstellungen vorzunehmen sind.

Verborgener Text sichtbar:
Den verborgen formatierten Text (Befehl Format/Zeichen) einblenden.

Zeilenlineal:
Das Zeilenlineal am oberen Bildschirmrand einblenden.

Sonderzeichen sichtbar:
Einblenden von Sonderzeichen. Teilweise: Absatzmarke (¶), neue Zeile (↓),
Silbentrennung (-). Alle: (Teilweise) mit Tabstopps (→) und mit Leerzei-
chen ( ).

Layout:
Spalten so auf dem Bildschirm anzeigen, wie sie später am Drucker erscheinen. Text kann bearbeitet werden. Grafiken werden nicht angezeigt.

Zeilenumbrüche:
Die Zeilen in der Länge anzeigen, wie sie später ausgedruckt werden (Tasten Alt/F7).

Gliederung:
Den Text in der Gliederungsansicht anzeigen (Tasten Umschalt/F2).

Druckformatspalte:
Am linken Ausschnitts- bzw. Bildschirmrand in der Druckformatspalte
die Tastenschlüssel der Druckformate anzeigen, die den Absätzen zugeordnet sind. Schlüssel "*" für "kein Druckformat zugeordnet".

Warnton aus:
Kein Signal ausgeben, wenn ein Fehler aufgetreten ist.

Kurzinformation:
Beim ersten Übertragen/Speichern-Befehl folgende Kurzinformation anzeigen oder nicht:

```
KURZINFORMATION:

   Titel:                                    Version:
   Autor:                                    Erstellt am: 12.09.89
   Bearbeiter:                               Überarbeitet am: 03.10.89
   Schlüsselworte:
   Kommentar:
Geben Sie bitte Text ein!
```

Maßeinheit:
Die Maßeinheit festlegen, die in den Befehlsfeldern (z.B. bei Tab-Stopps) für die horizontalen Maße verwendet werden (Cm ist voreingestellt). Das Zeilenlineal verwendet stets die Punkte-Teilung.

Bildschirm:
Text wird im Textmodus (schneller) oder im Grafikmodus (vom jeweiligen Bildschirm-Adapter abhängig) angezeigt. Mit F1 wird eine Liste der vom verfügbaren Bildschirm-Adapter unterstützten Modi angezeigt, wie zum Beispiel die folgenden vier Modi:

```
1    Text, 25 Linie, 2 Farben
```

Seitenumbruch:
Seitenumbrüche automatisch oder aber manuell einfügen.

Farben:
Die Hintergrundfarbe für den aktiven Ausschnitt, das Menü, die Eingabeaufforderung und den formatierten Text einstellen. Mit F1 eine Liste anfordern, das zu ändernde Feld markieren und den Farb-Buchstaben eingeben. Beispiel für eine Farbenliste:

```
                   A                      B                 * (Abschalten)
Hintergrund: Ausschnitt 1: Mustertext        Ausschnittsrahmen: Mustertext
              Menüs: Mustertext                   Meldungen: Mustertext
          Optionsmenü: Mustertext                Statuszeile: Mustertext
```

Auto-speichern:
Den aktiven Text automatisch im angegebenen Zeitintervall (Eingabe in Minuten) oder nicht (Eingabe 0) in temporäre Dateien mit folgenden Dateitypen speichern: SVD (Dokument), SVS (Druckformatvorlage) oder SVG (Textbaustein).

Auto-speichern mit Bestätigung:
Das System fordert den Benutzer zur Bestätigung vor dem Speichern auf.

Hauptbefehlsmenü sichtbar:
Den Befehlsbereich bis auf die Statuszeile ausblenden. Der Befehlsbereich wird eingeblendet, sobald das Befehlsmenü mit Esc wieder aktiviert wird.

Ausschnittsrahmen:
Den Rahmen ein- oder ausblenden. Einige Mausfunktionen erfordern den Ausschnittsrahmen.

Dezimaltrennzeichen:
Punkt oder Komma als Dezimaltrennzeichen in Menü-Maßeinheiten bzw.
Tab-Stopps verwenden. Das hier eingestellte Trennzeichen darf nicht als
Separator in Listen verwendet werden.

Zeitformat:
Format für die automatisch eingefügten Zeitangaben einstellen.

Abstand:
Den Abstand zwischen zwei Tab-Stopps (je nach Maßeinheit) einstellen.

Zeilennummern:
Die Nummer der aktiven Zeile in der Statuszeile mit Ze anzeigen.

Leerzeilen zählen:
Den oberen Rand, Anfangsabstand, Endeabstand und die Leerzeilen im
Text bei der Zeilennumerierung jeweils mitzählen (die obere Bildschirm-
zeile ist dann also nicht unbedingt die Zeile 1).

Geschwindigkeit:
Die Geschwindigkeit beim Bewegen des Cursors zum Markieren auf einen
Wert zwischen 1 (langsam) und 9 (schnell) einstellen.

Linienzeichen:
Mit F1 eine Liste der verfügbaren grafischen Linienzeichen anzeigen und
auswählen. Mit Strg/F5 die Funktion Linienzeichen aktivieren.

Rechtschreibung:
Den Suchweg für das Rechtschreibeprogramm und die Wörterbücher nennen.

3.8.2 Hilfestellungen

Hilfe-Befehl aktivieren

Mit dem Hilfe-Befehl wird ein Bildschirm eingeblendet, der über die drei
Möglichkeiten informiert, um Hilfe anzufordern.

1. Einen Befehl markieren und mit Alt/? zu diesem Befehl gezielt
   Hilfetexte anfordern.
2. Den Hilfe-Befehl durch Eingabe von H aktivieren.

3. Mit dem Hilfe/Register-Befehl ein Register als Katalog von Stich-
   worten anzeigen lassen, zu denen Hilfetexte angefordert werden
   können.

Der Hilfe-Befehl stellt ein eigenes Befehlsmenü bereit. Mit dem Wieder-
aufnahme-Unterbefehl kehrt man zum aktiven Text zurück.

```
HILFE: Wiederaufnahme Nächste-Seite Vorhergehende-Seite Grundbegriffe
       Register Lernhilfe Tastatur Maus
Geht zur Stelle/zum Menü zurück, wo Hilfe angefordert wurde
```

3.8.3 Tastenkombinationen

	Funktionstaste F..	Umschalt/F..	Strg/F..	Alt/F..
F1	Nächster Ausschnitt	Rückgängig	Ausschnitt zoomen	Tabulator setzen
F2	Rechenfunktion	Gliederungsansicht	Kopfzeile	Fußzeile
F3	Textbaustein	Makro aufzeichnen	Einzelschritt	Kopie
F4	Bearb. wiederholen	Suche wiederholen	Groß/Kleinschr.	Layout
F5	Überschreiben	Glied.Aufbau bear.	Linienzeichnen	Gehezu Seite
F6	Erweiterung	Spaltenmarkg.	Thesaurus	Rechtschreibprg.
F7	vorhergehend. Wort	vorhergehend. Satz	Laden	Zeilenumbrüche
F8	nächstes Wort	nächster Satz	Drucken	Schriftart
F9	vorhergeh. Absatz	aktuelle Zeile	Druck Layoutkont.	Text/Grafik
F10	nächster Absatz	gesamter Text	Speichern	Druckformat

Funktionstasten mit den Tasten Umschalt, Strg und Alt komponieren

Zeichen formatieren:		Absätze formatieren:	
F	Fett	Z	Zentriert
I	Kursiv	L	Linksbündig
U	Unterstrichen	R	Rechtsbündig
D	Doppelt unterstrichen	B	Blocksatz (Randausgleich links/rechts)
K	Kapitälchen	E	Erste Zeile um einen Tab-Stopp einrücken
S	Durchgestrichen	M	Linken Einzug um Tab-Stopp verringern
V	Verborgen	G	Link. Einzug um Tab-Stopp erweitern
H	Hochgestellt	Q	Linker und rechter Einzug
T	Tiefgestellt	O	Anfangsabstand
Leertaste	Standard	N	Standard
A	Standard	Y	Negativer Erstzeileneinzug
		2	Doppelter Abstand (zweizeilig)

Tastenkombinationen zur Direktformatierung von Zeichen und Absatz
mit Alt/Taste

Zu markierende Texteinheit:		Tastenkombination:
Das linke Wort		F7
Den vorhergehenden Satz		Umschalt/F7
Das rechte Wort		F8
Den nächsten Satz		Umschalt/F8
Den vorhergehenden Absatz		F9
Die aktive Zeile		Umschalt/F9
Den nächsten Absatz		F10
Den gesamten Text		Umschalt/F10
Markierung erweitern ein/aus	(ER)	F6 oder Umschalt/Richtungstaste
Spaltenmarkierung ein/aus	(SM)	Umschalt/F6

Tastenkombinationen zum Markieren von Texteinheiten

Texteinheit erstellen:	Tastenkombination:
Eine neue Zeile	Umschalt/Return
Einen neuen Absatz	Return bzw. Eingabe
Eine neue Spalte	Alt/Strg/Return
Eine neue Seite	Strg/Umschalt/Return
Einen neuen Bereich	Strg/Return
Einen wahlweisen Trennstrich	Strg/-
Einen geschützten Trennstrich	Strg/Umschalt/-
Einen geschützten Wortzwischenraum	Strg/Leer

Tastenkombinationen für die Trennung von Texteinheiten

Befehl ...:	Tastenkombination:
Einen Befehl ausführen	Return
Einen Befehl abbrechen	Esc
Hilfe anfordern	Alt/?
Die Rechtschreibung überprüfen	Alt/F6
Den Thesaurus überprüfen	Strg/F6
Den Bildschirm neu aufbauen	Strg/Umschalt/* oder Strg/Umschalt/)
Den Befehl abbrechen	Strg/Esc
Den Befehl abbrechen und in den Eingabemodus zurückkehren	Strg/Umschalt/Esc

Tastenkombinationen zum Arbeiten mit Befehlen

3.8.4   Hilfen beim Übertragen von Text

3.8.4.1   Auf Diskette übertragen bzw. speichern

Beim Speichern vom Internspeicher (RAM) auf einen Externspeicher (Diskette bzw. Festplatte) ist zu unterscheiden, ob eine Textdatei (Dateityp TXT), Textbausteindatei (Dateityp TBS) oder Druckformatvorlage (Dateityp DFV) übertragen werden soll.

TXT-Datei speichern mit dem Befehl Übertragen/Speichern:
Die im RAM aktive Textdatei unter dem Namen Brief1d.TXT auf Diskette in A: speichern. Dabei kann im Word-Format, unformatiert als ASCII-Datei oder als RTF-Datei (Rich Text Format) gespeichert werden. Anstelle von Brief1d.TXT kann man auch Brief1d eingeben. Die vorherige Version des Textes wird unter dem Namen Brief1d.SIK gespeichert.

```
ÜBERTRAGEN SPEICHERN Dateiname: A:Brief1d.TXT
                     Format:(Word)Nur-Text Nur-Text-mit-Zeilenumbrüchen RTF
Geben Sie bitte den Dateinamen ein!
```

TBS-Datei speichern mit Übertragen/Textbausteine/Speichern:
Die von Word standardmäßig vorgesehene Textbausteindatei Standard.TBS im Verzeichnis PRIVAT\BRIEFE auf Festplatte speichern. Anstelle von Standard.TBS kann man auch Standard eingeben.

```
ÜBERTRAGEN TEXTBAUSTEINE SPEICHERN Dateiname: C:\PRIVAT\BRIEFE\STANDARD.TBS

Geben Sie bitte den Dateinamen ein!
```

Bevor die TBS-Datei gesichert werden kann, müssen die Textbausteine in die Datei kopiert werden. Dazu wird mit dem Kopie-Befehl der jeweils markierte Textbereich als Baustein in die aktive Textbausteindatei übernommen:

```
KOPIE in: ()

Geben Sie bitte einen Textbausteinnamen ein oder wählen Sie einen mit F1!
```

DFV-Datei speichern mit Muster/Übertragen/Speichern:
Die mit dem aktiven Text verbundene Druckformatvorlage unter dem Namen DruckFo1.DFV auf die Diskette in A: speichern. Anstelle von DruckFo1.DFV kann man auch DruckFo1 eingeben.

```
ÜBERTRAGEN SPEICHERN Name der Druckformatvorlage: A:\DRUCKFO1.DFV

Geben Sie bitte den Dateinamen ein!
```

Alle aktiven Dateien speichern mit Übertragen/Alles-speichern:

Mit dem Befehl Übertragen/Alles-speichern kann man *alle* gerade aktiven Dateien (TXT, SIK, TBS und DFV) *in einem Arbeitsschritt* abspeichern. Word gibt dabei für jede Datei die Meldung *Speichern von ... aus*. Wird eine noch unbenannte bzw. zuvor nicht gesicherte Datei gefunden, aktiviert Word automatisch den Übertragen/Speichern-Befehl.

```
ÜBERTRAGEN: Laden Speichern Bildschirmlöschen Dateilöschen Zusammenführen
            Optionen Umbenennen Textbausteine Alles-speichern
Lädt die angegebene Datei
```

Standardlaufwerk einstellen mit Übertragen/Optionen:

Mit Übertragen/Optionen das Verzeichnis PRIVAT\BRIEFE auf der Festplatte C: als Standard bzw. Default einstellen. Nun sind die Angaben C:\PRIVAT\BRIEFE\Brief1d.TXT und Brief1d.TXT identisch; Word sucht stets im Zugriffspfad C:\PRIVAT\BRIEFE.

```
ÜBERTRAGEN OPTIONEN Laufwerk/Verzeichnis: C:\PRIVAT\BRIEFE
           Speichern zwischen Sitzungen: Ja(Nein)
Geben Sie bitte den Pfad ein oder wählen Sie einen mit F1!
```

Bei der Angabe eines Zugriffspfades kennzeichnet der erste "\" (Backslash) stets das Stammverzeichnis, während alle nachgeordneten "\" als Trennungszeichen zwischen den Unterverzeichnissen stehen.

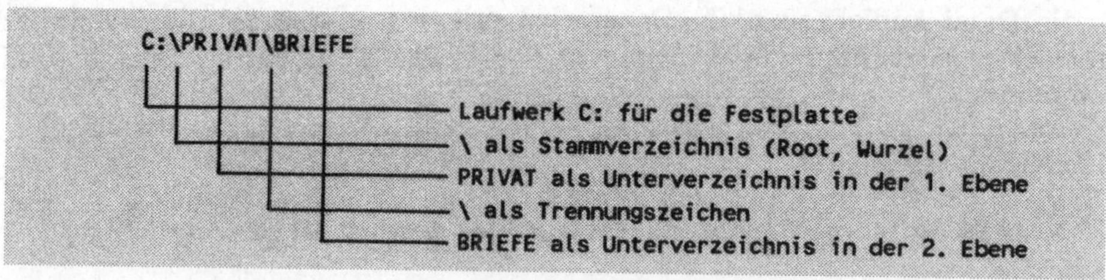

Zugriffspfad mit Stammverzeichnis und Unterverzeichnissen (Beispiel)

3.8.4.2 In den RAM übertragen bzw. laden

TXT-Datei aktivieren mit Übertragen/Laden:
Die Datei Brief1d.TXT mit dem Übertragen/Laden-Befehl von der Diskette in A: in den RAM kopieren. Anstelle von Brief1d.TXT kann auch Brief1d eingegeben werden; oder man wählt mit F1 aus der Dateinamensliste aus.

```
ÜBERTRAGEN LADEN Dateiname: A:Brief1d.TXT
            Schreibschutz: Ja(Nein)
Geben Sie bitte einen Dateinamen ein oder wählen Sie einen mit F1! (317440 B)
```

TXT-Datei zum Text hinzufügen mit Übertragen/Zusammenführen:
Den Inhalt der Daten Absend1.TXT von Diskette A: in den RAM kopieren und dort ab der Cursorposition in den aktiven Text einfügen. Im Gegensatz zum Laden bleibt beim Zusammenführen der bisherige Inhalt des RAM erhalten.

```
ÜBERTRAGEN ZUSAMMENFÜHREN Dateiname: A:Absend1.TXT

Geben Sie bitte einen Dateinamen ein oder wählen Sie einen mit F1!
```

TBS-Datei laden mit Übertragen/Textbausteine/Dateiladen:
Die Textbausteindatei Adress1.TBS in den RAM laden, um sie dort wie "eine normale Textdatei" zu editieren.

```
ÜBERTRAGEN TEXTBAUSTEINE DATEILADEN Dateiname: A:Adress1.TBS
                   Schreibschutz: Ja(Nein)
Geben Sie bitte einen Dateinamen ein oder wählen Sie einen mit F1!
```

TBS-Datei aktivieren mit Übertragen/Textbausteine/Zusammenführen:
Die Textbausteine der Datei Adress1.TBS für die im RAM in Arbeit befindliche Textdatei verfügbar machen:

```
ÜBERTRAGEN TEXTBAUSTEINE ZUSAMMENFÜHREN Dateiname: ADRESS1.TBS

Geben Sie bitte einen Dateinamen ein oder wählen Sie einen mit F1! (317440 B)
```

Textbausteine aus der TBS-Datei in den Text übernehmen mit Einfügen:
Den genannten Textbaustein aus der aktiven TBS-Datei an die Cursorposition in die TXT-Datei einfügen.

```
EINFÜGEN aus: ()

Geben Sie bitte einen Textbausteinnamen ein oder wählen Sie einen mit F1!
```

DFV-Datei laden mit Muster/Übertragen/Laden:
Die Druckformatvorlage DruckFo1.DFV in den RAM kopieren, um sie
wie eine "normale Textdatei" zu editieren.

```
ÜBERTRAGEN LADEN Name der Druckformatvorlage: A:DruckFo1.DFV
                      Schreibschutz: Ja(Nein)
Geben Sie bitte einen Dateinamen ein oder wählen Sie einen mit F1!
```

Eine Druckformatvorlage aktivieren mit Format/Druckformat/Verbinden:
Den markierten Text mit der Druckformatvorlage DruckFo1.DFV verbinden. Anstelle von DruckFo1.DFV kann man auch DruckFo1 eingeben.

```
FORMAT DRUCKFORMAT VERBINDEN: A:DruckFo1.DFV

Geben Sie bitte einen Dateinamen ein oder wählen Sie einen mit F1!
```

Nun können die Druckformate über die entsprechenden Tastenschlüssel
den markierten Texteinheiten zugeordnet werden.

3.8.4.3 Automatisch erstellte Sicherungsdateien

Gibt man im Befehlsfeld Auto-speichern des Zusätze-Befehls 10 als Zeitintervall ein, dann speichert Word Änderungen im aktiven Dateien automatisch alle 10 Minuten in temporäre Dateien mit den Dateitypen SVD,
SVS und SVG ab.

```
BEFEHL:            Textdatei:   Druckformatvorlagendatei:   Textbausteindatei:

Übertragen/Alles:  Brief1d.TXT         DruckFo1.DFV               Adress1.TBS

Auto-speichern:    Brief1d.SVD         DruckFo1.SVS               Adress1.SVG
```

Mit Zusätze/Auto-speichern erstellte Sicherungsdateien

Automatische Speicherungsfunktion Zusätze/Auto-speichern:

- Beim ersten Speichern sichert Word den gesamten Inhalt der aktiven TXT-, TBS- und DFV-Dateien in den SVD-, SVS- und SVG-
  Sicherungsdateien (Übertragung relativ langsam).

- Bei den folgenden Speicherungen werden nur die zwischenzeitlich vorgenommenen Änderungen gesichert (Übertragung schneller).
- Stellt man über Zusätze/Auto-speichern mit Bestätigung die Option Ja ein, wird man jedes Mal zum Bestätigen des Speicherungsvorgangs aufgefordert.
- Ein neuer und noch unbenannter Text wird unter dem Namen NAMENLO.SVD gesichert. Mit NAMENLO2.SVD wird der Text des Ausschnitts 2 benannt.
- Beim Aufruf des Befehls Übertragen/Speichern wird die betreffende automatische Sicherungskopie gelöscht.
- Mit Übertragen/Laden kann man die Sicherungskopien laden und bearbeiten. Gibt man im Befehlsfeld Laden *.SV* und dann F1 ein, erhält man zum Beispiel die folgende Namensliste:

```
C:\PRIVAT\BRIEFE\*.SV*
BRIEF1D.SVD            DRUCKFO1.SVS            [A:]                    [B:]
[C:]                   [..]
```

Es wurden also Brief1d.SVD und DruckFo1.SVS als Sicherungskopien der Textdatei Brief1d.TXT und der Druckformatvorlage DruckFo1.DFV gespeichert.
- Beim Aufruf der Befehle Übertragen/Alles-speichern oder Quitt werden *alle* automatischen Sicherungskopien gelöscht.
- Mit Zusätze/Auto-speichern/0 stellt man die automatische Speicherfunktion wieder aus. Die Null wird später nicht angezeigt.

Hinweis: Die automatische Speicherungsfunktion ergänzt die Befehle Übertragen/Speichern und Übertragen/Alles-speichern, ersetzt sie aber nicht.

```
ALLGEMEINE ZUSÄTZE Warnton aus: Ja(Nein)          Kurzinformation: Ja(Nein)
                   Maßeinheit: Zoll(Cm)10er-Teilung 12er-Teilung Punkt
                   Bildschirm: 1                   Seitenumbruch:(Auto)Manuell
                       Farben:                      Auto-speichern: 10
Auto-speichern mit Bestätigung: Ja(Nein)           Menü sichtbar: Ja(Nein)
            Ausschnittsrahmen:(Ja)Nein        Dezimaltrennzeichen: .(,)
                   Zeitformat: 12(24)           Abstand Tabstopps: 1,25 cm
               Zeilennummern:(Ja)Nein          Leerzeilen zählen: Ja(Nein)
              Geschwindigkeit: 3                   Linienzeichen: (|)
              Rechtschreibung: C:\TOOL\WORD\SPELL-GE.LEX
Geben Sie bitte das Intervall für Autospeichern in Minuten an, 0 für nicht!
```

Auto-speichern über den Zusätze-Befehl auf 10 Minuten einstellen

3.8.5 Speicherplatz im RAM kontrollieren

TMP-Dateien zur aktiven Datei nicht löschen

Im Laufe der Verarbeitung des Textes speichert Word Änderungen und Eingaben *zeitweilig* in Dateien namens MW........TMP mit der Erweiterung TMP (für *temporär*) ab. Mit dem Bibliothek/Betriebssystem-Befehl kann man sich diese Dateien anzeigen lassen:

```
Bibliothek/Betriebssystem/dir c:\tool\word\*.tmp


 Datenträger in Laufwerk C ist FEST_KAI
 Datenträgernummer: 2812-0472
 Verzeichnis von C:\TOOL\WORD


MW142099 TMP       1024 29.09.89   16.21
       1 Datei(en)      7360512 Byte frei
Drücken Sie eine Taste zur Wiederaufnahme von Word
```

Löscht man die TMP-Datei, die sich Word zur aktiven Textdatei gerade eingerichtet hat, kann man auf die TXT-Datei nicht mehr zugreifen. Word wiederholt nämlich beharrlich mit

```
    Geben Sie J ein für erneuten Zugriff auf MW......TMP!
```

eine Aufforderung, die man nicht mehr positiv beantworten kann. Die TMP-Dateien werden ordnungsgemäß aufgelöst, wenn man Word mit Quitt verläßt oder mit Übertragen/Bildschirmlöschen bzw. Übertragen/-Laden eine andere Datei aktiviert.

Texte retten nach einem Stromausfall

Nach dem Ausfall des Stromes sind die zuvor abgelegten TMP-Dateien noch verfügbar. Mit Übertragen/Laden kann man diese Laden, um wenigstens einen Teil der Texte wiederherzustellen.

Speicherplatz auf der Diskette freimachen

Mit Übertragen/Dateilöschen die TXT- bzw. SIK-Dateien löschen, die nicht mehr benötigt werden. Dabei dürfen keinesfalls Dateien entfernt werden, deren Namen mit MW beginnen. Die aktive Datei kann mit Übertragen/Dateilöschen nicht gelöscht werden.

Speicherplatz freimachen bei voller Word-Programmdiskette

Ist die Programmdiskette oder die TMP-Datei voll, sind folgende drei Schritte durchzuführen:

1. Mit Übertragen/Alles-speichern den aktiven Text sichern.
2. Mit Übertragen/Bildschirm/Gesamt die aktiven Dateien löschen.
3. Mit Übertragen/Laden den Text erneut laden und mit dem Editieren fortfahren.

Word meldet sich bei knapp werdendem in der Statuszeile mit dem Wort:

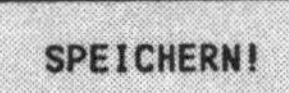

Kommt man dieser Aufforderung nicht nach, beginnt das Wort bei zu klein werdendem RAM-Speicherplatz zu blinken; Grund: es kann zum Verlust des editierten Textes kommen.

Speichern bei voller Textdiskette

Der Speicherplatz auf der Textdiskette kann rasch erschöpft sein: Da Word zursätzlich zur aktuellen Version (TXT-Datei) auch die bisherige Version (SIK-Datei) speichert, wird stets der doppelte Speicherplatz benötigt. Meldet Word, daß der Speicherplatz auf der Textdiskette erschöpft ist. Man hat nun zwei Möglichkeiten.

Auf ein anderes Laufwerk speichern: Mit Übertragen/Speichern den aktiven Text auf ein anderes Laufwerk speichern.

Auf eine andere Diskette im gleichen Laufwerk speichern: Mit Übertragen/Speichern den aktiven Text auf eine andere Textdiskette im gleichen Laufwerk speichern. Dabei sind die Disketten im Laufwerk wie folgt zu wechseln:
    - Die bisherige Textdiskette einlegen, wenn folgende Meldungen erscheinen:

- Die neue Textdiskette einlegen, wenn folgende Meldung erscheint:

```
Geben Sie J ein für erneuten Zugriff auf MW.......TMP!
```

3.8.6 Fenstertechnik

Zum Einrichten, Löschen und Verschieben (Zoomen) von Fenstern als
Bildschirmausschnitten dient der Ausschnitt-Befehl:

```
AUSSCHNITT: Teilen Löschen Verschieben

Teilt den aktiven Textausschnitt; öffnet einen Fußnotenausschnitt
```

Ein Fenster öffnen mit Ausschnitt/Teilen

Mit dem Befehl Ausschnitt/Teilen können bis zu acht Auschnitte geöffnet
werden. In jedem Auschnitt kann eine Datei mit "eigenem" Lineal,
Druckformatspalte und Cursor verwaltet werden. Der wiedergegebene
Bildschirm wurde wie folgt hergestellt:

1. Mit Übertragen/Bildschirmlöschen/Gesamt den Bildschirm leer
    machen.
2. Mit Ausschnitt/Teilen/Waagerecht eine horizontale Teilung des
    Bildschirms bei der Zeile 7 vornehmen.
3. In den oberen (aktiven) Ausschnitt 1 mit Übertragen/Laden die
    Datei EinladSt.TXT (vgl. Abschnitt 3.7) kopieren.
4. Mit F1 von Ausschnitt 1 in den Ausschnitt 2 wechseln und mit
    Übertragen/Laden die Datei Einlad.TXT in diesen Ausschnitt ko-
    pieren.

```
AUSSCHNITT TEILEN WAAGERECHT Bei Zeile: 7
            Bildschirmlöschen im neuen Ausschnitt: Ja(Nein)
Geben Sie bitte eine Zahl ein oder drücken Sie F1!
```

Durch den Befehl Übertragen/Alles-speichern werden die Dateien aller
gerade geöffneter Fenster gespeichert. Sollen nur die Dateien bestimmter
Fenster gesichert werden, sind diese mittels F1 zu aktivieren, um dann
den Übertragen/Speichern-Befehl aufzurufen.

```
L——[·········1·········2·········3·········4·······5·········6·····]···7··┐
|* Name;·wen¶                                                              |
|* e·Lena;·Dich¶                                                          |
|* e·Familie·Tomerl;·Sie¶                                                 |
|* er·Klaus;·Dich¶                                                        |
|* e·Reicherts·mit·Opa·und·Oma;·Euch¶                                     |
|*  ◆                                                                      |
L————————————————————————————————————————————————————————EINLADST.TXT—┘
2——[·········1·········2·········3·········4·········5·········6·····]···7··┐
|* «STEUERDATEI·EinladST.TXT»¶                                            |
|* Einladung·zu·unserem·Grillfest·am·12.·August¶                         |
|* ¶                                                                      |
|* Lieb«Name»,¶                                                          |
|* ¶                                                                      |
|* zu·unserem·Fest·laden·wir·«wen»·ganz·herzlich·ein.·Für·Essen·und·      |
|  Trinken·ist·gesorgt.·Was·«wen»·vielleicht·überraschen·wird:·Hugo·      |
|  wird·mit·seiner·Dixieland-Band·kommen.¶                                |
|* ¶                                                                      |
|* Viele·Grüße¶                                                          |
|*  ◆                                                                      |
L————————————————————————————————————————————————————————EINLAD.TXT—┘
```

Waagerechte und senkrechte Fensterteilung

Es kann zweckmäßig sein, anstelle der waagerechten die senkrechte Aus-
schnittsteilung vorzunehmen. Auch dabei gilt: Wird der Bildschirm bei
aktiver Datei geteilt, ist diese in beiden Ausschnitten gleichermaßen aktiv.

```
L——[·········1·········2·········3·········4···┐2——[·········1·········2··┐
|* «STEUERDATEI·EinladST.TXT»¶                  ||* Name;·wen¶              |
|* Einladung·zu·unserem·Grillfest·am·12.·August||* e·Lena;·Dich¶           |
|* ¶                                            ||* e·Familie·Tomerl;·Sie¶  |
|* Lieb«Name»,¶                                 ||* er·Klaus;·Dich¶         |
|* ¶                                            ||* e·Reicherts·mit·Opa·und |
|* zu·unserem·Fest·laden·wir·«wen»·ganz·herzlic ||*  ◆                      |
|  Trinken·ist·gesorgt.·Was·«wen»·vielleicht·üb ||                          |
|  wird·mit·seiner·Dixieland-Band·kommen.¶      ||                          |
|* ¶                                            ||                          |
|* Viele·Grüße¶                                 ||                          |
|*  ◆                                            ||                          |
|                                   EINLAD.TXT—┘L————————————EINLADST.TXT—┘
AUSCHNITT TEILEN SENKRECHT Bei Spalte: 45
          Bildschirmlöschen im neuen Ausschnitt: Ja(Nein)
Geben Sie bitte eine Zahl ein oder drücken Sie F1!
```

Ein Fenster löschen mit Ausschnitt/Teilen

Löscht man den Ausschnitt 1, verschwindet die Datei EinladST.TXT. Die
Datei Einlad.TXT ist nun am Gesamtbildschirm aktiv.

```
AUSSCHNITT LÖSCHEN Ausschnitt Nr.: 1

Geben Sie bitte eine Zahl ein!
```

Ein Fenster zoomen

Mit der Taste F1 wird ein Fenster aktiviert. Man kann dieses Fenster mit
Strg/F1 so zoomen, daß es den gesamten Bildschirm einnimmt. Die anderen Fenster werden dadurch temporär überdeckt, nicht aber gelöscht. Mit
Strg/F1 kann man das gezoomte Fenster rasch wieder auf seine ursprüngliche Größe zurücksetzen.

F1   Ausschnitt bzw. Fenster aktivieren
Strg/F1   In Statuszeile: ZM für "Zoomen"

Aufgabe 3.8/1: Einstellungen über den Zusätze-Befehl.
a) Welche vier wichtige Einstellungen liegen den in diesem Buch
   wiedergegebenen Word-Bildschirmen (Beispiel: Brief4.TXT in Abschnitt 3.7.1) zugrunde?
b) Wie wird alle 30 Minuten automatisch mit Bestätigung gespeichert?

Aufgabe 3.8/2: Zu Abschnitt 3.8.5.
a) "TMP-Dateien bei der Arbeit mit Word nicht löschen!" Warum?
b) Was ist zu tun, wenn die Meldung "Geben Sie J ein für erneuten
   Zugriff auf Brief2.TXT!" erscheint? Was sind die Ursachen?
c) Was ist in der Datei MW.INI gespeichert?

Aufgabe 3.8/3: Ab Zeile 15 soll ein zweites Fenster eingerichtet werden,
um darin - parallel zur aktiven Textdatei im oberen Bildschirmbereich -
Notizen und Ideen festzuhalten. Nennen Sie die Befehlsfolge, um
a) das Fenster ab Zeile 15 einzurichten.
b) die Menüanzeige auszublenden, damit für das untere Fenster mehr
   Platz auf dem Bildschirm verfügbar wird.
c) zwischen den beiden Fenstern zu wechseln.

Aufgabe 3.8/4: Welche vier Dateiformate unterstützt Word über den
Übertragen/Speichern-Befehl? Wozu dienen die Formate?

3 Kurs zur Textverarbeitung mit Word

3.1 Den ersten Text bearbeiten	45
3.2 Dateien zwischen RAM und Diskette übertragen	59
3.3 Text formatieren	77
3.4 Im Text rechnen	99
3.5 Mit Druckformatvorlagen arbeiten	105
3.6 Textteile in Textbausteinen bereitstellen	123
3.7 Serienbriefe schreiben	133
3.8 Einstellungen und Hilfen	143
3.9 Tabellen und Texte verknüpfen	**161**
3.10 Layout gestalten	175
3.11 Makros ausführen und programmieren	195
3.12 dBASE-Adreßdatei für Serienbriefe nutzen	221

3.9.1 Kalkulationstabellen verknüpfen

Tabellen, die mit Multiplan, Excel oder Lotus 1-2-3 erstellt worden sind, lassen sich wie folgt in den Text von Word integrieren:

1. *Tabelle mit .K.-Code integrieren:* Die Tabelle (Quelle) wird in den Text (Ziel) übernommen. Bei späteren Änderungen in der Tabelle können diese Daten (über den in der Tabelle vermerkten .K.-Code) auch innerhalb des Textes berücksichtigt werden. Der Zieltext läßt sich also aktualisieren.
2. *Tabelle ohne .K.-Code integrieren:* Die Tabelle wird als konstanter Bestandteil in den Text übernommen, indem man die .K.-Codes löscht.

3.9.1.1 Eine Tabelle in den Text integrieren

Tabelle Jahr2.TAB in Beispieltext Produkt1.TXT integrieren:
Eine unter Multiplan erstellte und gespeicherte Tabelle namens Jahr2.TAB soll in den Text Produkt1.TXT integriert werden. Man geht wie folgt in drei Schrittten vor: 1. Text laden, 2. Tabelle einfügen und 3. erweiterten Text neu speichern.

Textdatei laden (Schritt 1)

Die Textdatei Produkt1.TXT laden und den Cursor zur Einfügestelle bewegen (hier an den Anfang der 3. Zeile).

Befehl Bibliothek/verKnüpfen aktivieren (Schritt 2)

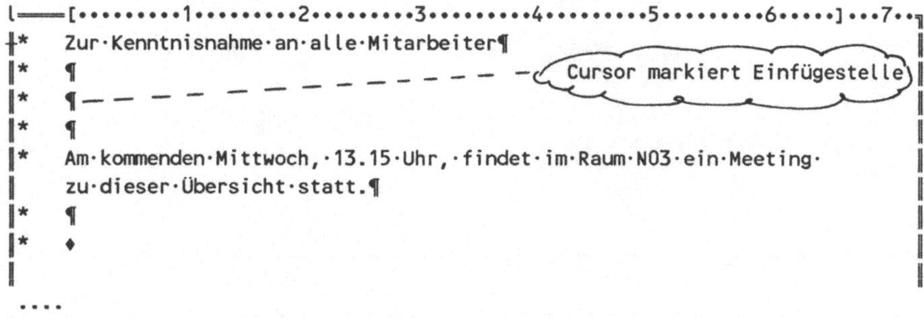

Über den Unterbefehl Bibliothek/verKnüpfen/Kalkulationstabelle als Dateiname A:Jahr2.TAB angeben: Die Multiplan-Tabelle Jahr2.TAB wird in Laufwerk A: gesucht und an die Einfügestelle des aktiven Textes Produkt1.TXT kopiert. Da als Bereich keine Eingabe eines Feldbereichs angegeben wird, kopiert Word die komplette Tabelle.

```
BIBLIOTHEK VERKNÜPFEN: Dokument Grafiken Kalkulationstabelle

Fügt einen spezifizierten Teil einer Kalkulationstabelle in das Dokument ein
```

```
BIBLIOTHEK VERKNÜPFEN KALKULATIONSTABELLE Dateiname: a:jahr2.tab
                                           Bereich:
Geben Sie bitte einen Dateinamen ein oder wählen Sie einen mit F1!
```

Tabelle als "Absatz mit .K.-Code "integrieren:
Word stellt die Tabelle als *einen Absatz* dar und fügt in die erste Zeile

```
l──────[•••••••••1•••••••••2••••••••─3•••••••••4•••••••••5•••••••••6•••••]•••7••┐
|*    Zur·Kenntnisnahme·an·alle·Mitarbeiter¶                                    |
|*    ¶                                                                         |
|*    .K.JAHR2.TAB,↓                                                            |
|     Jahr2.TAB↓                                                                |
|     Jahresproduktion·quartalsweise·im·Rückblick↓                             |
|     ↓                                                                         |
|     RÜCKBLICK:↓                                                               |
|            1.Quartal 2.Quartal 3.Quartal 4.Quartal Jahrsumme↓                |
|     ↓                                                                         |
|     1986       7200     11000      9090      9800       37090↓                |
|     1987       9320     10100      9892     10298       39610↓                |
|     1988      10109     12987      8911      9967       41974↓                |
|     1989       8699     11600      9591     10000       39890↓                |
|     ↓                                                                         |
|     Summe     35328     45687     37484     40065      158564.K.¶            |
|*    ¶                                                                         |
|*    Am·kommenden·Mittwoch,·13.15·Uhr,·findet·im·Raum·N03·ein·Meeting·        |
|     zu·dieser·Übersicht·statt.¶                                              |
|*    ¶                                                                         |
|*    ◆                                                                         |
|                                                                              |
| ••••                                                                         |
L──────────────────────────────────────────────────────────PRODUKT2.TXT──┘
```

Tabelle als 13-Zeilen-Absatz im Text Produkte2.TXT integriert
(.K.,JAHR2.TAB, und .K. kennzeichnen Tabellenanfang und -ende)

und die letzte Zeile automatisch spezielle .K.-Codes ein:
- .K.JAHR2.TAB, nennt den Dateinamen der integrierten Tabelle.
- .K. markiert das Ende der Tabelle.
Mit Hilfe dieser Codes können die Tabellendaten später im Text gefunden und aktualisiert werden, wenn sich die importierte Tabelle geändert hat.

Tab-Stopps zwischen den Tabellenspalten:
Die Tabelle bildet einen einzigen Absatz; zwischen die Spalten hat Word Tab-Stopps und am Zeilenende Zeilenendezeichen ("Pfeil nach unten"-Zeichen) eingefügt. Durch geeignete Formatierung muß der Benutzer dafür sorgen, daß die Zahlen geordnet untereinanderstehen.

.K.-Codes der Tabelle am Bildschirm sichtbar machen:
Die Codes am Anfang und Ende der Tabelle sind verborgen formatiert. Über die Befehlsfolge

Zusätze Sonderzeichen sichtbar:	Zusätze-Befehl für Einstellungen Von Nein bzw. Teilweise auf Alle

und die Einstellung *Alle* werden die .K.-Codes sichtbar. Dies ist wichtig, da sie nicht gelöscht werden dürfen, wenn die Tabellendaten später im Text zu aktualisieren sind. Mit der Befehlsfolge

Druck
  Optionen
    Verborgener Text:
	Druck-Befehl aktivieren
	Unterbefehl
	Von Ja auf Nein umstellen

erreicht man, daß die beim Ausdruck störenden .K.-Codes nur auf dem Bildschirm erscheinen, nicht aber auf dem Druckpapier.

Erste Zeile der importierten Kalkulationstabelle:

.K.Dateiname,Bereich und Zeilenschaltungszeichen

```
    Beispiele:   - .K.JAHR2.TAB,                   ... im aktiven Verzeichnis
                 - .K.C:\PRIVAT\TABELLEN\JAHR2.TAB, ... in PRIVAT\TABELLEN von C:
                 - .K.JAHR2.TAB,Z7S1:Z12S6         ... nur den Bereich Zeile 7
                                                       bis Zeile 12
```

Code am Ende der letzten Zeile der Kalkulationstabelle:

.K. und Absatzendezeichen

.K.-Codes zum Verknüpfen von Tabellen in allgemeiner Form

Kopieren und Umordnen von Daten der Tabelle:
Die Tabellendaten können innerhalb des Textes kopiert und umgestellt
werden. Dabei ist jedoch darauf zu achten, daß die .K.-Codes nicht gelöscht werden, sondern weiter den Anfang und das Ende der änderbaren
Tabelle kennzeichnen.

Text mit der Datei neu speichern (Schritt 3)

Mit Übertragen/Speichern wird der Text mit der importierten Tabelle unter dem Namen Produkt2.TXT zusätzlich auf Diskette gesichert.

3.9.1.2 Tabellendaten im Text aktualisieren

Angenommen, die Produktionskennziffer des 1. Quartals 1989 hat sich
von 8699 auf 10699 geändert. In der Tabelle Jahr2.TAB führt die Änderung dieser *einen Zahl* automatisch zu *mehreren* neuen Jahres- und Quar-
talssummen.
In der Textdatei Produkt2.TXT lassen sich die neuen Tabellendaten wie
folgt in drei Schritten aktualisieren:
     1. Textdatei laden
     2. Tabelle aktualisieren
     3. Textdatei neu speichern

Textdatei mit der alten Tabelle laden (Schritt 1)

Nach dem Befehlsaufruf Übertragen/Laden/A:Produkt2.TXT befindet
sich der Text im RAM. Über die .K.-Codes besteht die Verknüpfung zur
Tabellendatei A:Jahr2.TAB weiterhin.
Nun ist der Bereich der Tabelle zu markieren, der aktualisiert werden
soll. Hier ist es die gesamte Tabelle. Wichtig dabei ist, daß die .K.-Codes
ebenfalls markiert sind.

Tabelle mit Übertragen/verKnüpfen aktualisieren (Schritt 2)

Mit der Befehlsfolge

<table>
<tr><td>Bibliothek
  verKnüpfen
    Kalkulationstabelle</td><td>Bibliothek-Befehl aktivieren
Unterbefehl zum Tabellenzugriff
Ohne Einträge in Befehlsfelder</td></tr>
</table>

die Tabelle aktualisieren (die Befehlsfelder Dateiname und Bereich bleiben dabei leer): Word sucht die Tabelle, die sich zwischen den .K.-Codes *.K.JAHR2.TAB*, und *.K.* befindet, und ersetzt sie durch die neuen geänderten Daten der Datei A:Jahr2.TAB. Dabei werden alle Absatzformate (also auch die Tab-Stopps) beibehalten. Die Zeichenformate jedoch gehen verloren (Grund: sie gehören nicht zur Tabelle, die ja als Absatz behandelt wird).

Aktualisierten Text speichern (Schritt 3)

Mit Übertragen/Speichern wird der aktualisierte Text unter dem Namen Produkt3.TXT zusätzlich auf Diskette gesichert.

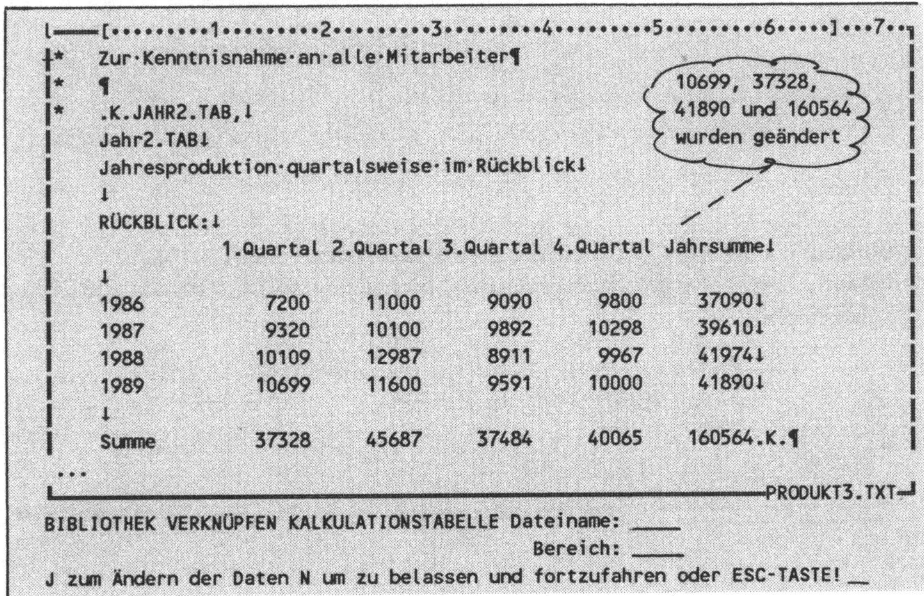

3.9.2   Texte verknüpfen

3.9.2.1   Textdatei integrieren

Über die Befehle Bibliothek/verKnüpfen/Dokument kann man eine
Quell-TXT-Datei mit einer anderen Ziel-TXT-Datei verknüpfen:
-   Anfang und Ende des Originaldokuments werden durch .D.-Codes
    (D für Dokument) in der Quelldatei gekennzeichnet.
-   Änderungen des Originaldokuments können später automatisch in
    die Zieldatei übernommen werden.

Am Beispiel des Originaldokuments VerkZahl.TXT (aktuelle Verkaufszahlen als Quelldatei) und der Datei VerkInfZ.TXT (die als Zieldatei die
Verkaufszahlen für eine Information übernimmt) wird die Textverknüp-
fung erläutert.

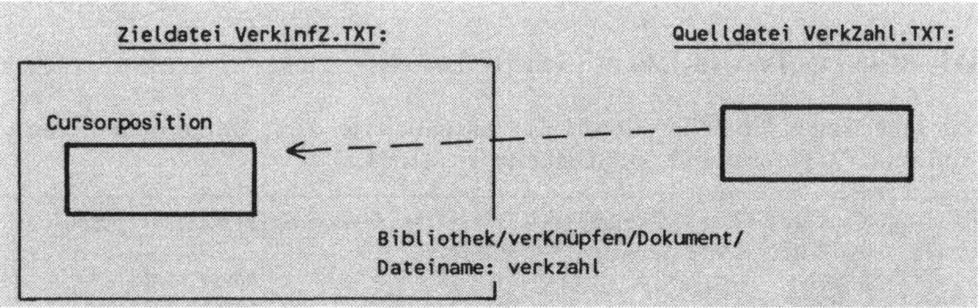

*Verkaufszahlen von VerkZahl.TXT in Informationsdatei VerkInfZ
integrieren*

Quelldatei VerkZahl.TXT editieren und speichern (Schritt 1):
In dieser Datei werden die Verkaufszahlen für Januar, Februar und März
bereitgestellt.

```
L─────[·········1·········2·········3·········4·········5·········6·····]···7··┐
├*    Januar:·2870,·Februar:·1190,·März:·3125¶                                 │
│*    Stand:·15.·April·1990¶                                                   │
│*    ♦                                                                        │
 ...                                                                           │
L──────────────────────────────────────────────────────────────VERKZAHL.TXT─┘
```

Zieldatei VerkInfZ.TXT editieren (Schritt 2):
Der Text der Datei VerkInfZ.TXT enthält eine Überschrifts- und Unter-
schriftszeile. Der Cursor zeigt auf den Anfang der 3. Zeile, da ab dieser
Zeile der Text aus der Datei VerkZahl eingefügt werden soll.

```
l——[·········1·········2·········3·········4·········5·········6·····]···7··┐
|*    Information·zu·den·aktuellen·Verkaufszahlen:¶                          |
|*    ¶                                                                      |
|*    ¶                                                                      |
|*    ¶                                                                      |
|*    Verteiler:·Chef,·Verkaufsabt.,·Presseabt.¶                            |
|*    ♦                                                                      |
  ...
L————————————————————————————————————————————————————————VERKINFZ.TXT—┘
BIBLIOTHEK VERKNÜPFEN: Dokument Grafiken Kalkulationstabelle

Importiert einen mit einer Textmarke versehenen Bereich eines anderen Dokuments
```

Text von Quelldatei und Zieldatei verknüpfen (Schritt 3):
Mit der Befehlsfolge

Bibliothek verKnüpfen Dokument:	Bibliothek-Befehl aktivieren Unterbefehl A:VerkZahl.TXT als Textdokument

wird der gesamte Text (das Befehlsfeld Textmarke bleibt leer) der Datei
VerkZahl.TXT von Laufwerk A: an die Cursorposition der aktiven Zieldatei VerkInfZ.TXT kopiert. Dabei schreibt Word .D.-Codes (D für Dokument) an Anfang und Ende des einkopierten Textes, um so Quell- und
Zieldatei für spätere Aktualisierungen zu verknüpfen.

```
l——[·········1·········2·········3·········4·········5·········6·····]···7··┐
|*    Information·zu·den·aktuellen·Verkaufszahlen:¶                          |
|*    ¶                                                                      |
|*    .D.VERKZAHL.TXT,↓                                                      |
|     Januar:·2870,·Februar:·1190,·März:·3125¶                              |
|*    Stand:·15.·April·1990¶                                                |
|*    .D.¶                                                                   |
|*    ¶                                                                      |
|*    ¶                                                                      |
|*    Verteiler:·Chef,·Verkaufsabt.,·Presseabt.¶                            |
|*    ♦                                                                      |
  ...
L————————————————————————————————————————————————————————VERKINFZ.TXT—┘
BIBLIOTHEK VERKNÜPFEN DOKUMENT Dateiname: a:verkzahl
                               Textmarke:
Geben Sie bitte den Dateinamen ein oder wählen Sie einen mit F1!
```

Zieldatei VerkInfZ.TXT später aktualisieren (Schritt 4):
Angenommen wird, daß zwischenzeitlich die Verkaufszahlen in der
Quelldatei VerkZahl.TXT von Januar-März auf Februar-April geändert
worden sind. Diese neuen Daten können wie folgt in die Zieldatei Verk-
InfZ.TXT übernommen werden:

1. Zieldatei VerkInfZ.TXT mit den alten Zahlen laden.
2. Den zu aktualisierenden Textbereich markieren: hier also die Zeilen 3 bis 6, die zwischen den .D.-Codes .D.VERKZAHL.TXT,
   und .D. liegen.
3. Befehl Bibliothek/verKnüpfen/Dokument aktivieren und dabei die
   Befehlsfelder Dateiname und Textmarke leer lassen. Nach der Bestätigung mit "J" sucht Word nach der im .D.-Code angegebenen
   Quelldatei A:VerkZahl.TXT und importiert die aktuellen Textdaten. VerkInfZ.TXT umfaßt nun die neuen Zahlen Februar - April:

```
 ┌──────[••••••••1•••••••••2•••••••••3•••••••••4•••••••••5•••••••••6•••••]•••7••┐
 │*    Information·zu·den·aktuellen·Verkaufszahlen:¶                            │
 │*    ¶                                                                        │
 │*    .D.VERKZAHL.TXT,↓                                                        │
 │     Februar:·1190,·März:·3125,·April:·3200¶                                  │
 │*    Stand:·9.·Mai·1990¶                                                      │
 │*    .D.¶                                                                     │
 │*    ¶                                                                        │
 │*    ¶                                                                        │
 │*    Verteiler:·Chef,·Verkaufsabt.,·Presseabt.¶                              │
 │*    ◆                                                                        │
 │    ...                                                                       │
 └──────────────────────────────────────────────────────────────VERKINFZ.TXT─┘
 BIBLIOTHEK VERKNÜPFEN DOKUMENT Dateiname: ____
                                Textmarke: ____
 J zum Ändern der Daten N um zu belassen und fortzufahren oder ESC-TASTE! __
```

3.9.2.2 Benannte Textabschnitte integrieren

Mit dem Befehl Bibliothek/verKnüpfen/Dokument kann man den gesamten Inhalt einer Quelldatei integrieren (vgl. Abschnitt 3.9.2.1). Daneben
hat man die Möglichkeit, gezielt nur solche Textabschnitte einer Quelldatei zu integrieren, die zuvor mit dem Befehl Format/tExtmarke markiert
und benannt worden sind.

Beispiel zur Erklärung der Dateiverknüpfung: In VerkOrte.TXT als Quelldatei werden drei Abschnitte mit den Textmarken SÜD, NORD und

VERKDAT benannt. Dann sollen die Textabschnitte Süd und VerkDat mit der Zieldatei VerkInfO verknüpft weden.

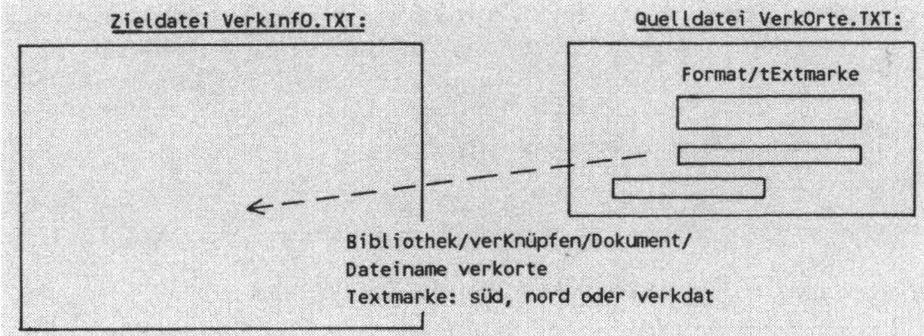

Zuerst Textmarken benennen und dann diese Textbereiche verknüpfen

Drei Textmarken in der Quelldatei VerkOrte.TXT benennen (Schritt 1):
Die Datei VerkOrte.TXT wird editiert. Die ersten beiden Zeilen werden markiert, um dann mit der Befehlsfolge

Format	Format-Befehl aktivieren
tExtmarke	Süd eingeben

diesen Zeilen den Textmarkennamen SÜD zuzuordnen. Anschließend wird den Zeilen 3-5 der Name NORD und der Zeile 6 der Namen VERKDAT zugeordnet. Über die F1-Taste kann man dabei aus einer Liste von Textmarkennamen auswählen. Nun sichert man die Datei VerkOrte.TXT.

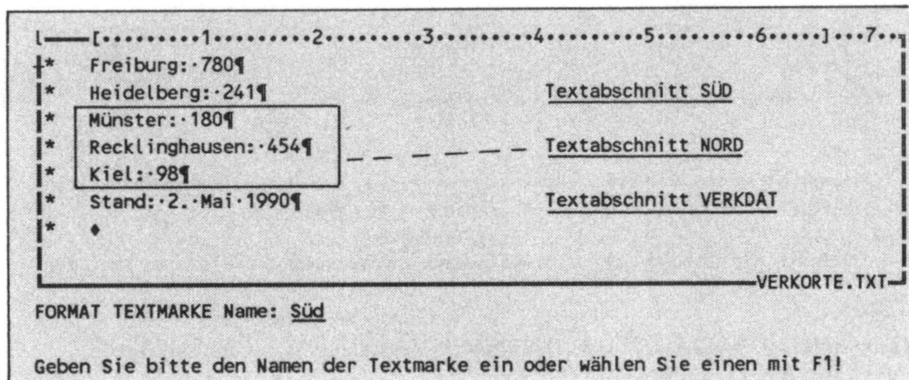

Text SÜD aus VerkOrte.TXT in VerkInfO.TXT verknüpfen (Schritt 2):
Die Zieldatei VerkInfO.TXT wird geladen. Sie umfaßt zwei Textzeilen.
Der Cursor wird in Zeile 3 als Einfügeposition gestellt.

```
L———[•••••••••1•••••••••2•••••••••3•••••••••4•••••••••5•••••••••6•••••]•••7••┐
|*    Information·zu·den·aktuellen·Verkaufszahlen:¶
|*    ¶
|*    ¶
|*    ¶
|*    Verteiler:·Chef,·Verkaufsabt.,·Presseabt.¶
|*    ♦
|    ...
L                                                              ━━VERKINFO.TXT━┘
```

Nun wird die Dateiverknüpfung über die Befehlsfolge

Bibliothek	Bibliothek-Befehl aktivieren
verKnüpfen	Unterbefehl zur Dateiverknüpfung
Dokument	Textdokumente bzw. Textdateien
Dateiname:	A:VerkOrte als Quelldatei
Textmarke:	SÜD als Name des Textbereichs

der mit der Textmarke SÜD benannte Textabschnitt aus der Datei Verk-
Orte.TXT in die Zieldatei VerkInfO integriert.

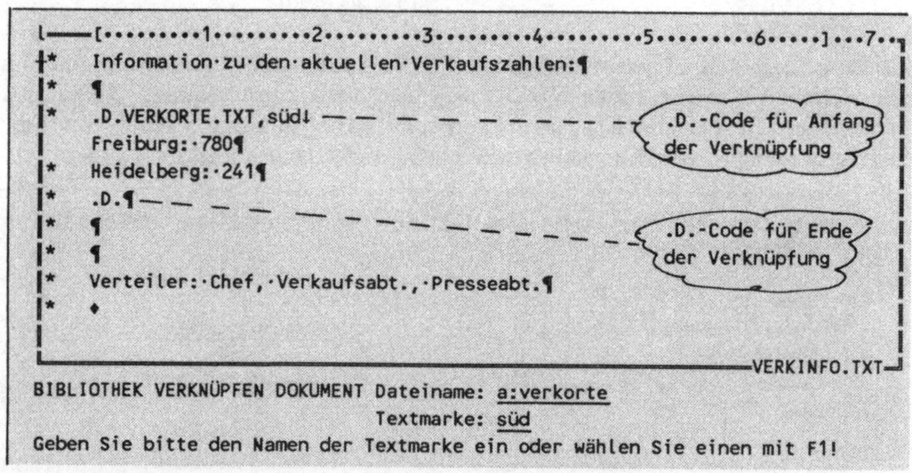


```
L———[•••••••••1•••••••••2•••••••••3•••••••••4•••••••••5•••••••••6•••••]•••7••┐
|*    Information·zu·den·aktuellen·Verkaufszahlen:¶
|*    ¶
|*    .D.VERKORTE.TXT,süd↓ — — — — — — — — — — —
|     Freiburg:·780¶
|*    Heidelberg:·241¶
|*    .D.¶ — — — — — — — — — — — — — — — — — —
|*    ¶
|*    ¶
|*    Verteiler:·Chef,·Verkaufsabt.,·Presseabt.¶
|*    ♦
|
L                                                              ━━VERKINFO.TXT━┘
BIBLIOTHEK VERKNÜPFEN DOKUMENT Dateiname: a:verkorte
                                Textmarke: süd
Geben Sie bitte den Namen der Textmarke ein oder wählen Sie einen mit F1!
```

**Textbereich VERKDAT aus Quelldatei VerkOrte.TXT in Zieldatei
VerkInfO.TXT verknüpfen (Schritt 3):**
Der Cursor steht in der Zeile 7 von VerkInfO.TXT, also unter dem Ende-
code .D.. Dann ruft man erneut Bibliothek/verKnüpfen/Dokument auf,
nun aber mit der Textmarke VERKDAT. Word integriert das Verkaufs-

datum als zweiten Textbereich unter SÜD. Die Zieldatei VerkInfO.TXT ist nun mit zwei Textbereichen der Quelldatei VerkOrte.TXT verknüpft, die sich über die Textmarkennamen SÜD und VERKDAT getrennt aktualisieren lassen.

```
|——[··········1·········2·········3·········4·········5·········6·····]···7··|
|*   Information·zu·den·aktuellen·Verkaufszahlen:¶                            |
|*   ¶                                                                       |
|*   .D.VERKORTE.TXT,süd↓                                                    |
|    Freiburg:·780¶                                                          |
|*   Heidelberg:·241¶                                                        |
|*   .D.¶                                                                    |
|*   .D.VERKORTE.TXT,verkdat↓                                                |
|    Stand:·2.·Mai·1990¶                                                     |
|*   .D.¶                                                                    |
|*   ¶                                                                       |
|*   ¶                                                                       |
|*   Verteiler:·Chef,·Verkaufsabt.,·Presseabt.¶                              |
|*   ◆                                                                       |
|                                                           ——VERKINFO.TXT——|

BIBLIOTHEK VERKNÜPFEN DOKUMENT Dateiname: a:verkorte
                                Textmarke: verkdat
Geben Sie bitte den Namen der Textmarke ein oder wählen Sie einen mit F1!
```

Aufgabe der .D.-Codes: Die .D.-Codes zum Verknüpfen von Textdateien bzw. Textbereichen entsprechen in ihrer Aufgabe den .K.-Codes zum Verknüpfen von Tabellen (vgl. Abschnitt 3.9.2.1).

Erste Zeile des importierten Textbereichs:

.D.Dateiname,Textmarkenname und Zeilenschaltungszeichen

```
Beispiele:      - .D.VERKZAHL.TXT,              ... im aktiven Verzeichnis
                - .D.C:\ABSATZ\VERKZAHL.TXT,    ... in Verz. ABSATZ von C:
                - .D.VERKORTE.TXT,SÜD           ... nur den Textmereich SÜD
```

Code als letzte Zeile des importierten Quelltextes:

.D. und Absatzendezeichen

Verborgen formatierte .D.-Codes beim Verknüpfen von Textdokumenten

Aufgabe 3.9/1: Eine Tabelle mit dem aktiven Text verknüpfen.
   a) Unterscheiden Sie: Tabelle verknüpfen - Tabelle zusammenführen.
   b) Wozu dient der am Anfang der Tabelle abgelegte .K.-Code?
   c) Wie gehen Sie vor, um eine Tabelle zu verknüpfen?

3

Kurs zur Textverarbeitung mit Word

3.1 Den ersten Text bearbeiten	45
3.2 Dateien zwischen RAM und Diskette übertragen	59
3.3 Text formatieren	77
3.4 Im Text rechnen	99
3.5 Mit Druckformatvorlagen arbeiten	105
3.6 Textteile in Textbausteinen bereitstellen	123
3.7 Serienbriefe schreiben	133
3.8 Einstellungen und Hilfen	143
3.9 Tabellen und Texte verknüpfen	161
3.10 Layout gestalten	**175**
3.11 Makros ausführen und programmieren	195
3.12 dBASE-Adreßdatei für Serienbriefe nutzen	221

Layout: Mit der Betriebsart *Layout* kann man das Erscheinungsbild von Bereichen bzw. Absätzen bereits während dem Schreiben und Formatieren auf dem Bildschirm kontrollieren. Man hat zwei Möglichkeiten, um die Betriebsart *Layout* zu aktivieren:

> - Über den Befehl Zusätze/Layout die Einstellung "Ja" vornehmen
> - Die Tastenkombination Alt/F4 eingeben

3.10.1 Bereichslayout gestalten

3.10.1.1 Text in Bereiche unterteilen

Befehl Format/Bereich

Ein Bereich ist die Dateneinheit, dessen Seiten alle die gleiche Seitenformatierung aufweisen (vgl. Abschnitt 3.3.5). Die Seitenformatierung wird durch die vier Unterbefehle des Format-Befehls vorgenommen:

```
FORMAT BEREICH: Seitenrand Paginierung Layout Zeilennummern
Bestimmt Seitenmaße und Position der Kopfzeilen für den aktiven Bereich
```

- Format Bereich Seitenrand	Seitenmaße, Kopfzeilen
- Format Bereich Paginierung	Seitennummern
- Format Bereich Layout	Spaltenmerkmale, Bereichswechsel, Fußnote
- Format Bereich Zeilennummern	Position der Nummern

Text und Bereich

Ein Textdokument kann einen oder mehrere Bereiche umfassen:

- Besteht der Text nur aus einem Bereich, sind alle Seiten einheitlich formatiert. Jeder Format/Bereich-Befehl wirkt sich auf den gesamten Text aus.
- Wird der Text in mehrere Bereiche unterteilt, dann sind diese durch die jeweiligen Format/Bereich-Befehle zu formatieren. Bereichswechsel können durch Strg/Return vorgenommen werden und erscheinen im Text als doppelt gepunktete Linie "::::::::::::::::::::". Man bezeichnet diese Linie als Bereichsmarke.

Der folgende Ein-Bereichs-Text weist das Standard-Layout von Word auf.

```
L——[••••••••1•••••••••2•••••••••3•••••••••4•••••••••5•••••••••6•••••]•••7••
|*    Textverarbeitung·als·Software-Tool¶
|*    ¶
|*    ¶
|*    Textverarbeitungspro-gramme·für·Per-so-nalcomputer·sind·aus·den·
|    Edi-to-ren·ent-standen,·also·aus·den·Programmhilfen·zum·Eingeben·
|    und·Auf-be-rei-ten·von·Pro-gramm-text·am·Bildschirm.·Man·hat·sie·
|    zur·Verarbeitung·an-derer·Do-ku-men-te·(Briefe,·Rechnungen,·Ma-
|    nus-kripte,·Formulare·usw.)·wei-ter-ent-wickelt.·Damit·treten·sie·
|    in·Konkurrenz·zur·Schreibma-schi-ne,·zum·Text-automaten·so-wie·zur·
|    Großrechner-Textverarbei-tung.·¶
|*    ¶
|*    Schreibmaschine:·¶
|*    Hier·wurde·und·wird·von·"Maschinenschreiben"·gespro-chen.·Neben·
|    dem·Ge-stalten·und·Schreiben·von·Text·steht·die·Tastaturschulung·
|    im·Vor-dergrund.¶
|*    ¶
|*    Textautomat:·¶
|*    Beim·Computer·sind·Programme·als·Software·aus-tausch-bar.·Im·Ge-
```

```
FORMAT BEREICH LAYOUT Fußnoten:(Selbe-Seite)Ende
     Spaltenzahl: 1        Spaltenabstand: 1,25 cm
     Bereichswechsel:(Seite)Fortlaufend Spalte Gerade Ungerade
```

Vier Voreinstellungen im Befehl Format/Bereich/Layout

1. *Fußnoten* werden am Ende der jeweiligen Seite (*Selbe-Seite*) oder zusammengefaßt am Bereichsende (*Ende*) ausgegeben.
2. *Spaltenzahl:1* bedeutet, daß nur eine Spalte auf der Seite gedruckt wird.
3. *Spaltenabstand:1,25 cm* ist voreingestellt.
4. *Bereichswechsel* legt fest, wo im Text das neue Bereichsformat wirksam werden soll. Voreingestellt ist *Seite*, d.h. nach der Be-reichsmarke beginnt eine neue Seite. Mit *Fortlaufend* wird die neue Formatierung sofort bzw. ohne Seitenwechsel wirksam. *Spalte* nimmt nach der Bereichsmarke einen Spaltenwechsel vor. Mit *Ge-rade* bzw. *Ungerade* wird mit dem Text des neuen Bereichs auf der nächsten geraden bzw. ungeraden Seite begonnen.

Befehl Format/Bereich/Paginierung

Über diesen Befehl kann man die Seitennummern für den Bereich festlegen. *Ja* aktiviert die Numerierung. Die Voreinstellung von 1,25 cm vom oberen und 18,5 cm vom linken Papierrand kann geändert werden. Mit *Beginn* kann man die Numerierung erst ab der unter *Bei* angegebenen Seitenzahl beginnen lassen. Als *Form* kann 1,2,3,..., I,II,III,..., i,ii,iii,..., A,B,C,..., oder a,b,c,... eingestellt werden.

```
FORMAT BEREICH PAGINIERUNG: Ja(Nein)              Abstand oben: 1,25 cm
    Abstand links: 18,5 cm       Seitenzahl:(Fortlaufend)Beginn      Bei:
    Form:(1)I i A a
Geben Sie bitte das Maß ein!
```

Befehl Format/Kopf-/Fusszeile

Möchte man die Seitennumerierung in eine Kopfzeile oder Fußzeile integrieren, wählt man anstelle von Format/Bereich/Paginierung den Befehl Format/Kopf-/Fusszeile. Die Seitennummern erscheinen dann erst beim Ausdruck.

```
FORMAT KOPF-/FUSSZEILE Position: Oben Unten Keine
Ungerade Seiten:(Ja)Nein        Gerade Seiten:(Ja)Nein    Erste Seite: Ja(Nein)
Ausrichtung:(Linker-Rand)Papierrand
Wählen Sie bitte eine Option!
```

Befehl Format/Bereich/Zeilennumerierung

Die Zeilennummern werden - auf dem Bildschirm unsichtbar - am linken Textrand gedruckt. Die Numerierung kann auf jeder Seite mit 1 beginnen (Voreinstellung *Seite*); oder man läßt die Seiten im *Bereich* oder im gesamten Text *Fortlaufend* numerieren. Ein *Druckintervall* von zum Beispiel 5 ergibt die Nummernausgabe 5, 10, 15, ...

```
FORMAT BEREICH ZEILENNUMMERN: Ja Nein            Abstand vom Text: 1 cm
    Beginn bei:(Seite)Bereich Fortlaufend        Druckintervall: 1
Wählen Sie bitte eine Option!
```

Seitenwechsel automatisch oder manuell durchführen

Automatischer Seitenumbruch: Über den Zusätze-Befehl kann ein manueller oder automatischer Seitenumbruch eingestellt werden; im letzteren Fall teilt Word den Text unmittelbar beim Schreiben in Seiten auf. Der

Seitenwechsel wird durch die gepünktelte Linie "..........................." dargestellt; die Seitennummer Se in der Statuszeile erhöht sich um 1.

Manueller Seitenumbruch beim Editieren: Mit der Tastenkombination
Umschalt/Strg/Return wird an der Stelle, an der der Cursor gerade steht,
mit "..........................." ein fester Seitenumbruch eingefügt.

Manueller Seitenumbruch beim Drucken: Man ruft dazu den Befehl
Druck/Umbruch-Seite auf, wobei für die Option Seitenwechsel die Antwort Ja eingegeben wird. Nun kann man die von Word vorgeschlagenen
variablen Seitenwechsel entweder bestätigen oder aber neue feste Seitenwechsel einfügen. Der feste Seitenwechsel bleibt bei späterer Befehlseingabe Druck/Umbruch-Seite erhalten, während variable Seitenwechsel angepaßt werden.

- Fester Seitenwechsel (vom Benutzer angegeben): "..........................."
- Variabler Seitenwechsel (von Word eingetragen): ". . . . ."

Einen zusätzlichen Bereich bilden

In der Datei TextVer1.TXT soll dem Textabschnitt "Schreibmaschine" ein
eigenes Bereichsformat zugeordnet werden, um in diesem Bereich dann
den linken Rand um 1 cm zu vergrößern. Drei-Schritte-Vorgehensweise:

1. Mit dem Cursor zum Anfang des (zukünftigen) Bereichs gehen
   und mit Strg/Return einen Bereichswechsel vornehmen: Es erscheint eine Bereichsmarke ":::::::::::::".
2. Am Ende des Bereichs ebenfalls eine zusätzliche Bereichsmarke
   mit Strg/Return einfügen.
3. Den Cursor in den neuen Bereich bewegen und mit dem Befehl
   Format/Bereich/Seitenrand den linken Rand von den voreingestellten 2 cm auf 3 cm erweitern.

Am Bildschirm erscheint der neue Bereich um 1 cm weiter eingerückt.

```
|————[•••••••••••1•••••••••••2•••••••••••3•••••——•••••4•••••••••••5•••••••••••6┐
┼    Verarbeitung·an·derer·Do-ku-men-te·(Briefe,·Rechnungen,·Ma-nus-kripte,·  |
|    Formulare·usw.)·wei-ter-ent-wickelt.·Damit·treten·sie·in·Konkurrenz·      |
|    zur·Schreibma-schi-ne,·zum·Text-automaten·so-wie·zur·Großrechner-         |
|    Textverarbei-tung.·¶                                                      |
|*   ::::::::::::::::::::::::::::::::::::::::::::::::::::::::::::::::::::::::::::::|
|         ¶                                                                    |
|    Schreibmaschine:·¶                                                        |
|    Hier·wurde·und·wird·von·"Maschinenschreiben"·gespro-chen.·Neben·          |
```

```
|        dem·Ge-stalten·und·Schreiben·von·Text·steht·die·Tastaturschulung·  |
|        im·Vor-dergrund.¶                                                   |
|        :::::::::::::::::::::::::::::::::::::::::::::::::::::::::::::::::::::::|
|*    ¶                                                                      |
|*    Textautomat:·¶                                                         |
|*    Beim·Computer·sind·Programme·als·Software·aus-tausch-bar.·Im·Ge-gen-   |
|     satz·dazu·verfügt·ein·Au-tomat·nur·über·ein·einziges·Programm,·das·    |
```

```
FORMAT BEREICH SEITENRAND
    Oben: 2,5 cm             Unten: 2 cm
    Links: 3                 Rechts: 2 cm
    Seitenlänge: 29,7 cm     Breite: 21 cm        Bundsteg: 0 cm
    Abstand Kopfzeile von oben: 1,25 cm           Fußzeile von unten: 1,25 cm
    Ränder spiegeln: Ja(Nein)                     Standardbenutzung: Ja(Nein)
Geben Sie bitte das Maß ein!
```

1. Bereichswechsel durch Format/Bereich vornehmen
- Sobald eine Format-Voreinstellung im Bereich geändert wird, fügt Word über der Textendemarke "♦" eine Bereichsmarke ":::::::::::::" ein.
- In der Bereichsmarke sind alle Formatierungsmerkmale des Bereichs gespeichert.

2. Bereichswechsel mit Strg/Return vornehmen
- Mit Strg/Return fügt Word an die Stelle, an die der Cursor zuvor bewegt worden ist, eine Bereichsmarke ":::::::::::::::" ein.

Zwei Möglichkeiten zum Erzeugen einer Bereichsmarke ":::::::::::::::::::::"

Einen Bereich entfernen

Alle Formatierungen eines Bereichs sind in der Bereichsmarke gespeichert. Damit kann ein Bereich gelöscht werden, indem man die entsprechende Bereichsmarke löscht; dazu bewegt man den Cursor auf die Bereichsmarke und drückt die Entf-Taste. Löscht man im Text TextVer1 die obere Bereichsmarke des Bereichs "Schreibmaschine", so wird die Formatierung des nachfolgenden Bereichs für den "oberen Bereich " übernommen.

```
|————————[··········1··········2··········3··········4··········5········]
|        Verarbeitung·an-derer·Do-ku-men-te·(Briefe,·Rechnungen,·Ma-nus-  |
|        kripte,·Formulare·usw.)·wei-ter-ent-wickelt.·Damit·treten·sie·in· |
|        Konkurrenz·zur·Schreibma-schi-ne,·zum·Text-automaten·so-wie·zur·  |
|        Großrechner-Textverarbei-tung.·¶                                  |
|        ¶                                                                 |
```

```
|        Schreibmaschine:·¶                                                    |
|        Hier·wurde·und·wird·von·"Maschinenschreiben"·gespro-chen.·Neben·      |
|        dem·Ge-stalten·und·Schreiben·von·Text·steht·die·Tastaturschulung·     |
|        im·Vor-dergrund.¶                                                      |
|        ::::::::::::::::::::::::::::::::::::::::::::::::::::::::::::::::::::::::::|
|*       ¶                                                                      |
|*       Textautomat:·¶                                                         |
|*       Beim·Computer·sind·Programme·als·Software·aus-tausch-bar.·Im·Ge-gen-   |
|        satz·dazu·verfügt·ein·Au-tomat·nur·über·ein·einziges·Programm,·das·    |
 ....
```

Entfernt man auch die zweite Bereichsmarke unter "Schreibmaschine", erscheint der gesamte Text wieder mit dem voreingestellten linken Rand
von 2 cm.

> **Ein Text, bei dem keine Bereichsformatierungen vorgenommen
> worden sind, weist keine Bereichsmarke "::::::::::::" auf.**

Tip zum schnellen Kopieren mit dem Kopie-Befehl

Word speichert sämtliche Formatierungsmerkmale stets in der entsprechenden Endemarke ("::::::::" für einen Bereich, ¶ für einen Absatz). Um
die Formatierung der entsprechenden Dateneinheit zu kopieren, kann man
wie folgt in drei Schritten vorgehen:

1. Den Cursor zur Bereichsendemarke bzw. zum Absatzendezeichen
   bewegen.
2. Den Kopie-Befehl aufrufen und die Return-Taste drücken.
3. Den Cursor zum Ende des Bereichs bzw. Absatzes bewegen, der
   das neue Format erhalten soll, und die Einfg-Taste drücken. Dieses Einfügen kann natürlich mehrmals vorgenommen werden.

Anstelle des Kopie-Befehls kann man die Formatierung auch mit der
Entf-Taste in den Papierkorb löschen, mit der Einfg-Taste wieder zu-
rückkopieren und dann mit der Einfg-Taste in die neuen Bereiche bzw.
Absätze einfügen.

3.10.1.2 Text mehrspaltig formatieren (Spaltensatz)

Text mit zwei Spalten formatieren

In einem Bereich läßt sich der Text in mehreren Spalten nebeneinander darstellen und ausdrucken. Mit der Betriebsart *Layout* kann man den Spaltensatz bereits am Bildschirm betrachten. Drei-Schritte-Vorgehen:

1. Mit Format/Bereich/Layout die Spaltenzahl 2 einstellen. Der gesamte Bereich wird zweispaltig formatiert. Auf dem Bildschirm wird der Text jedoch nur in einer Spalte angezeigt. Anders ausgedrückt: die zwei Spalten werden untereinander angezeigt.

2. Mit Alt/F4 die Betriebsart *Layout* einstellen. Nun erscheint der Text auch auf dem Bildschirm zweispaltig. Oben steht ein angepaßtes Zeilenlineal, das mit jeder Spalte bei Null beginnt.

3. Mit Strg/5/Rechts von der linken in die rechte Spalte wechseln. Oben wird das Zeilenlineal der rechten Spalte aktiviert. Mit der Eingabe Strg/5/Links (Strg/5 und dann "Pfeiltaste links" tippen) gelangt man wieder in die linke Spalte.

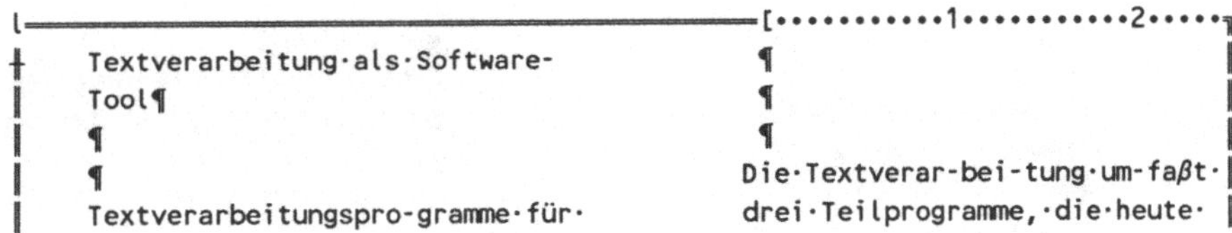

Text zweispaltig darstellen (linke Spalte aktiv):

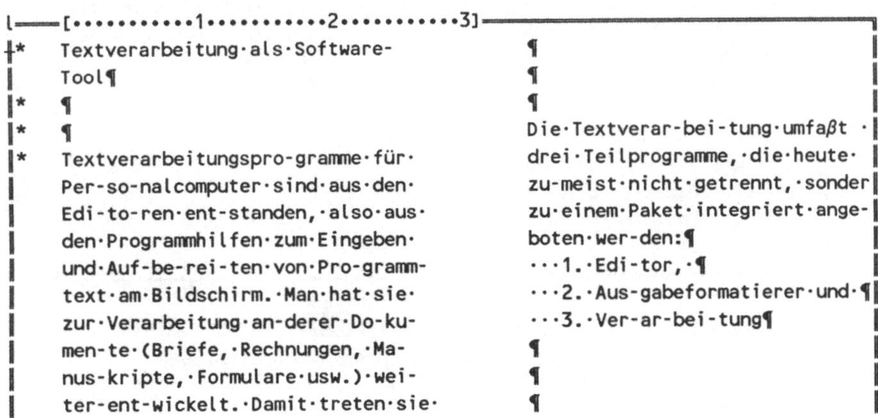

```
in·Konkurrenz·zur·Schreibma-           1.·Editor·als·Eingabe-·und·Be-
schi-ne,·zum·Text-automaten·so-wie·    ar-beitungsprogramm:·¶
zur·Großrechner-Textverarbei-          Der·Bild-schirm·wird·ähn-lich·w
tung.·¶                                eine·Lu-pe·über·den·Text·bewegt
        ¶                              bis·zu·einem·Bild-schirm-
*  Schreibmaschine:·¶                  ausschnitt,·der·cursorgesteuert
*  Hier·wurde·und·wird·von·            zu-be-ar-bei-ten·ist·(ver-schie
   "Maschinenschreiben"·gespro-        ein-fügen,·ko-pieren,·Rand·aus-
   chen.·Neben·dem·Ge-stalten·und·     glei-chen·usw.).¶
   Schreiben·von·Text·steht·die·       ¶
   Tastaturschulung·im·Vor-            ¶
   dergrund.¶                          ¶
*  ¶                                   2.·Formatierer·zur·Aufbereitung
*  Textautomat:·¶                      der·Druckausgabe:·¶
   Beim·Computer·sind·Programme·       Beim·WYSIWYG-For-ma-tierer·(Wha
   als·Software·aus-tausch-bar.·Im·    you·see·is·what·you·get)·er-
   Ge-gen-satz·dazu·verfügt·ein·Au-    scheint·der·Text·am·Bild-schirm
   tomat·nur·über·ein·einziges·        so,·wie·er·spä-ter·ausgedruckt·
   Programm,·das·als·Firmware·fest·    wird.·Beim·Steu-erzei-chen-Form
   eingebaut·ist.·Ein·Schreibauto-    tierer·sind·in·den·Bildschirm-
   mat·hat·also·ein·bestimmtes·        text·Be-fehle·zur·Steue-rung·de
   Textverarbeitungsprogramm·fest·     Druck-formates·eingefügt.¶
   eingebaut,·das·nur·ganz·spe-        ¶
   zielle·Schriftstücke·               ¶
   (Rechnungsformulare,·Stan-dard-     ¶
   brie-fe,·Mahnschreiben·usw.)·       3.·Eigentliches·Verarbeitungs-
   verarbeiten·und·drucken·kann.¶      pro-gramm:·¶
*  ¶                                   Dieses·richtet·sich·nach·den·
*  Großrechner-Textverarbeitung·       An-forderungen·der·un-ter-schie
   auf·Mainframes:·Dabei·liegt·der·    li-chen·Benut-zer·wie·Se-kretär
   Schwer-punkt·auf·der·raschen·       Ab-tei-lungs-leiter,·Schrift-st
   Verarbeitung·von·Massendrucken,·    ler,·Schriftsetzer:·Text-
   nicht·aber·auf·der·individuel-      bausteine·als·häu-fig·vor-kom-
   len·Gestaltung·einzelner·           mende·Text-teile·speichern,·Se-
   Schriftstücke.¶                     rien-·sowie·Ganz-brie-fe·er-ste
*  ¶                                   len,·For-mulararbeiten,·Text-
*  Textverarbeitung·mit·dem·PC:·       dateien·anlegen,·Auto-ren-kor-r
   Die·Textverarbeitung·ist·die·       tur·usw.¶
   häu-fig-ste·Nutzungsform·von·Per-   ¶
   so-nalcomputern.·Die·Bedienung·     ::::::::::::::::::::::::::::::::::
   eines·PCs·und·der·Umgang·mit·       ♦
   ei-nem·Textverarbeitungsprogramm·
   zählt·zu·den·Grundtätigkeiten·
   al-ler·kaufmännisch-verwaltenden·
   Be-rufe.¶
                                                        TEXTVER1.TXT
FORMAT BEREICH LAYOUT Fußnoten:(Selbe-Seite)Ende
     Spaltenzahl: 2        Spaltenabstand: 1,25 cm
     Bereichswechsel:(Seite)Fortlaufend Spalte Gerade Ungerade
Geben Sie bitte eine Zahl ein!
Se1 Ze23 Sp35      ()                                      LY
```

Text mit drei Spalten formatieren

Gibt man mit Format/Bereich/Layout als Spaltenanzahl 3 ein, formatiert Word den aktiven Textbereich - Betriebsart *Layout* vorausgesetzt - mit drei Spalten. Bei der folgenden Abbildung wurde mit Strg/5/Rechts die mittlere Spalte aktiviert: oben wird das Zeilenlineal dieser Spalte angezeigt.

```
L═══════════════════════════[•••••••••••¶•••••••••]═════════════════════╗
│* Textverarbeitung·        verarbeiten·und·         fügen,·ko-pieren, ║
│   als·Software-Tool¶       drucken·kann.¶           Rand·aus-glei-che║
│*  ¶                        ¶                         usw.).¶          ║
│*  ¶                        Großrechner-Text-        ¶                 ║
│*  Textverarbeitungspr      verarbeitung·auf·        ¶                 ║
│   o-gramme·für·Per-so-     Mainframes:·Dabei·       ¶                 ║
│   nalcomputer·sind·        liegt·der·Schwer-        2.·Formatierer·zu║
│   aus·den·Edi-to-ren·      punkt·auf·der·ra-        Aufbereitung·der·║
│   ent-standen,·also·       schen·Verarbeitung·      Druckausgabe:·¶  ║
│   aus·den·Programm-        von·Massendrucken,·      Beim·WYSIWYG-For-║
│   hilfen·zum·Eingeben·     nicht·aber·auf·der·      tierer·(What·you·║
```

Eine gemeinsame Überschrift über einen dreispaltigen Text schreiben

Der erste Absatz des Textes TextVerl.TXT beinhaltet die Überschrift "Textverarbeitung als Software". Dieser Absatz soll nun als einspaltige Überschrift formatiert werden. Drei-Schritte-Vorgehen:

1. Mit dem Cursor in die 1. Spalte zum Anfang der zweiten Zeile gehen und mit Strg/Return eine Bereichsmarke ":::::::::" einfügen. Für den neuen Bereich wird das bisherige Bereichsformat übernommen. Da als Bereichswechsel *Seite* voreingestellt ist, verschiebt sich der Text ab "Textverarbeitungsprogramme für ..." zum Anfang einer neuen Seite nach unten.

2. Mit Format/Bereich/Layout/Bereichswechsel die Option *Seite* in *Fortlaufend* ändern. Nun schließt sich der zweite an den ersten Bereich an.

3. Die Überschriftszeile bildet nun zwar einen eigenen Bereich, bezieht sich jedoch immer noch auf die 1. Spalte. Aus diesem Grund muß man mit Format/Bereich/Layout *Spaltenanzahl:1* einstellen. Jetzt verschieben sich die drei Textspalten nach unten und die Überschrift steht wie gewünscht quer über dem Drei-Spalten-Text:

```
L——[·············1···········2···········3···········4···········5···········6··┐
|* Textverarbeitung·als·Software-Tool¶                                          |
|* ¶                                                                            |
|  ::::::::::::::::::::::::::::::::::::::::::::::::::::::::::::::::::::::::::::::::|
|* Textverarbeitungs-        Großrechner-Text-          Rand·aus-glei-che|
|  pro-gramme·für·Per-       verarbeitung·auf·          usw.).¶          |
|  so-nalcomputer·sind·      Mainframes:·Dabei·         ¶                |
|  aus·den·Edi-to-ren·       liegt·der·Schwer-          ¶                |
|  ent-standen,·also·        punkt·auf·der·ra-          ¶                |
|  aus·den·Programm-         schen·Verarbeitung·        2.·Formatierer·zu|
|  hilfen·zum·Eingeben·      von·Massendrucken,·        Aufbereitung·der·|
|  und·Auf-be-rei-ten·von·   nicht·aber·auf·der·        Druckausgabe:·¶  |
|  Pro-gramm-text·am·        individuel-len·Ge-         Beim·WYSIWYG-For-|
|  Bildschirm.·Man·hat·      staltung·einzelner·        tierer·(What·you·|
|  sie·zur·Verarbei-         Schriftstücke.¶            see·is·what·you· |
|  tung·an-derer·Do-ku-      ¶                          get)·er-scheint·d|
|  men-te·(Briefe,·          Textverarbeitung·          Text·am·Bild-schi|
|  Rechnungen,·Ma-nus-       mit·dem·PC:·Die·           so,·wie·er·spä-te|
|  kripte,·Formulare·        Textverarbeitung·          ausgedruckt·wird.|
```

```
FORMAT BEREICH LAYOUT Fußnoten: Selbe-Seite Ende
    Spaltenzahl: 1        Spaltenabstand: 1,25 cm
    Bereichswechsel:(Seite)Fortlaufend Spalte Gerade Ungerade
Wählen Sie bitte eine Option!
```

Betriebsart Text:
- Der Text wird in einer langen Spalte am linken Bildschirmrand angezeigt.
- Das Ausdrucken erfolgt mehrspaltig.
- Das Editieren in dieser Betriebsart erfolgt sehr schnell.

Betriebsart Layout:
- Der Text wird mehrspaltig auch auf dem Bildschirm dargestellt.
- Mit Strg/5 und anschließender Rechts- bzw. Links-Taste kann man die Spalte wechseln.
- Für jede Spalte verwaltet Word ein eigenes Zeilenlineal.

Betriebsart Druck Layoutkontrolle:
- Die Seiten werden auf dem Bildschirm exakt so angezeigt, wie sie später ausgedruckt werden.
- Diese Betriebsart erfordert einen grafikfähigen Bildschirm (EGA, VGA).

Drei Betriebsarten, um Mehrspaltentext auf dem Bildschirm zu editieren

3.10.2 Absatzlayout gestalten

Um das Layout von Absätzen zu gestalten, stellt Word dem Benutzer folgende grundlegenden Hilfsmittel bereit:
- Betriebsart *Layout*, um die Anordnung von Absätzen auf dem Bildschirm zu betrachten.
- Befehl Format/Absatz/Nebeneinander mit der Einstellung *Ja*, um Absätze nebeneinander anzuordnen.
- Druckformatvorlage Neben.DFV mit den Druckformaten 2L, 2R, 3L, 3R und 3Z, um Absätze zwei- oder dreispaltig anzuordnen.
- Vordefiniertes Makro Nebeneinander.mak^<Ctrl N>E aus der Textbausteindatei Makro.TBS, um bequem eigene Druckformatvorlagen zu erzeugen und abzuspeichern.

3.10.2.1 Absätze nebeneinander anordnen

Zwei Absätze links und zwei Absätze rechts anordnen

In der Datei TextVer1.TXT (vgl. Abschnitt 3.10.1.1) sollen die Abschnitte "Schreibmaschine" und "Textautomat" nebeneinander angeordnet werden. Vier-Schritte-Vorgehen:

1. Die Datei TextVer1.TXT mit dem Beispieltext laden.

2. Die mit Word gelieferte Druckformatdatei Neben.DFV über den Befehl Format/Druckformat/Verbinden mit dem derzeit aktiven Text TextVer1.TXT verbinden.

```
C:\TOOL\WORD\*.DFV
BRIEF-1.DFV        GLIEDERN.DFV       NEBEN.DFV        [B:]
BRIEF-2.DFV        LEBENSLF.DFV       [..]             [C:]
DISSERT.DFV        MUSTER.DFV         [A:]


FORMAT DRUCKFORMAT VERBINDEN: NEBEN.DFV

Geben Sie bitte einen Dateinamen ein oder wählen Sie einen mit F1! (7608320 B)
```

3. Die folgenden beiden Absätze markieren und ihnen mit Alt/2L das Druckformat 2L zuordnen.

```
|*   Schreibmaschine:··¶                                                     |
|*   Hier·wurde·und·wird·von·"Maschinenschreiben"·gespro-chen.·Neben·        |
|    dem·Ge-stalten·und·Schreiben·von·Text·steht·die·Tastaturschulung·       |
|    im·Vor-dergrund.¶                                                       |
```

4. Den beiden nächsten Absätzen mit Alt/2R das Druckformat 2R zuordnen.

5. Die vier Absätze erscheinen nun nebeneinander auf dem Bildschirm. Auf dem wiedergegebenen Bildschirm ist der mit 2L formatierte linke Absatz aktiv: Oben erscheint das zugehörige Zeilenlineal, der zur Demonstration bzw. Kontrolle wiedergegebene Format-Befehl zeigt die Einstellungen des Druckformates 2L (rechter Einzug 9 cm).

```
L——[•••••••••1•••••••••2•••••••••3]•••••••••4•••••••••5•••••••••6•
|*    ¶                                                          |
|                                                                |
|2L  Schreibmaschine:·¶                    Textautomat:·¶         |
|                                                                |
|2L  Hier·wurde·und·wird·von·              Beim·Computer·sind·Programme·|
|    "Maschinenschreiben"·gespro-          als·Software·aus-tausch-bar.·Im·|
|    chen.·Neben·dem·Ge-stalten·und·       Ge-gen-satz·dazu·verfügt·ein·Au-|
|    Schreiben·von·Text·steht·die·         tomat·nur·über·ein·einziges·|
|    Tastaturschulung·im·Vor-              Programm,·das·als·Firmware·fest·|
|    dergrund.¶                            eingebaut·ist.·Ein·Schreibauto-|
|                                          mat·hat·also·ein·bestimmtes·|
|                                          Textverarbeitungsprogramm·fest·|
|                                          eingebaut,·das·nur·ganz·spe-|
|                                          zielle·Schriftstücke·|
|                                          (Rechnungsformulare,·Stan-dard-|
|                                          brie-fe,·Mahnschreiben·usw.)·|
|                                          verarbeiten·und·drucken·kann.¶|
|*    ¶                                                          |
|*   Großrechner-Textverarbeitung·auf·Mainframes:·Dabei·liegt·der·|
|    Schwer-punkt·auf·der·raschen·Verarbeitung·von·Massendrucken,·nicht·|
|    aber·auf·der·individuel-len·Gestaltung·einzelner·Schriftstücke.¶|
L————————————————————————————————————————————————TEXTVER1.TXT—
FORMAT ABSATZ Ausrichtung:(Links)Zentriert Rechts Block
 Linker Einzug: 0 cm       Erste Zeile: 0 cm        Rechter Einzug: 9 cm
 Zeilenabstand: 1 zg       Anfangsabstand: 1 zg     Endeabstand: 0 zg
 Selbe Seite: Ja(Nein)     Nächster Absatz selbe Seite: Ja(Nein)
 Nebeneinander:(Ja)Nein
Geben Sie bitte das Maß ein!
```

Vier Absätze links und zwei Absätze rechts anordnen

Mit Alt/XN nimmt man in der Datei TextVer1.TXT alle Absatzformatierungen wieder zurück. Nach entsprechender Umstellung von Absätzen werden vier Absätze mit 2L und die beiden nächsten Absätze mit 2R formatiert. Es erscheint der wiedergegebene Bildschirm.

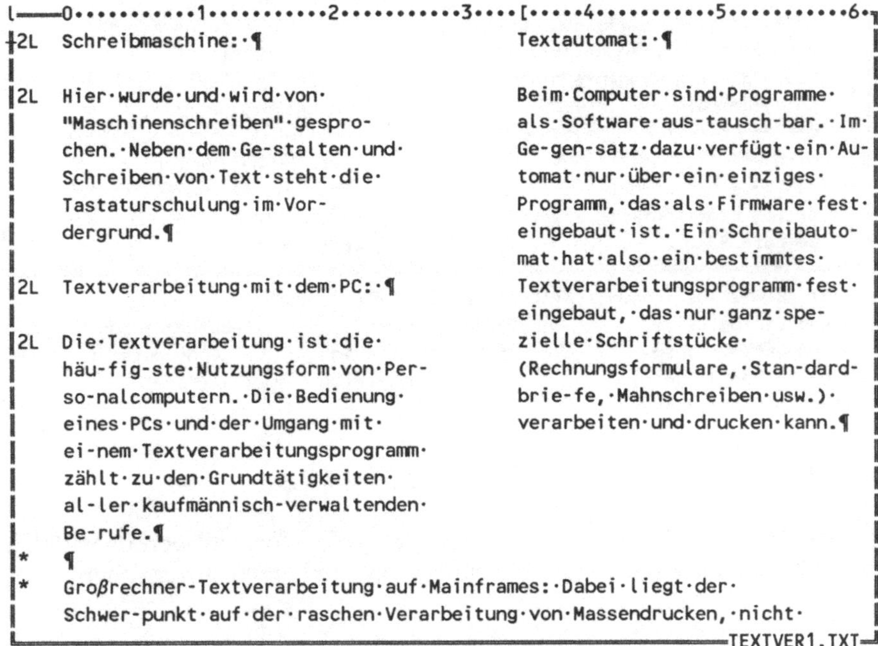

```
L━━━0··········1·········2··········3····[····4··········5··········6·┐
│2L   Schreibmaschine:··¶                 Textautomat:··¶              │
│                                                                     │
│2L   Hier·wurde·und·wird·von·            Beim·Computer·sind·Programme·│
│     "Maschinenschreiben"·gespro-        als·Software·aus-tausch-bar.·Im·│
│     chen.·Neben·dem·Ge-stalten·und·     Ge-gen-satz·dazu·verfügt·ein·Au-│
│     Schreiben·von·Text·steht·die·       tomat·nur·über·ein·einziges·│
│     Tastaturschulung·im·Vor-            Programm,·das·als·Firmware·fest·│
│     dergrund.¶                          eingebaut·ist.·Ein·Schreibauto-│
│                                         mat·hat·also·ein·bestimmtes·│
│2L   Textverarbeitung·mit·dem·PC:·¶      Textverarbeitungsprogramm·fest·│
│                                         eingebaut,·das·nur·ganz·spe-│
│2L   Die·Textverarbeitung·ist·die·       zielle·Schriftstücke·│
│     häu-fig-ste·Nutzungsform·von·Per-   (Rechnungsformulare,·Stan-dard-│
│     so-nalcomputern.·Die·Bedienung·     brie-fe,·Mahnschreiben·usw.)·│
│     eines·PCs·und·der·Umgang·mit·       verarbeiten·und·drucken·kann.¶│
│     ei-nem·Textverarbeitungsprogramm·                               │
│     zählt·zu·den·Grundtätigkeiten·                                  │
│     al-ler·kaufmännisch-verwaltenden·                               │
│     Be-rufe.¶                                                        │
│*    ¶                                                                │
│*    Großrechner-Textverarbeitung·auf·Mainframes:·Dabei·liegt·der·   │
│     Schwer-punkt·auf·der·raschen·Verarbeitung·von·Massendrucken,·nicht·│
└━━━━━━━━━━━━━━━━━━━━━━━━━━━━━━━━━━━━━━━━━━━━━━━━━━━━TEXTVER1.TXT━┘
```

Nebeneinander angeordnete Absätze editieren

Nebeneinanderstehende Absätze lassen sich wie gewöhnlich editieren. Dabei kann man mit Strg/5/Rechts (Strg/5 und dann die Rechts-Taste tippen) bzw. mit Strg/5/Links zum nebenstehenden Absatz wechseln. Beim folgenden Bildschirm wurden drei Bearbeitungen vorgenommen:

- Überschriftsabsätze "Schreibmaschine:" und "Textautomat:" löschen, d.h. die Zeilenschaltung eingeben.
- Den Absatz 2R neu formatieren und den rechten Einzug von 0 cm auf 1 cm ändern.
- Mit Bibliothek/Trennhilfe die Trennung kontrollieren lassen.

```
l══0•••••••••1••••••••••2••••••••••3•••[•••••4••••••••••5••••••••••6••┐
│2L  Schreibmaschine:·↓              Textautomat:·↓                    │
│    Hier·wurde·und·wird·von·"Ma-    Beim·Computer·sind·Pro-gram-      │
│    schi-nenschreiben"·gespro-chen.·me·als·Software·aus-tausch-       │
│    Neben·dem·Ge-stalten·und·Schrei-bar.·Im·Ge-gen-satz·dazu·ver-    │
│    ben·von·Text·steht·die·Tasta-   fügt·ein·Au-tomat·nur·über·       │
│    turschulung·im·Vor-dergrund.¶   ein·einziges·Programm,·das·       │
│                                    als·Firmware·fest·eingebaut·      │
│2L  Textverarbeitung·mit·dem·PC:·↓  ist.·Ein·Schreibauto-mat·hat·    │
│    Die·Textverarbeitung·ist·die·   also·ein·bestimmtes·Text-         │
│    häu-fig-ste·Nutzungsform·von·Per-ver-arbeitungsprogramm·fest·    │
│    so-nalcomputern.·Die·Bedienung· ein-gebaut,·das·nur·ganz·         │
│    ei-nes·PCs·und·der·Umgang·mit·  spe-zielle·Schriftstücke·         │
│    ei-nem·Textverarbeitungsprogramm·(Rech-nungsformulare,·Stan-     │
│    zählt·zu·den·Grundtätigkeiten·  dard-brie-fe,·Mahnschreiben·      │
│    al-ler·kaufmännisch-verwaltenden·usw.)·verarbeiten·und·druk-     │
│    Be-rufe.¶                       ken·kann.¶                        │
└─────────────────────────────────────────────────────────────────────┘

FORMAT ABSATZ Ausrichtung:(Links)Zentriert Rechts Block
Linker Einzug: 9 cm        Erste Zeile: 0 cm         Rechter Einzug: 1 cm
Zeilenabstand: 1 zg        Anfangsabstand: 1 zg       Endeabstand: 0 zg
Selbe Seite: Ja(Nein)      Nächster Absatz selbe Seite: Ja(Nein)
Nebeneinander:(Ja)Nein
```

Vordefinierte Druckformatvorlage Neben.DFV

Mit der Vorlage Neben.DFV werden fünf Druckformate bereitgestellt, um
Absätze bequem zwei- bzw. dreispaltig nebeneinander anzuordnen.

```
l══[•••••••••1••••••••2•••]••••3•••••••••4•••••••5•••••••••6••••••••••7••••┐
│  1   2L Absatz 1                              LINKS                       │
│         Pica (Modern a) 12. Linker Einzug, Einzug rechts 9 cm,           │
│         Absatzanfangsabstand 1 zg. Absätze nebeneinander.                │
│  2   2R Absatz 2                              RECHTS                      │
│         Pica (Modern a) 12. Linker Einzug, Einzug links 9 cm,            │
│         Absatzanfangsabstand 1 zg. Absätze nebeneinander.                │
│  3   3L Absatz 3                              LINKS                       │
│         Pica (Modern a) 12. Linker Einzug, Einzug rechts 11,6 cm,        │
│         Absatzanfangsabstand 1 zg. Absätze nebeneinander.                │
│  4   3Z Absatz 4                              ZENTRIERT                   │
│         Pica (Modern a) 12. Linker Einzug, Einzug links 5,8 cm, Einzug   │
│         rechts 5,8 cm, Absatzanfangsabstand 1 zg. Absätze nebeneinander. │
│  5   3R Absatz 5                              RECHTS                      │
│         Pica (Modern a) 12. Linker Einzug, Einzug links 11,6 cm,         │
│         Absatzanfangsabstand 1 zg. Absätze nebeneinander.                │
│  ◆                                                                        │
└──────────────────────────────────────────────────────────NEBEN.DFV──┘
MUSTER: Text Druck Einfügen Format Hilfe Kopie Löschen Name Rückgängig
        Übertragen
Wählen Sie bitte ein Druckformat oder unterbrechen Sie zum Menü!
```

Drei Absätze nebeneinander anordnen

Der folgende Bildschirm zeigt eine dreispaltige Anordnung von Absätzen, die mit den Druckformaten 3L (links), 3Z (Mitte bzw. Zentrum) und 3R (rechts) der Vorlage Neben.DFV formatiert worden sind. Der mittlere Absatz ist derzeit aktiv (siehe Zeilenlineal).

3.10.2.2 DFV-Datei über Standard-Makro erzeugen

Zum Lieferumfang von Word gehört die Textbausteindatei Makro.TBS, in der vordefinierte Makros bereitgestellt werden (vgl. auch Abschnitt 3.11). Mit dem Makro Nebeneinander.mak lassen sich bequem eigene Druckformate zur Gestaltung nebeneinanderliegender Absätze erzeugen und in einer Druckformatvorlage speichern. Ein Makro ist ein Programm, das mit einem Steuercode wie z.B. Strg/NE als "Black Box" gestartet werden kann. Die Anwendung dieses Makros soll an einem Beispiel erklärt werden. Fünf-Schritte-Vorgehen:

Schritt 1: Mit Übertragen/Textbausteine/Laden die Textbausteindatei Makro.TBS aktivieren.

Schritt 2: Mit Strg/NE das Makro Nebeneinander.mak zur Ausführung bringen. Alternativ kann man auch den Einfügen-Befehl aufrufen, F1 tippen und dann über Pfeiltasten das Makro auswählen und mit Return aufrufen.

Schritt 3: Unten am Bildschirm erscheinen Eingabeaufforderungen zur Anzahl und Breite der Absätze. Man gibt z.B. 2, 5 und 4 ein:

```
ANTWORT: 2
Wieviele Absätze sollen nebeneinander angeordnet werden?


ANTWORT: 5
Wie breit soll der linke Absatz sein (in cm)?


ANTWORT: 4
Wie breit soll der rechte Absatz sein (in cm)?
```

Schritt 4: Das Makro erzeugt jetzt die Druckformate und fordert zur Eingabe eines Dateinamens auf, in der es die Druckformate abspeichert. Man gibt z.B. den Dateinamen A:DruNeb1.DFV ein.

```
ÜBERTRAGEN SPEICHERN Name der Druckformatvorlage: a:DruNeb1
Geben Sie bitte den Dateinamen ein!
```

Schritt 5: Mit dem Muster-Befehl kann man sich das vom Makro Nebeneinander.mak erzeugte Druckformat anzeigen lassen. Durch die Eingabe einer Breite von 5 cm für den linken Absatz wurde ein Druckformat 2L mit einem rechten Einzug von 12 cm eingerichtet.

```
L—[··········1·]·······2·········3·········4·········5·········6·········7····
  1   2L Absatz 1                              Linke Seite von Absatz 2
         Pica (Modern a) 12. Linker Einzug, Einzug rechts 12 cm. Absätze
         nebeneinander.
  2   2R Absatz 2                              Rechte Seite von Absatz 2
         Pica (Modern a) 12. Linker Einzug, Einzug links 13 cm. Absätze
         nebeneinander.
```

Schritt 6: Die Druckformate 2L und 2R können jetzt zur Formatierung von nebeneinander angeordneten Absätzen genutzt werden. Sie lassen sich über den Muster-Befehl natürlich auch "von Hand" ändern (siehe dazu Abschnitt 3.5).

Aufgabe 3.10/1: Einen Text zweispaltig darstellen.
   a)   Erfassen Sie den Text unter dem Namen BildSch1.TXT.

```
l──────[•••••••••1•••••••••2•••••••••3•••••••••4•••••••••5•••••••••6•••••]•••7••┐
┤*    Textdarstellung·am·Bildschirm¶                                           |
|*    Grafikbildschirm:↓                                                       |
|     Darstellung·wie·gedruckt;·kursiv,·fett,·Kapitälchen,·hoch,·tief,·        |
|     usw.¶                                                                    |
|*    Monochromebildschirm:↓                                                   |
|     Nur·fett·und·intensiv;·sonst·aber·Unterstreichen·als·Ersatz-dar-         |
|     stel-lung.♦                                                              |
```

   b)   Formatieren Sie den Text wie folgt. Verwenden Sie dazu die For-
        mate 2L und 2R der Standard-Druckformatvorlage Neben.DFV.

```
l──────[•••••••••1•••••••••2•••••••••3]•••••••••4•••••••••5•••••••••6••──────┐
┤                    Textdarstellung·am·Bildschirm¶                          |
|                                                                            |
|2L  Grafikbildschirm:↓              Monochromebildschirm:↓                   |
|    Darstellung·wie·gedruckt;·       Nur·fett·und·intensiv;·sonst·           |
|    kursiv,·fett,·Kapitälchen,·      aber·Unterstreichen·als·Ersatz-         |
|    hoch,·tief,·usw.¶               dar-stel-lung.¶                          |
```

Aufgabe 3.10/2: Einen Text dreispaltig darstellen.
   a)   Laden Sie BildSch1.TXT von Aufgabe 3.10/1, geben Sie den Text
        zu "Ganzseitenbildschirm" ein und speichern Sie als BildSch2.TXT.

```
l──────[•••••••••1•••••••••2•••••••••3•••••••••4•••••••••5•••••••••6•••••]──────┐
┤*    Textdarstellung·am·Bildschirm¶                                           |
|*    Grafikbildschirm:↓                                                       |
|     Darstellung·wie·gedruckt;·kursiv,·fett,·Kapitälchen,·hoch,·tief,·        |
|     usw.¶                                                                    |
|*    Monochromebildschirm:↓                                                   |
|     Nur·fett·und·intensiv;·sonst·aber·Unterstreichen·als·Ersatz-dar-         |
|     stel-lung.¶                                                              |
|*    Ganzseitenbildschirm:↓                                                   |
|     Darstellung·wie·gedruckt;·zwei·Seiten·können·nebeneinander·dar-ge-       |
|     stellt·werden·(DTP).♦                                                    |
```

b) Formatieren Sie den Text dreispaltig mit der Vorlage Neben.DFV:

```
l——0·········1·········2·[······3·········4···]·····5·········6····————
†              Textdarstellung·am·Bildschirm¶                          |
|                                                                      |
|3L  Grafikbildschirm:↓    Monochromebildschirm:  Ganzseitenbildschirm:|
|    Darstellung·wie·ge-   Nur·fett·und·inten-    Darstellung·wie·ge-  |
|    druckt;·kursiv,·fett, siv;·sonst·aber·Un-    druckt;·zwei·Seiten· |
|    Kapitälchen,·hoch,·   ter-streichen·als·Er-  kön-nen·nebeneinander|
|    tief,·usw.¶           satz-dar-stel-lung.¶   dar-ge-stellt·werden·|
|                                                 (DTP).¶              |
```

3

Kurs zur Textverarbeitung mit Word

3.1 Den ersten Text bearbeiten	45
3.2 Dateien zwischen RAM und Diskette übertragen	59
3.3 Text formatieren	77
3.4 Im Text rechnen	99
3.5 Mit Druckformatvorlagen arbeiten	105
3.6 Textteile in Textbausteinen bereitstellen	123
3.7 Serienbriefe schreiben	133
3.8 Einstellungen und Hilfen	143
3.9 Tabellen und Texte verknüpfen	161
3.10 Layout gestalten	175
3.11 Makros ausführen und programmieren	**195**
3.12 dBASE-Adreßdatei für Serienbriefe nutzen	221

3.11.1   Tastenanschläge und Befehle in Makros aufzeichnen

3.11.1.1   Über Makros informieren

Ein Makro umfaßt eine Folge von Tastenanschlägen bzw. Befehlen, die unter einem Namen gespeichert ist und später mit dem Einfügen-Befehl oder durch Drücken einer Tastenkombination aufgerufen werden kann. Makros werden wie Textbausteine behandelt. In Textbausteinen speichert man wiederholt benötigte Textabschnitte ab, in Makros hingegen Tastenanschläge (z.B. Esc-Taste), Befehle (z.B. F für Format-Befehl) bzw. Anweisungen (z.B. AWENN-SONST-EWENN zur Auswahl).

Über Makros kann man sich mit dem Hilfe-Befehl oder dem Textbaustein 1-MAKROINFO informieren.

Information über Makros mit dem Hilfe-Befehl einholen:

Mit dem Befehl Hilfe/Register/Makro stellt Word 18 Bildschirmseiten zu Makros bereit.

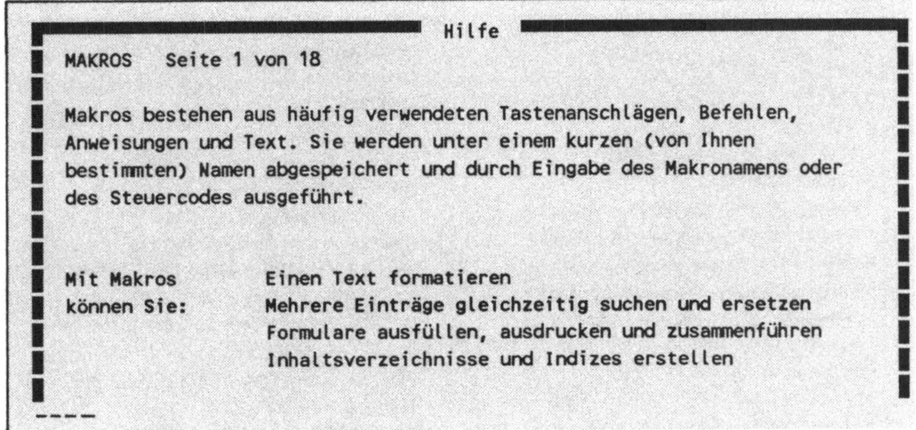

Textbausteindatei Makro.TBS laden

Zum Lieferumfang von Word gehören zumindest drei Textbausteindateien: Makro.TBS, Tastatur.TBS und Memo.TBS. Man kann diese mit Übertragen/Textbausteine/Dateiladen über die Namensliste anzeigen lassen. Die

vordefinierten Makros sind in der Datei Makro.TBS bereitgestellt und
werden nach dem Auswählen geladen:

```
C:\TOOL\WORD\*.TBS

MAKRO.TBS            TASTATUR.TBS          [A:]                    [C:]
MEMO.TBS             [..]                  [B:]


ÜBERTRAGEN TEXTBAUSTEINE DATEILADEN Dateiname: MAKRO.TBS
                            Schreibschutz: Ja(Nein)
 Geben Sie bitte einen Dateinamen ein oder wählen Sie einen mit F1! (7733248 B)
```

Textbaustein 1-MAKROINFO zu Informationszwecken ausführen

Der Baustein 1-MAKROINFO informiert über Zweck und Anwendung
der vordefinierten Makros. Mit dem Befehl

```
Einfügen aus:()
   F1
```
Einfügen-Befehl aktivieren
Namensliste der Makros anzeigen

läßt man sich die in der nunmehr aktiven Makrodatei Makro.TBS abgelegten Makros anzeigen:

```
Seite                               Nächste_Seite
Datum                               Druckdatum
Zeit                                Druckzeit
Fußnote                             1-MAKROINFO
3_Löschen.mak^<ctrl 3>L             3_Nichtlöschen.mak^<ctrl 3>N
Adressenetikett                     Adressenetiketten.mak^<ctrl T>I
Anmerk_entfernen.mak^<ctrl M>E      Anmerk_sammeln.mak^<ctrl M>S
Anmerk_zusführen.mak^<ctrl M>Z      Archiv_Autor.mak^<ctrl R>A
Archiv_Dokument.mak                 Archiv_Schlüsselw.mak^<ctrl R>S
Bildsch_neu_zeichnen^<ctrl N>Z      Brief_drucken.mak^<ctrl D>R
D_Baustein_ers.mak^<ctrl T>N        D_Papierkorb_ers.mak^<ctrl P>K
Datei_kopieren.mak^<ctrl D>K        Dateizuführung.mak
DCA_Laden.mak^<ctrl D>L             DCA_Speichern.mak^<ctrl D>S
DF_einfrieren.mak^<ctrl D>F         Index.mak^<ctrl I>N
Indexeintrag.mak^<ctrl I>G          Kettendruck.mak^<ctrl K>D
Mark_speichern.mak^<ctrl M>K        Memo
Memo.mak^<ctrl M>M                  Nächste_Seite.mak^<ctrl N>S
Nebeneinander.mak^<ctrl N>E         Papierkorb0^<ctrl P>0
Papierkorb1                         Papierkorb2
Papierkorb3                         Papierkorb4^<ctrl P>4
Pfad_entf.mak                       Punkt_Liste.mak^<ctrl P>L
Quellenverz.mak^<ctrl Q>V           Quellenverz_Entr.mak^<CTRL Q>E
Sammeln.mak                         Seitenumbruch.mak^<CTRL U>S
```

```
Stop_let_Fußzei.mak^<ctrl L>F        Tabelle.mak^<ctrl T>T
Tabstopp.mak^<ctrl T>1               Tabstopp2.mak^<ctrl T>2
Tabstopp3.mak^<ctrl T>3              Text_kopieren.mak^<ctrl T>K
Text_umstellen.mak^<ctrl T>U         Umschlag.mak^<ctrl U>G
Ver_eintrag.mak^<ctrl V>G            Vorige_Seite.mak^<ctrl V>S
Zeichen_Test.mak^<ctrl Z>T           Zusammenführen.mak


EINFÜGEN aus: 1-MAKROINFO


Geben Sie bitte einen Textbausteinnamen ein oder wählen Sie einen mit F1!
```

Mit den Pfeiltasten wird der Textbaustein 1-MAKROINFO ausgewählt und mit Return-Taste aufgerufen. Am bislang leeren Bildschirm erscheint folgender Text:

```
L──[·········1·········2·········3·········4·········5·········6·········7··┐
┼* Nachstehend·folgen·zusätzliche·Informationen·über·die·in·dieser·        │
│  Textbausteindatei·enthaltenen·vordefinierten·Makros.·Weitere·Makros·werden│
│  im·Kapitel·"Makros"·des·Handbuchs·Arbeiten·mit·Microsoft·Word·beschrieben.│
│* ¶                                                                        │
│* ADRESSENETIKETTEN.MAK·(CTRL·T)I¶                                         │
│* Die·Arbeitshilfe·für·Adressenetiketten·im·Textbaustein·"Adressenetikett"·│
│  geht·davon·aus,·daß·Ihre·Steuerdatei·folgende·Feldnamen·enthält:¶        │
│* ¶                                                                        │
│* HrFrFa;Name1;Name2;K_Name;Geschlecht;Titel;Straße;PLZ;Ort¶              │
...
```

Ein Makro wird gekennzeichnet durch einen Namen, der von einem "^"-Zeichen und einer Strg-Tastenkombination (Steuercode) gefolgt sein kann.

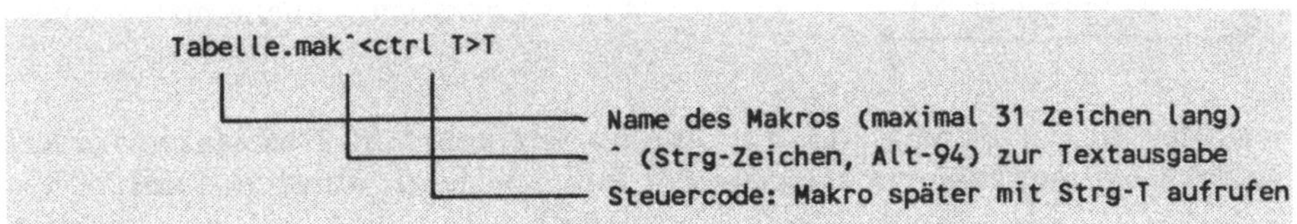

Benennung von Makros mit drei Bestandteilen

3.11.1.2 Ein vordefiniertes Makro ausführen

Am Beispiel von Tabelle.mak wird gezeigt, wie man ein vordefiniertes Makro zur Ausführung bringt. Tabelle.mak dient dazu, Tabulator-Stopps zur Spaltentabellierung zu setzen. Man geht in drei Schritten vor.

Text für den Makro-Einsatz vorbereiten (Schritt 1)

Zahlenspalten sollen linksbündig in einer Tabelle angeordnet werden. Der
folgende Text wird editiert. Der Cursor steht am Anfang der 2. Zeile.

```
l———[•••••••••1•••••••••2•••••••••3•••••••••4•••••••••5•••••••••6•••••]•••7••
|*    Vier·Absatzzahlen:¶
|*    ->200->400->500->150->200->400->500->150¶
|*    •¶
...
EINFÜGEN aus: tabelle.mak

Geben Sie bitte einen Textbausteinnamen ein oder wählen Sie einen mit F1!
```

Zur Gestaltung des Absatzformates der Tabelle hat man vier Möglichkeiten:

1. Formatierung mit Format/Tabulator/Setzen
2. Ein Druckformat erstellen und mit Alt/Steuercode ausführen
3. Ein eigenes Makro erstellen und mit Strg/Steuercode ausführen
4. Das vordefinierte Makro Tabelle.mak mit der Tastatureingabe
    Strg/T oder mit dem Befehl Einfügen/Tabelle.mak ausführen.

Wir zeigen die 4. Möglichkeit auf.

Makro Tabelle.mak über zwei Dialogschritte ausführen (Schritt 2)

Mit der Befehlsfolge

Cursor in Zeile 2 Einfügen aus: F1	Dieser Absatz ist zu formatieren Aus Namensliste Tabelle.mak wählen

wird das Makro Tabelle.mak zur Ausführung gebracht. Das Makro fordert
in der Meldungszeile zur Eingabe der Position des 1. Tabstopps auf.

```
ANTWORT: 1

Geben Sie die Position des ersten Tabstopps in cm ein. Dann EINGABETASTE!
```

Nach der Eingabe von 1 cm wird der Benutzer erneut zur Eingabe aufgefordert und 2 cm als Abstand eingegeben:

```
ANTWORT: 2_

Geben Sie den gewünschten Tabstopp-Abstand in cm ein. Dann EINGABETASTE!
```

Das Makro hat die Eingabe im Dialog angefordert und richtet nun die Tab-Stopps ein; das Zeilenlineal und die Spalten verändern sich wie folgt:

```
L——[••L•••••••1L••••••••L2•••••••L••3••••L••••4••L•••••••5L•••••••L6•••••]•••7••⌐
|*    Vier·Absatzzahlen:¶                                                        |
|*      ->200    ->400    ->500    ->150    ->200    ->400    ->500    ->150¶     |
|*      ◆¶                                                                        |
  ...
L                                                                               ⌐
```

Ein Makro ausführen:
Bringt man ein Makro zur Ausführung, dann werden die in ihm abgelegten Tastenanschläge und Befehle in der Speicherfolge abgearbeitet. Zum Ausführen hat man die unten angegebenen drei Möglichkeiten. Dabei sind zwei Typen von Makros zu unterscheiden:
- Makros, bei denen *vor der Ausführung* der Cursor an eine bestimmte Stelle im Text positioniert werden muß. Das Makro Tabelle.mak gehört dazu.
- Makros, die unabhängig von der Cursorposition zur Ausführung gebracht werden können; diese Makros schaffen sich ihre Startbedingungen selbst - unabhängig davon, ob sich Word gerade im Befehls- oder Bearbeitungsmodus befindet.

1. Ausführen über den Steuercode
- Den vereinbarten Steuercode eintippen
- Beispiel: Strg-T

2. Ausführen über den Makronamen
- Den Makronamen eintippen und dann die F3-Taste drücken
- Beispiel: Tabelle.mak und F3

3. Ausführen über den Einfügen-Befehl
- Über den Einfügen-Befehl mit F1 den Makronamen auswählen
- Beispiel: Einfügen und F1

Drei Möglichkeiten, um ein Makro wie Tabelle.mak^<Ctrl T> auszuführen

Den Inhalt von Makro Tabelle.mak anzeigen lassen (Schritt 3)

Man ruft den Einfügen-Befehl auf und erweitert den Makronamen Tabelle.mak um das Strg-Zeichen zu Tabelle.mak^. Ab der Cursorposition erscheint nun der Inhalt des Makros am Bildschirm. Das Makro bildet *einen* Textabsatz; deshalb die Zeilenschaltungen am Ende jeder Zeile. Man erkennt *Tastenanschläge*, *Befehle* und *Anweisungen* als die drei in Makros speicherbaren Befehlstypen.

1. *Tastenanschläge*, die in Winkelklammern (< >) eingeschlossen sind. Beispiel: <ctrl unt> mit ctrl für Strg-Taste und unt für Esc-Taste (unterbrechen).
2. *Befehle* aus dem Word-Befehlsmenü werden durch die Anfangsbuchstaben angegeben. Beispiel fbs für Format/Bereich/Seitenrand.
3. *Anweisungen* zur Ablaufsteuerung bzw. Makro-Programmierung. Beispiel: ABFRAGE als Eingabeanweisung gibt eine Meldung aus und speichert die Eingabe in der Variablen Position ab. Anweisungen werden zwischen « und » (mit Strg-A und Strg-S erzeugt) geschrieben.

Drei mögliche Befehlsinhalte von Makros

```
|———[·········1·········2·········3·········4·········5·········6·····]···7··
|*    <ctrl·unt><unt>↓
|     «ABFRAGE·Position·=·?·Geben·Sie·die·Position·des·ersten·Tabstopps·
|     in·cm·ein.·Dann·EINGABETASTE!»↓
|     «ABFRAGE·Abstand·=?·Geben·Sie·den·gewünschten·Tabstopp-Abstand·in·
|     cm·ein.·Dann·EINGABETASTE!»↓
|     <unt>fbs<tab·2>↓
|     «BESTIMMEN·linkerSeitenrand=Feld»<tab>↓
|     «BESTIMMEN·rechterSeitenrand=Feld»<tab·2>↓
|     «BESTIMMEN·BreiteSeite=Feld»<unt·2>fa<tab·3>↓
|     «BESTIMMEN·rechterEinzug=Feld»<unt>↓
|     «BESTIMMEN·MaxPos·=·BreiteSeite···linkerSeitenrand··
|     rechterSeitenrand···rechterEinzug»↓
|     <unt>fts↓
|     «SOLANGE·Position·<·MaxPos»«Position»<einf>↓
|     «BESTIMMEN·Position=Position+Abstand»↓
|     «ESOLANGE»<return>¶
|*    ¶
|*    ◆

EINFÜGEN aus: tabelle.mak^

Geben Sie bitte einen Textbausteinnamen ein oder wählen Sie einen mit F1!
```

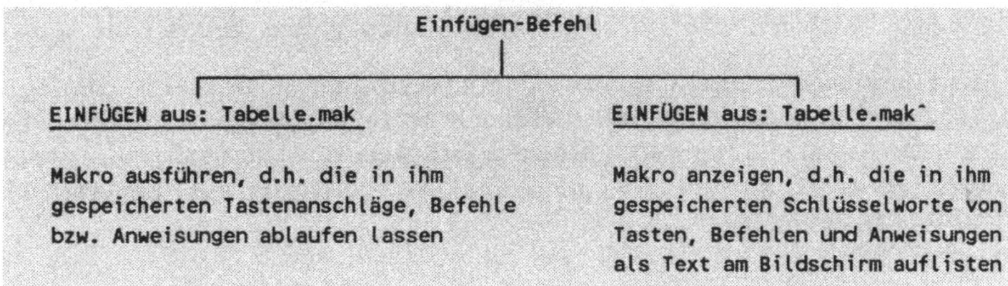

Makro ausführen bzw. seinen Inhalt anzeigen lassen

3.11.1.3 Ein eigenes Makro aufzeichnen

Ein Makro namens Rahmen.mak soll eingegeben werden, um es dann in einer neuen Textbausteindatei Makro1.TBS auf Diskette zu speichern. Das Makro soll - über Strg/R oder den Einfügen-Befehl ausgeführt - den aktiven Absatz einrahmen. Man geht in vier Schritten vor:

Den Bildschirm löschen (Schritt 1)

Zunächst wird der gesamte Bildschirm gelöscht.

```
ÜBERTRAGEN BILDSCHIRMLÖSCHEN: Gesamt Ausschnitt

Löscht alle Textausschnitte, Textbausteine usw. aus dem Arbeitsspeicher
```

Mit dem Einfügen-Befehl wird demonstriert, daß die Datei Standard.TBS mit seinen sieben Standard-Textbausteinen jetzt aktiv ist.

```
Seite                          Nächste_Seite
Datum                          Druckdatum
Zeit                           Druckzeit
Fußnote


....


EINFÜGEN aus: Seite

Geben Sie bitte einen Textbausteinnamen ein oder wählen Sie einen mit F1!
```

Das Makro Rahmen.mak mit Umschalt/F3 aufzeichnen (Schritt 2)

Mit Umschalt/F3 wird die Aufzeichnungsfunktion eingeschaltet; alle eingetippten Tastenanschläge und Befehle werden im Makro gespeichert, bis
man die Aufzeichnung durch erneutes Drücken von Umschalt/F3 beendet.
Word aktiviert nun den Kopie-Befehl und erwartet die Eingabe des
Namens für das Makro.

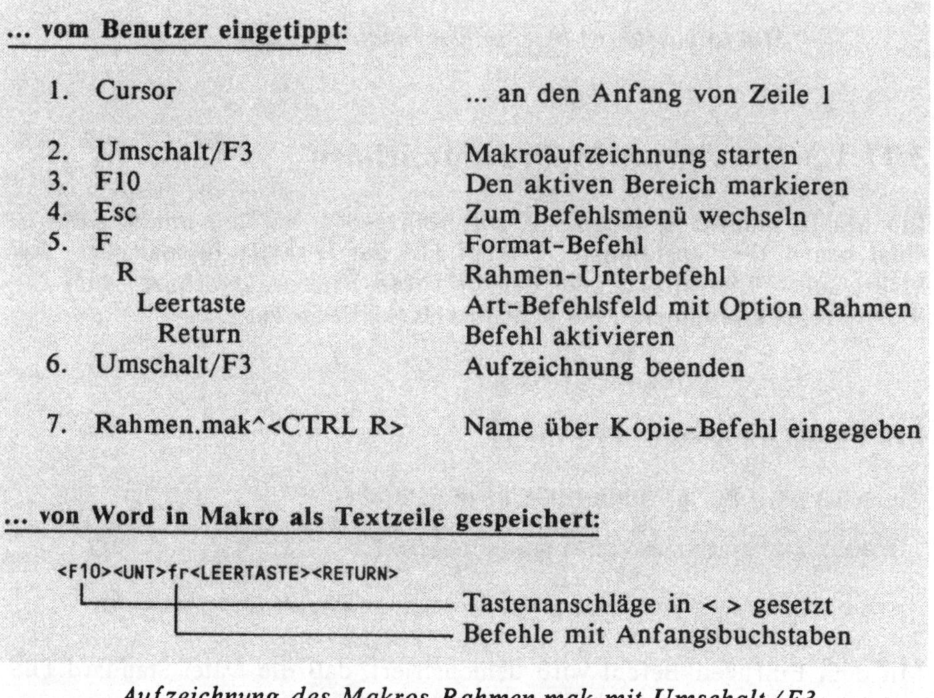

<u>**... vom Benutzer eingetippt:**</u>

   1. Cursor   ... an den Anfang von Zeile 1

   2. Umschalt/F3   Makroaufzeichnung starten
   3. F10   Den aktiven Bereich markieren
   4. Esc   Zum Befehlsmenü wechseln
   5. F   Format-Befehl
      R   Rahmen-Unterbefehl
        Leertaste   Art-Befehlsfeld mit Option Rahmen
         Return   Befehl aktivieren
   6. Umschalt/F3   Aufzeichnung beenden

   7. Rahmen.mak^<CTRL R>   Name über Kopie-Befehl eingegeben

<u>**... von Word in Makro als Textzeile gespeichert:**</u>

```
<F10><UNT>fr<LEERTASTE><RETURN>
```
                                        — Tastenanschläge in < > gesetzt
                                        — Befehle mit Anfangsbuchstaben

Aufzeichnung des Makros Rahmen.mak mit Umschalt/F3
als Aufzeichnungsfunktion

Nach dem Beenden der Aufzeichnung mit Umschalt/F3 ist der erste Absatz auf dem Bildschirm wie folgt mit einem Rahmen formatiert:

```
[·········1·········2·········3·········4·········5·········6·····]···7··
¶
*    ♦
KOPIE in: Rahmen.mak˙<CTRL R>
Geben Sie bitte einen Textbausteinnamen ein oder wählen Sie einen mit F1!
```

> – Name maximal 31 Zeichen lang (ohne Leerzeichen).
> – Namensendung .mak zur Unterscheidung von Textbausteinen.
> – Name kann durch einen Tastaturcode erweitert sein.
> – Tastaturcode muß durch das ^-Zeichen vom Namen getrennt sein.
> – Beispiel: Rahmen.mak^<CTRL R> mit Rahmen.mak als Name und mit Strg/R als Tastaturcode zum späteren Direktaufruf des Makros

Regeln zur Benennung von Makros

Makro in neuer Textbausteindatei Makro1.TBS speichern (Schritt 3)

Läßt man sich durch Esc/Einfügen/F1 eine Liste der Textbausteinnamen anzeigen, erscheint Rahmen.mak<CTRL R> als achter Baustein:

```
Seite                        Nächste_Seite
Datum                        Druckdatum
Zeit                         Druckzeit
Fußnote                      Rahmen.mak^<CTRL R>
```

Diese Bausteine werden nun unter dem Namen Makro1.TBS auf die Diskette als Bausteindatei gespeichert:

```
ÜBERTRAGEN TEXTBAUSTEINE SPEICHERN Dateiname: A:\MAKRO1.TBS

Geben Sie bitte den Dateinamen ein!
```

Makro Rahmen.mak zur Ausführung bringen (Schritt 4)

Der Bildschirm wird gelöscht und ein zweizeiliger Absatz eingegeben:

```
L──[·········1·········2·········3·········4·········5·········6·····]···7··┐
├*   Brauchen·Sie·Wärme?·Der·Kaiserstuhl·liegt·zwischen·Freiburg·und·         │
│    dem·Rhein·und·gilt·als·die·wärmste·Gegend·der·Bundesrepublik.¶           │
├*   ♦                                                                        │
```

Der Cursor zeigt auf eine beliebige Position in diesem Absatz. Um diesen
Absatz einzurahmen, wird das Makro Rahmen.mak über den Einfügen-
Befehl aktiviert und ausgeführt.

```
l——[••••••••1•••••••••2•••••••••3•••••••••4•••••••••5•••••••••6•••••]•••7••
┤
|      ┌─────────────────────────────────────────────────────────────┐
|      |Brauchen·Sie·Wärme?·Der·Kaiserstuhl·liegt·zwischen·Freiburg·und·|
|      |dem·Rhein·und·gilt·als·die·wärmste·Gegend·der·Bundesrepublik.¶  |
|      └─────────────────────────────────────────────────────────────┘
|
|*    ◆
|

EINFÜGEN aus: Rahmen.mak

Geben Sie bitte einen Textbausteinnamen ein oder wählen Sie einen mit F1!
```

Inhalt des Makros anzeigen lassen (Schritt 5)

Man aktiviert den Einfügen-Befehl, um den Makronamen Rahmen.mak,
gefolgt von einem Strg-Zeichen ^, einzugeben: das Makro wird als Text
an die Cursorposition eingefügt, d.h. sein Inhalt wird angezeigt:

```
l——[••••••••1•••••••••2•••••••••3•••••••••4•••••••••5•••••••••6•••••]•••7••
┤*   <F10><UNT>fr<LEERTASTE><RETURN>◆
•••

EINFÜGEN aus: rahmen.mak˙

Geben Sie bitte einen Textbausteinnamen ein oder wählen Sie einen mit F1!
```

1. Möglichkeit: Einfügen-Befehl
  Mit Esc aus Textmodus zum Befehlsmodus wechseln
    Einfügen-Befehl aktivieren
      Namen des Makros angeben oder mit F1 aus Namensliste wählen
      "^"-Zeichen anhängen
        Mit Return den Inhalt des Makros einfügen

2. Möglichkeit: F3-Taste
  Namen des Makros im Textmodus eingeben
    "^"-Zeichen anhängen
      Mit F3 den Inhalt des Makros einfügen

Inhalt eines Makros anzeigen lassen

3.11.2 Anweisungen in Makros speichern

Makro-Anweisungen: Ein Makro, das nur *Tastenanschläge* und *Befehle* enthält, kann mit Umschalt/F3 aufgezeichnet werden. Nimmt man in das Makro zusätzlich auch *Anweisungen* auf, so ist ein *Speichern nach Aufzeichnen* nicht mehr möglich; Anweisungen lassen sich nicht aufzeichnen. Man muß das Makro als Text eingeben und dann mit dem Einfügen-Befehl in der Textbausteindatei speichern. *Speichern nach Aufzeichnen* wird somit ersetzt durch *Speichern nach Eingeben*.

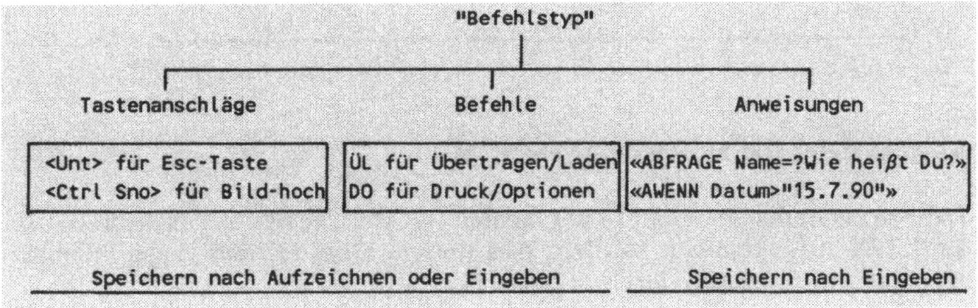

Speichern von Makros je nach "Befehlstypen"

Die von Word bereitgestellten Makro-Anweisungen bilden eine mächtige Programmiersprache, mit der sich vielfältige Abläufe automatisieren lassen. Im folgenden kann mit drei sicher einfachen, aber grundlegenden Anwendungen nur ein erster Einblick in die Makroprogrammierung von Word gegeben werden:
- Ein Formular über ein Makro gesteuert ausfüllen.
- Makros mit Auswahlstrukturen (AWENN-Anweisung).
- Makros mit Wiederholungsstrukturen (SOLANGE-ESOLANGE).

3.11.2.1 Ein Formular makrogesteuert ausfüllen

Leerformular Einfahr1.TXT speichern (Schritt 1)

Unter dem Namen Einfahr1.TXT wird ein leeres Formular gespeichert, das zum Drucken von Genehmigungen für Pkws verwendet wird.

```
 l───[·········1·········2·········3·········4·········5·········6·····]···7··┐
 |*   E·i·n·f·a·h·r·t·s·g·e·n·e·h·m·i·g·u·n·g··············Schulte·KG¶        |
 |*   ¶                                                                       |
 |*   Herr/Frau/Frl.·············································¶             |
 |*   ¶                                                                       |
 |*   geboren·am·········in·······································¶            |
 |*   ¶                                                                       |
 |*   ist·berechtigt,·mit·dem·Pkw··········das·Werksgelände·zu¶               |
 |*   befahren.¶                                                              |
 |*   ¶                                                                       |
 |*   ¶                                                                       |
 |*   Freiburg,·den······················¶                                   |
 |*   ◆                                                                       |
 └──────────────────────────────────────────────────EINFAHR1.TXT─┘
```

Textbausteindatei aktivieren (Schritt 2)

Das zu erstellende Makro soll später in die Textbausteindatei A:Ma-
kro1.TBS aufgenommen werden. Aus diesem Grunde muß diese TBS-Datei jetzt wie folgt aktiviert werden:

Übertragen	Befehl aktivieren
Textbausteine	Unterbefehl für TBS-Dateien
Laden	Makro1.TBS tippen oder mit F1
	wählen und aktivieren

Makro Einfahr1.mak eingeben und speichern (Schritt 3)

Nach Aufruf des Befehls Übertragen/Bildschirmlöschen/Gesamt wird die
wiedergegebene Befehlsfolge mit Anweisungen (z.B. KOMMENTAR),
Tastenanschlägen (z.B. <Unten><Rechts 12>) und Befehlen (z.B. ÜS) ein-
gebenen, editiert und mit der Befehlsfolge

Umschalt/F10	Den gesamten Text markieren
Esc	Vom Bearbeiten- zum Befehlsmodus
Kopie in:	Text in Textbausteindatei kopieren
Einfahr1.mak^<Ctrl E>I	Benennung: Name^Steuercode

als Makro namens Einfahr1.mak^<Ctrl E>I in die aktive Textbausteindatei
gespeichert.

```
L——[·········1·········2·········3·········4·········5·········6·····]···7··┐
│*    «KOMMENTAR·Makro·Einfahr1.mak^<Ctrl·E>I»¶                              │
│*    «KOMMENTAR·Beschreiben·des·Formulars·zur·Einfahrtsgenehmigung»¶        │
│*    <Umschalten·Ctrl·Unt><Unt>¶                                           │
│*    <Ctrl·x><F5>¶                                                         │
│*    <Ctrl·Sno><Unten><Rechts·16>¶                                        │
│*    «PAUSE·Namen·des·Einfahrtsberechtigten·eingeben,·dann·Return-Taste»¶  │
│*    <Unten><Rechts·12>¶                                                   │
│*    «PAUSE·Geburtsdatum·eingeben,·dann·Return»¶                           │
│*    <Rechts·5>¶                                                           │
│*    «PAUSE·Geburtsort·eingeben,·dann·Return»¶                             │
│*    <Unten><Rechts·29>¶                                                   │
│*    «PAUSE·Pkw-Kennzeichen·(z.B.·HD-KK·651)·eingeben,·dann·Return»¶       │
│*    <Unten·2><Rechts·16>¶                                                 │
│*    «PAUSE·Datum·der·Genehmigung·eingeben,·dann·Return»¶                  │
│*    <Unt>ÜS¶                                                              │
│*    «PAUSE·Genehmigung·nun·speichern·oder·unterbrechen»¶                  │
│*    <Return>♦                                                             │
│                                                                           │
│                                                                           │
│                                                                           │
└───────────────────────────────────────────────────────────────────────────┘

KOPIE in: Einfahr1.mak^<Ctrl E>I

Geben Sie bitte einen Textbausteinnamen ein oder wählen Sie einen mit F1!
```

Beschreibung der grundlegenden Anweisungen im Makro Einfahr1.mak:

«KOMMENTAR Makro Einfahr1.mak^<Ctrl E>I»
Eine KOMMENTAR-Anweisung fügt erklärenden Text in das Makro ein,
der bei der Ausführung nicht gezeigt wird. Die Anweisung wird zwischen
die Steuerzeichen « (mit Strg-A erzeugt) und » (Strg-S) geschrieben.

<Umschalten Ctrl Unt><Unt>
Tastenanschläge schreibt man zwischen < und >. Mit den Tasteneingaben
Umschalten/Strg/Unt/Unt wird sichergestellt, daß das Makro stets im *Be-
arbeitungsmodus* gestartet wird - unabhängig davon, ob gerade in diesem
Modus oder im *Befehlsmodus* gearbeitet wird.

<Ctrl x><F5>
Mit F5 wird zwischen Überschreibemodus und Einfügemodus umgeschaltet. Die vorangestellte Eingabe von Strg/X stellt sicher, daß - unabhängig
vom gerade aktiven Modus - der Überschreibemodus eingestellt wird.

<Ctrl Sno><Unten><Rechts 16>
Der Cursor wird - unabhängig von der aktuellen Position - an den
Anfang der Bildschirmseite gestellt (Sno), dann nach unten und 16 Stellen
nach rechts.

«PAUSE Namen des Einfahrtsberechtigten eingeben, dann Return-Taste»
Die PAUSE-Anweisung unterbricht die Ausführung des Makros, bis der
Benutzer eine Tastatureingabe vornimmt. Erst mit der Eingabe der Re-
turn-Taste wird die Ausführung des Makros fortgeführt.

<Unten 2>
Die Pfeiltaste "Cursor nach unten" soll zweimal hintereinander ausgeführt
werden. <Unten 2> ist gleichbedeutend mit <Unten><Unten>.

<Unt>ÜS
Mit Esc vom Befehlsmodus in den Bearbeitungsmodus wechseln, um dann
mit der Befehlsfolge Übertragen/Speichern den Benutzer zur Eingabe eines Dateinamens aufzufordern.

Makro Einfahr1.mak ausführen (Schritt 4)

1. Die Textbausteindatei Makro1.TBS ist aktiv. In dieser Datei ist das
    Makro Einfahr1.mak abgelegt.
2. Die Datei Einfahr1.TXT wird geladen. Der Cursor steht entweder
    im Befehlsmenü (Befehlsmodus ist aktiv) oder im Formulartext
    (Bearbeitungsmodus ist aktiv).
3. Mit der Eingabe von Strg-EI wird das Makro Einfahr1.mak direkt
    zur Ausführung gebracht. In der Meldungszeile am unteren Bild-
    schirmrand erscheint die Meldung

```
Namen·des·Einfahrtsberechtigten·eingeben,·dann·Return-Taste
```

und man kann "Tillmann Severin Hildebrandt" eingeben. Das Makro kontrolliert einen Dialog zwischen Benutzer und PC, bis das
Datum eingegeben wird:

```
L──────[·········1·········2·········3·········4·········5·········6·····]···7··┐
│*  E·i·n·f·a·h·r·t·s·g·e·n·e·h·m·i·g·u·n·g··············Schulte·KG¶           │
│*  ¶                                                                          │
│*  Herr/Frau/Frl.·Tillmann·Severin·Hildebrandt················¶              │
│*  ¶                                                                          │
│*  geboren·am·11.02.67·in··Wiesbaden··························¶              │
│*  ¶                                                                          │
│*  ist·berechtigt,·mit·dem·Pkw·FR-AB·871·das·Werksgelände·zu¶                │
│*  befahren.¶                                                                 │
│*  ¶                                                                          │
│*  ¶                                                                          │
│*  Freiburg,·den·12.·Februar·1990········¶                                   │
│*  ♦                                                                          │
│                                                                             │
└─────────────────────────────────────────────────EINFAHR1.TXT┘
Datum der Genehmigung eingeben, dann Return
```

3.11.2.2 Makro mit Auswahlstruktur

Auswahlstrukturen als Wenn-dann-Abfragen können über die Anweisungen «AWENN»...«SONST» sowie «AWENN»...«SONST»...«EWENN» in Makros programmiert werden. Anhand des Makros *Adr1.mak^<CtrlD>1* werden die Auswahlstrukturen erklärt.

Zwei Nutzungsmöglichkeiten einer Adreßdatei

Adreßdatei für Serienbrief: In Abschnitt 3.12.1 wird mit einer Adreßdatei namens Adress1.TXT gearbeitet. In dieser Datei bildet jeder Datensatz bzw. jede Adresse einen Absatz, wobei die Datenfelder durch ";" getrennt sind. Da die Datei für Serienbriefe genutzt wird, ist als erster Absatz ein Steuersatz mit den sechs Variablennamen vorangestellt. Die folgende Datei Adress1.TXT umfaßt drei Adressen.

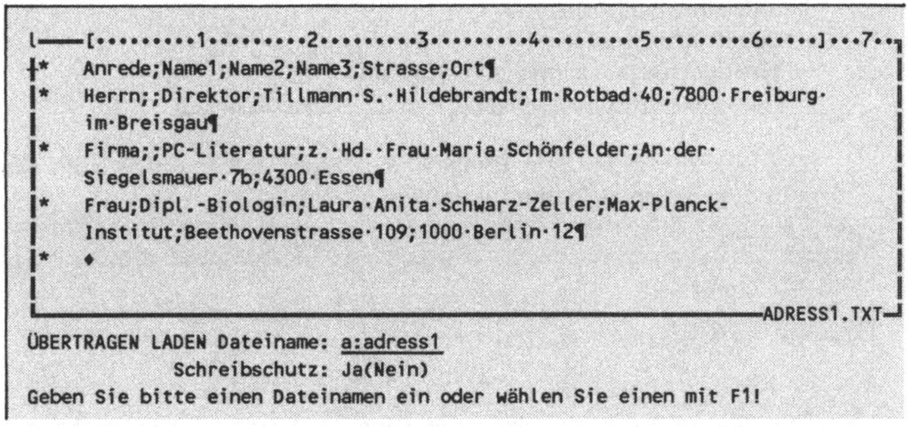

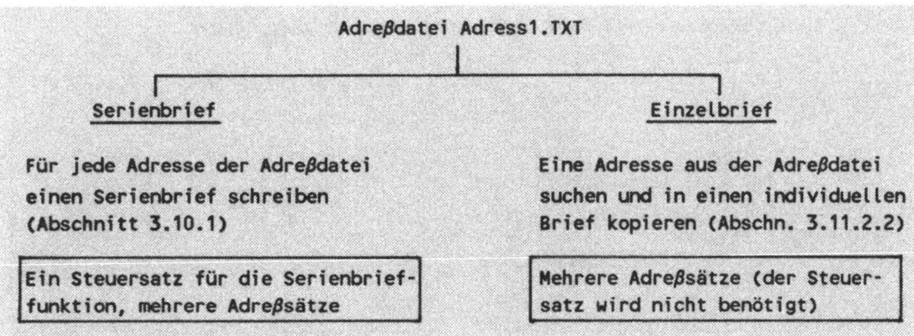

Zwei Möglichkeiten, eine Adreßdatei zum Briefeschreiben zu nutzen

Adreßdatei für Einzelbrief: Diese Adreßdatei soll jetzt wie folgt genutzt werden: In der Datei wird eine bestimmte Adresse gesucht, die nunmehr neu formatiert (jedes Datenfeld bildet eine Zeile) und an den Anfang eines leeren Textbildschirmes kopiert wird. Der Vorgang soll durch ein Makro namens Adr1.mak automatisiert werden.

Makro Adr1.mak mit Auswahlstruktur in sechs Schrittem ausführen

1. Mit Übertragen/Textbausteine/Dateiladen die Datei Makro1.TBS laden, in der das Makro Adr1.mak abgelegt ist.

2. Mit Übertragen/Bildschirmlöschen/Ausschnitt den Inhalt des aktiven Fensters löschen. Der Cursor steht oben links am leeren Bildschirm.

3. Das Makro *Adr1.mak^<Ctrl D>1* aufrufen. Es gibt drei Möglichkeiten zum Aufrufen:
   - Direkt mit Strg/D1
   - Mit dem Befehl Einfügen/Adr1.mak
   - Adr1.mak hinschreiben und die F3-Taste drücken

4. Das Makro fordert zur Eingabe des Empfängernamens auf. Man gibt zum Beispiel "Schönfelder" ein.

```
ANTWORT: Schönfelder

Name des Empfängers des Briefes?
```

5. Das Makro Adr1.mak lädt die Datei A:Adress1.TXT, sucht nach "Schönfelder", markiert den zugehörigen Datensatz, wandelt die Trennungszeichen ";" in Zeilenschaltungen "^Z" um und kopiert den Datensatz wie folgt auf einen leeren Bildschirm.

```
 l——[··········1··········2··········3··········4··········5··········6·····]···7··
 |*   Firma↓                                                                     |
 |    ↓                                                                          |
 |    PC-Literatur↓                                                              |
 |    z.·Hd.·Frau·Maria·Schönfelder↓                                            |
 |    An·der·Siegelsmauer·7b↓                                                   |
 |    4300·Essen¶                                                                |
 |*   ◆                                                                          |
 |                                                                               |
 L———————————————————————————————————————————————————————————ADRESS1.TXT—
Brief nun bearbeiten bzw. speichern. Return-Taste ...
```

6. Der Benutzer kann nun den Text seines Individualbriefes eingeben und die Datei ausdrucken bzw. speichern.

Inhalt von Makro Adr1.mak anzeigen

Mit dem Befehl Einfügen/Adr1.mak^ (das Strg-Zeichen ^ am Namensende ist wichtig) läßt man sich den Befehlstext des Makros anzeigen.

```
L——[·········1·········2·········3·········4·········5·········6·····]···7··┐
⌐*    «KOMMENTAR·Makro·Adr1.mak»↓
|     «KOMMENTAR·Adresse·in·Adreßdatei·suchen·und·schreiben»↓
|     ↓
|     <Umschalten·Ctrl·Unt><Unt>↓
|     «ABFRAGE·NameSuch=?Name·des·Empfängers·des·Briefes?»↓
|     <Unt>ülA:Adress1.TXT<Return>↓
|     <Unt>s«NameSuch»<Tab·2>n<Tab>n<Return>↓
|     ↓
|     «AWENN·Gefunden»↓
|        <F10>↓
|        <Unt>w;<Tab>^^Z<Tab>n<Tab>n<Tab>n<Return>↓
|        <Unt>kHilf<Return><Umschalten·F10><Lösch><Unt>eHilf<Return>
|        <Unt>ütlHilf<Return>j↓
|        «PAUSE·Brief·nun·bearbeiten·bzw.·speichern.·Return-Taste·...»↓
|     «SONST»↓
|        «PAUSE·Gesuchter·Name·nicht·gefunden.·Return-Taste·...»↓
|     «EWENN»¶
|*    ♦
```

EINFÜGEN aus: adr1.mak^

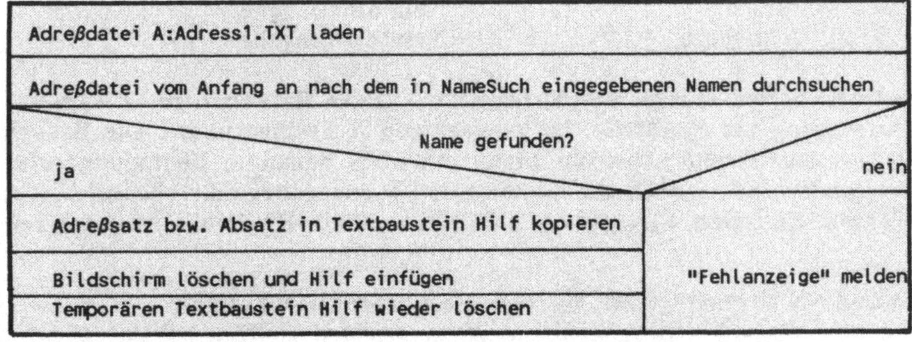

Struktogramm zu Makro Adr1.mak mit einer Auswahlstruktur, die über die Anweisung AWENN-SONST-EWENN kontrolliert wird

Übersichtliche Gliederung des Befehlstextes im Makro: Leerzeichen werden von Word bei der Ausführung des Makros berücksichtigt (die Markierung verschiebt sich). Aus diesem Grunde dürfen zum Einrücken keine Leerzeichen, sondern Tab-Stopps verwendet werden (zwischen AWENN und SONST). Nur folgende Zeichen bleiben bei der Makroausführung unberücksichtigt, können also zur Textgliederung genutzt werden:

```
Absatzmarke ¶, Zeilenschaltung ↓, Tab-Stopp, Seiten-/Bereichsumbruch
```

<Umschalten Ctrl Unt><Unt>

Diese Tastenanschläge stehen am Anfang des Makros Adr1.mak. Das Makro wird im Bearbeitungsmodus gestartet - unabhängig davon, ob man gerade im Bearbeitungs- oder im Befehlsmodus arbeitet.

«ABFRAGE NameSuch=?Name des Empfängers des Briefes?»

Die ABFRAGE-Anweisung übernimmt drei Aufgaben: sie gibt den Text "Name des Empfängers des Briefes?" in der Meldungszeile aus, wartet auf eine Benutzereingabe und speichert diese in der Variablen NameSuch ab.

<Unt>ülA:Adress1.TXT<Return>

Mit dem Übertragen/Laden-Befehl die Adreßdatei Adress1.TXT von Laufwerk A: in den RAM laden.

<Unt>s«NameSuch»<Tab 2>n<Tab>n<Return>

Den Suchen-Befehl aktivieren, um nach dem in der Variablen NameSuch abgelegten Namen zu suchen. <Tab 2> für "zweimal Tab-Taste", um die "Richtung"-Option im Suchen-Befehl zu überspringen:

Suchen	Suchen-Befehl aktivieren
Suchbegriff;	Inhalt von Variable NameSuch
Graphie:	Nein als Eingabe
Nur Wort:	Nein als Eingabe

«AWENN Bedingung» Befehlsfolge1 «SONST» Befehlsfolge «EWENN»

Anweisung zur Kontrolle der zweiseitigen Auswahlstruktur: Die Befehlsfolge1 ausführen, wenn die hinter AWENN genannte Bedingung erfüllt ist, andernfalls jedoch die hinter SONST angegebene Befehlsfolge2 ausführen. Zu jedem Befehlswort AWENN muß ein EWENN vorhanden sein.

«AWENN Gefunden» mit Gefunden als reservierte Variable

In den Variablen *Gefunden* und *Nichtgefunden* stellt Word das Ergebnis *richtig* oder *falsch* (Boolescher Datentyp) bereit. Diese Variablen können zur Prüfen eines Suchergebnisses, einer Abfrage bzw. Schleife verwendet werden.

<F10><Unt>w;<Tab>^^Z<Tab>n<Tab>n<Tab>n<Return>
Den aktiven Absatz mit F10 markieren und den Wechseln-Befehl aktivieren, um in diesem Absatz die Trennzeichen ";" durch Zeilenschaltungen "^Z" bzw. zu ersetzen. "^Z" ergibt eine Zeilenschaltung. Da das Ctrl-Zeichen "^" als besonderes Zeichen im Makrotext interpretiert wird, muß es durch ein vorangestelltes "^"-Zeichen gekennzeichnet werden. Aus diesem Grunde schreibt man im Makrotext "^^Z".
Die Zeichen <, « und ^ sind spezielle Zeichen und gegebenenfalls durch Voranstellen eines Steuerzeichens ^ zu schreiben.

Zeichen:		... im Text schreiben als:
<	Anfang eines Textanschlages	^<
«	Anfang eines Anweisungswortes oder Variablennamens (Strg/A)	^«
^	Strg- bzw. Ctrl-Zeichen selbst	^^

Spezielle Zeichen innerhalb des Befehlstextes vom Makros

<Unt>kHilf<Return><Umschalten F10><Lösch><Unt>eHilf<Return>
<Unt>ütlHilf<Return>j
Mit dem Kopie-Befehl den noch markierten Absatz in den Textbaustein Hilf kopieren, den gesamten Text mit Umschalt/F10 löschen und den Inhalt von Hilf in den leeren Bildschirm mit Einfügen übernehmen. Nun wird Hilf als temporärer Baustein mit Übertragen/Textbausteine/Löschen wieder gelöscht.

«SONST»«PAUSE Gesuchter Name nicht gefunden. Return-Taste ...»
Im SONST-Fall eine Meldung ausgeben und nach Drücken von Return das Makro beenden.

Das Makro Adr1.mak wird in der Textbausteindatei Makro1.TBS gespeichert.

```
ÜBERTRAGEN TEXTBAUSTEINE SPEICHERN Dateiname: A:\MAKRO1.TBS

Geben Sie bitte den Dateinamen ein!
```

3.11.2.3 Makro mit Wiederholungsstruktur

«SOLANGE Bedingung»...«ESOLANGE»: Neben Auswahlstrukturen (Abschnitt 3.11.2.2) lassen sich in Makros auch Wiederholungsstrukturen bzw. Schleifen programmieren. Word stellt dazu die Kontrollanweisung «SOLANGE Bedingung»...«ESOLANGE» bereit. Am Beispiel des Makros *Adr2.mak^<Strg D>2* wird die Schleifenprogrammierung dargestellt.

Ausführung von Makro Adr2.mak mit Suchschleife

Der Bildschirm ist gelöscht. Mittels Strg/D2 oder durch Eingabe von Adr2.mak^ gefolgt von F3 wird das Makro Adr2.mak zur Ausführung gebracht. Der Benutzer wird zur Eingabe des Suchnamens aufgefordert und gibt z.B. "er" ein.

```
ANTWORT: er


Name des Empfängers des Briefes?
```

Die Datei A:Adress1.TXT wird nun vom Makro Adr2.mak geladen und das erste "er" (in "Herrn") markiert. Das Makro stellt dann die Frage "Ist der gesuchte Name markiert (j/n)?". Gibt man "n" ein, wird weitergesucht und das nächste "er" in "Literatur" markiert. Der Suchvorgang wiederholt sich somit in einer SOLANGE-Schleife.

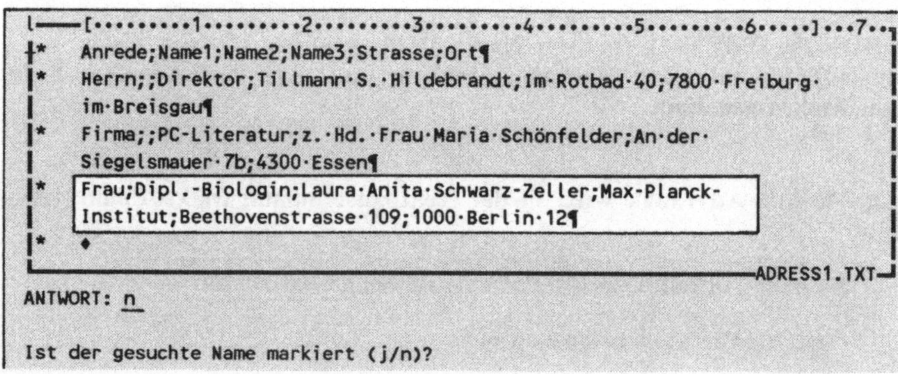

Bei der Antwort "j" entnimmt das Makro Adr2.mak den nunmehr aktiven
Absatz und stellt ihn (wie bei Makro Adr1.mak in Abschnitt 3.11.2.2 gezeigt) als Anschrift für einen Einzelbrief bereit.

```
L───[•••••••••1•••••••••2•••••••••3•••••••••4•••••••••5•••••••••6•••••]•••7••┐
+*    Frau↓
 |    Dipl.-Biologin↓
 |    Laura·Anita·Schwarz-Zeller↓
 |    Max-Planck-Institut↓
 |    Beethovenstrasse·109↓
 |    1000·Berlin·12¶
 |*    ♦
```

Befehlstext von Makro Adr2.mak mit SOLANGE-Schleife editieren

«BESTIMMEN EndeSuch="n"»
Die BESTIMMEN-Anweisung weist der Variablen EndeSuch den Wert "n"
zu. BESTIMMEN Variable=Ausdruck dient der Wertzuweisung.

«SOLANGE EndeSuch<>"j"»...«ESOLANGE»
Die zwischen SOLANGE und ESOLANGE geschriebene Befehlsfolge mit
Tastenanschlägen, Menübefehlen bzw. Anweisungen wiederholt ausführen,
bis die Schleifenbedingung erfüllt ist, bis also die Variable EndeSuch einen von "j" abweichenden Inhalt hat. Schleifen können geschachtelt angeordnet sein; zu jedem Anweisungswort SOLANGE muß ein ESOLANGE
angegeben sein.

```
L───[•••••••••1•••••••••2•••••••••3•••••••••4•••••••••5•••••••••6•••••]•••7••┐
+*    «KOMMENTAR·Makro·Adr2.mak»↓
 |    «KOMMENTAR·Adressen·in·Adreßdatei·wiederholt·suchen·und·schreiben»↓
 |    ↓
 |    <Umschalten·Ctrl·Unt><Unt>↓
 |    «ABFRAGE·NameSuch=?Name·des·Empfängers·des·Briefes?»↓
 |    <Unt>ülA:Adress1.TXT<Return>↓
 |    <Unt>s«NameSuch»<Tab·2>n<Tab>n<Return>↓
 |    «BESTIMMEN·EndeSuch="n"»↓
 |    ↓
 |    «SOLANGE·EndeSuch<>"j"»↓
 |      «AWENN·Nichtgefunden»↓
 |        BESTIMMEN·EndeSuch="j"»↓
 |      «SONST»↓
 |        «ABFRAGE·EndeSuch=?Ist·der·gesuchte·Name·markiert·(j/n)?»↓
 |        «AWENN·EndeSuch<>"j"»<Umschalten·F4>«EWENN»↓
 |      «EWENN»↓
 |    «ESOLANGE»↓
```

```
 |    ↓                                                                   |
 |   «AWENN·EndeSuch="j"·UND·Gefunden»↓                                   |
 |      <F10>↓                                                            |
 |      <Unt>w;<Tab>^^Z<Tab>n<Tab>n<Tab>n<Return>↓                        |
 |      <Unt>kHilf<Return><Umschalten·F10><Lösch><Unt>eHilf<Return>↓      |
 |      <Unt>ütlHilf<Return>j↓                                            |
 |      «PAUSE·Brief·nun·bearbeiten·bzw.·speichern.·Return-Taste·...»↓     |
 |   «SONST»↓                                                             |
 |      «PAUSE·Gesuchter·Name·nicht·gefunden.·Return-Taste·...»↓          |
 |   «EWENN»¶                                                             |

 EINFÜGEN aus: Adr2.mak^

 Geben Sie bitte einen Textbausteinnamen ein oder wählen Sie einen mit F1!
```

Darstellung der Schleife als Struktogramm: Das Struktogramm zeigt, daß in der SOLANGE-Schleife über <Umschalten F4> wiederholt der nächste Name gesucht wird, bis nun der Name gefunden ist oder bis Nichtgefunden wahr ist, das heißt das Dateiende erreicht ist.

In die Schleife (SOLANGE-ESOLANGE) ist eine zweiseitige Auswahl eingeschachtelt (AWENN-SONST-EWENN), in die eine einseitige Auswahl eingeschachtelt ist (AWENN-EWENN).

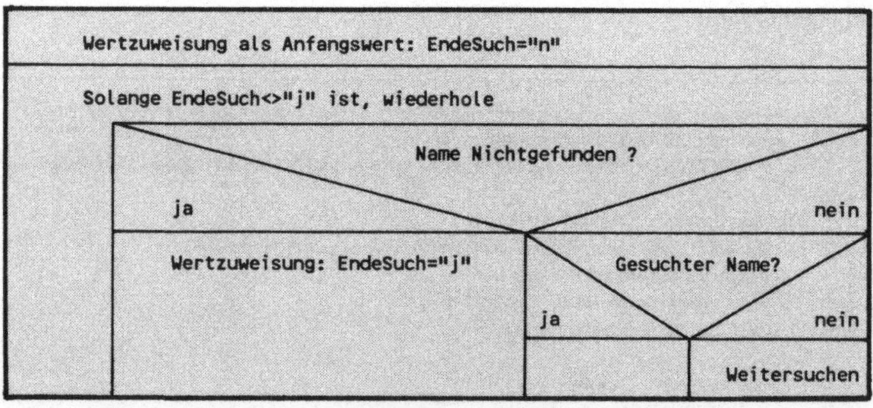

Struktogramm zur Suchschleife in Makro Adr2.mak

Aufgabe 3.11/1: Makro als konservierte Befehlsfolge.
  a) Worin unterscheiden sich Makros und Textbausteine?
  b) Welche drei Befehlstypen kann ein Makro enthalten?
  c) Wie kann man ein Makro speichern (zwei Möglichkeiten)?
  d) Wie kann man ein Makro ausführen (drei Möglichkeiten)?
  e) Wie kann man sich den Inhalt eines Makros am Bildschirm anzeigen lassen (zwei Möglichkeiten)?
  f) Wie ändert man ein Makro ab?
  g) Was schreibt man zwischen < > bzw. « » und wie gibt man diese Steuerungszeichen ein.

Aufgabe 3.11/2: Makrobezeichnung Loesch.mak^<Ctrl L>:
  a) Beschreiben Sie die drei Bestandteile der Makrobezeichnung.
  b) Wie kann man sich den Inhalt des Makros anzeigen lassen?
  c) Was bewirkt die Eingabe von Strg/L bzw. Ctrl/L?
  d) Warum schreibt man Loesch.mak und nicht Loesch?
  e) Loesch.Mak soll die aktive Zeile löschen. Welche Befehlsfolge ist in dem Makro abzuspeichern?

Aufgabe 3.11/3: Was bezwecken die folgenden Makros und welche Voraussetzungen müssen zum Zeitpunkt der Ausführung des jeweiligen Makros erfüllt sein?
  a) <F8><Unt>fzj<rechts 2>j<Return>
  b) <Unt>FZ<Tab2>J<Return>
  c) <Unt>DD
  d) <Ctrl Unt>BD<Return>
  e) <Unt>FBS<Tab 4>29,7<Return>
  f) <Ctrl Unt>Z<Rechts 16>N<Return>

Aufgabe 3.11/4: Erweitern Sie das Makro Adr2.mak (Abschnitt 3.11.2.3) wie folgt zu einem Makro Adr3.mak:
  a) Es soll nicht mehr stets die gleiche Adreßdatei Adress1.TXT geladen werden. Der Name der Adreßdatei soll über eine ABFRAGE-Anweisung in die Variable NameSuch eingegeben werden.
  b) Anstelle den temporären Textbaustein Hilf zu verwenden, soll wie folgt gearbeitet werden:
       - Den markierten Adreßsatz in den Papierkorb löschen.
       - Diesen Satz oben im Text einfügen.
       - Den restlichen dadurch nach unten verschobenen Text löschen

Aufgabe 3.11/5: In der reservierten Variablen *Feld* stellt Word den Inhalt der gerade im Befehlsmenü markierten Befehlsfeldes bereit. Im folgenden Makro DruSeite.mak wird der Inhalt von *Feld* mit der BESTIMMEN-Anweisung in die Variable NrSeite zugewiesen. Wozu dient diese Wertzuweisung? Was bezweckt das Makro DruSeite?

```
L——[•••••••••1•••••••••2•••••••••3•••••••••4•••••••••5•••••••••6•••••]•••7••
|*    «KOMMENTAR·Makro·DruSeite.mak·druckt·den·Inhalt·der·aktiven·Seite»↓
|    <Ctrl·Unt>↓
|    gb«BESTIMMEN·NrSeite=Feld»↓
|    <Unt><Unt>do<Tab·8>s<Tab>«NrSeite»<Return>↓
|    d↓
|    <Unt>do<Tab·8>a<Return><Unt>¶
|*    ◆
|
|

EINFÜGEN aus: DruSeite.mak˜

Geben Sie bitte einen Textbausteinnamen ein oder wählen Sie einen mit F1!
```

Aufgabe 3.11/6: Im Laufe der Arbeit mit Word kommt es vor, daß man sich kurzfristig Texte in einer gesonderten Datei merken möchte. Diese Datei könnte A:Merke.TXT heißen.

    a)   Erstellen Sie ein Makro Merke1.mak, das man mit dem Steuercode Strg/M1 aufrufen kann, ein Fenster ab Zeile 15 öffnet und darin die Datei A:Merke.TXT zum Editieren bereitstellt.

    b)   Erstellen Sie ein Makro Merke2.mak, das man mit Strg/M2 aufrufen kann, um die gerade editierte Hilfsdatei Merke.TXT im Laufwerk A: sicherzustellen, das Fenster ab Zeile 15 zu löschen und in der ursprünglich bearbeiteten Datei fortzufahren.

Ein Benutzer, der gerade die Datei Brief4.TXT bearbeitet und dann mit Strg/M1 das Makro Merke1.mak aufruft, sieht sich zum Beispiel vor dem folgenden Zwei-Fenster-Bildschirm:

```
|*    •••••••••••••••••••••••••••••••••••••••••••••••••••••7800·Freiburg¶
|—————————————————————————————————————————————————————————————BRIEF4.TXT┘
2——[•••••••••1•••••••••2•••••••••3•••••••••4•••••••••5•••••••••6•••••]•••7••
|*    Hilfsdatei·Merke.TXT:¶
|*    Dieser·Text·wurde·beim·1.·Aufruf·gespeichert.¶
|*    ◆
|
|
|
|
|                                                              MERKE.TXT┘
```

3

Kurs zur Textverarbeitung mit Word

3.1	Den ersten Text bearbeiten	45
3.2	Dateien zwischen RAM und Diskette übertragen	59
3.3	Text formatieren	77
3.4	Im Text rechnen	99
3.5	Mit Druckformatvorlagen arbeiten	105
3.6	Textteile in Textbausteinen bereitstellen	123
3.7	Serienbriefe schreiben	133
3.8	Einstellungen und Hilfen	143
3.9	Tabellen und Texte verknüpfen	161
3.10	Layout gestalten	175
3.11	Makros ausführen und programmieren	195
3.12	**dBASE-Adreßdatei für Serienbriefe nutzen**	**221**

Zum Drucken von Serienbriefen verwendet Word zwei Dateien: Die Steuerdatei mit den Adressen und die Serientextdatei mit dem eigentlichen Brieftext (vgl. Abschnitt 3.7). Die Steuerdatei muß einen Steuersatz aufweisen, dem die Adressen (Felder mit ";" getrennt) folgen. Nun sind die Adressen häufig im Rahmen einer Dateiverwaltung - wie z.B. dBASE - bereits erfaßt.
Im folgenden wird an einem Beispiel gezeigt, wie aus einer dBASE-Adreßdatei in sechs Schritten automatisch eine Word-Steuerdatei gewonnen werden kann, um diese dann zum Schreiben von Serienbriefen zu nutzen.

dBASE-Adreßdatei namens Adress1.DBF bereitstellen (Schritt 1)

Das dBASE-System wird gestartet. Die Adreßdatei sieht für jeden Datensatz neun Datenfelder vor. Nur die ersten sechs Felder werden für die Word-Steuerdatei benötigt. Die Struktur der Datei wird mit dem Befehl DISPLAY STRUCTURE angezeigt:

```
. use a:adress1
. display structure
Datenbankstruktur        : a:adress1.dbf
Anzahl der Datensätze :        3
Letztes Änderungsdatum: 03.10.89
Feld    Feldname    Typ         Länge   Dez
   1    ANREDE      Zeichen        10
   2    NAME1       Zeichen        32
   3    NAME2       Zeichen        32
   4    NAME3       Zeichen        32
   5    STRASSE     Zeichen        32
   6    ORT         Zeichen        32
   7    TYP         Zeichen        10
   8    INFO        Zeichen        10
   9    NAMEO       Zeichen        15
** Gesamt **                      206
```

Die beiden ersten Datensätze der dBASE-Datei Adress1.DBF haben folgenden Inhalt:

```
Satz-Nr.  1                        Satz-Nr.  2
ANREDE     Herrn                   ANREDE     Firma
NAME1                              NAME1
NAME2      Direktor                NAME2      PC-Literatur
NAME3      Tillmann S. Hildebrandt NAME3      z. Hd. Frau Maria Schönfelder
STRASSE    Im Rotbad 40            STRASSE    An der Siegelsmauer 7b
ORT        7800 Freiburg im Breisgau ORT      4300 Essen
TYP        G                       TYP        G
INFO                               INFO
NAMEO      Hildebrandt             NAMEO      Schönfelder
```

dBASE-Programm AdrSteu1.PRG entwickeln (Schritt 2)

Das Programm AdrSteu1 wird unter dBASE erstellt und gespeichert. Die
Namen der dBASE-Adreßdatei als Quelldatei und der Word-Steuerdatei
als Zieldatei können dabei variabel eingegeben werden. Das Programm
schreibt einen Steuersatz in der erste Zeile der TXT-Datei, um dann alle
Adreßsätze aus der DBF-Datei in die TXT-Datei umzusetzen.

```
. Type AdrSteu1.PRG
* ====== Programm AdrSteu1
* dBASE-Adreßdatei (DBF) in Word-Steuerdatei (TXT) umwandeln
CLEAR
SET TALK OFF
SET ECHO OFF
ACCEPT 'Existierende dBASE-Adreßdatei (z.B. A:Adress1.DBF)? ' TO DD
USE &DD
? 'Datei',DD,'zum Lesen geöffnet.'
ACCEPT 'Zu erstellende Word-Steuerdatei (z.B. A:Adress1.TXT)? ' TO DW
SET ALTERNATE TO &DW
? 'Datei',DW,'zum Beschreiben geöffnet.'
WAIT 'Beginn des Kopierens mit Taste ...'
?
SET ALTERNATE ON
*
* Steuersatz schreiben mit sechs Variablen durch ";" getrennt
?? 'Anrede;Name1;Name2;Name3;Strasse;Ort'
*
* Alle Adressen von der DBF-Datei in die TXT-Datei kopieren
n = 0
DO WHILE .NOT. EOF()
   ? TRIM(Anrede) + ';' + TRIM(Name1) + ';' + TRIM(Name2) + ';';
      + TRIM(Name3) + ';' + TRIM(Strasse) + ';' + TRIM(Ort)
   n = n + 1
   SKIP
ENDDO
?
* Mit ? wurde die letzte Adreßzeile kopiert
SET ALTERNATE OFF
SET ALTERNATE TO
USE
? n,' Adressen von DBF-Datei in TXT-Datei kopiert.'
? 'Ende von Programm AdrSteu1.'
RETURN
```

Steuerdatei Adress1.TXT aus Datei Adress1.DBF erstellen (Schritt 3)

Das dBASE-Programm AdrSteu1.PRG wird mit DO AdrSteu1 zur Ausführung gebracht; dabei erscheint am Bildschirm der wiedergegebene Dialog zwischen Benutzer (Eingaben sind unterstrichen) und Programm.

```
. DO AdrSteu1
Existierende dBASE-Adreßdatei (z.B. A:Adress1.DBF)? a:adress1.dbf
Datei a:adress1.dbf zum Lesen geöffnet.
Zu erstellende Word-Steuerdatei (z.B. A:Adress1.TXT)? a:adress1.txt
Datei a:adress1.txt zum Beschreiben geöffnet.
Beginn des Kopierens mit Taste ...
Anrede;Name1;Name2;Name3;Strasse;Ort
Herrn;;Direktor;Tillmann S. Hildebrandt;Im Rotbad 40;7800 Freiburg im Breisgau
Firma;;PC-Literatur;z. Hd. Frau Maria Schönfelder;An der Siegelsmauer 7b;4300
Essen
Frau;Dipl.-Biologin;Laura Anita Schwarz-Zeller;Max-Planck-
Institut;Beethovenstrasse 109;1000 Berlin 12

   3  Adressen von DBF-Datei in TXT-Datei kopiert.
Ende von Programm AdrSteu1.
```

In Laufwerk A: ist nun neben der dBASE-Datei Adress1.DBF auch die Word-Datei Adress1.TXT verfügbar. Das dBASE-System wird verlassen und Word gestartet.

Erzeugte Word-Steuerdatei Adress1.TXT anpassen (Schritt 4)

Mit Übertragen/Laden wird die erzeugte Datei Adress1.TXT aktiviert. Sie umfaßt einen Absatz mit dem Steuersatz und drei Absätze mit den drei Adressen. Adress1.TXT kann nur dann als Steuerdatei für Word genutzt werden, wenn die von dBASE angefügte Dateiende-Kennung (Pfeil-nach-rechts-Zeichen) entfernt wird.

```
L——[••••••••••1•••••••••2•••••••••3•••••••••4•••••••••5•••••••••6•••••]•••7••┐
|*    Anrede;Name1;Name2;Name3;Strasse;Ort¶                                  |
|*    Herrn;;Direktor;Tillmann·S.·Hildebrandt;Im·Rotbad·40;7800·Freiburg·    |
|     im·Breisgau¶                                                           |
|*    Firma;;PC-Literatur;z.·Hd.·Frau·Maria·Schönfelder;An·der·              |
|     Siegelsmauer·7b;4300·Essen¶                                            |
|*    Frau;Dipl.-Biologin;Laura·Anita·Schwarz-Zeller;Max-Planck-            |
|     Institut;Beethovenstrasse·109;1000·Berlin·12¶                          |
|*→◆                                                                        |
|                                                                           |
|  ...                                                                      |
L——————————————————————————————————————————————————————————ADRESS1.TXT┘
ÜBERTRAGEN SPEICHERN Dateiname: A:\ADRESS1.TXT
                     Format: Word Nur-Text Nur-Text-mit-Zeilenumbrüchen RTF
Wählen Sie bitte eine Option!
```

Serientextdatei RufNumm1.TXT entwickeln (Schritt 5)

In der ersten Zeile wird Adress1.TXT als Steuerdatei benannt. Anschließend werden die Variablen Anrede, Name1, Name2, Name3, Strasse und
Ort als Platzhalter für den jeweiligen Datensatz angegeben. Die Zeichen «
und » werden mit Strg-A und Strg-S erzeugt.

```
⌐─────[········1·········2·········3·········4·········5·········6·····]···7··┐
│* «STEUERDATEI·Adress1.TXT»¶                                                 │
│* «Anrede»¶                                                                  │
│* «Name1»¶                                                                   │
│* «Name2»¶                                                                   │
│* «Name3»¶                                                                   │
│* «Strasse»¶                                                                 │
│* ¶                                                                          │
│* «Ort»¶                                                                     │
│* ¶                                                                          │
│* ¶                                                                          │
│* Mitteilung·an·alle·Kunden¶                                                 │
│* ¶                                                                          │
│* Wir·haben·eine·neue·Telephonanlage.·Ab·1.3.1989·lautet·unsere·            │
│  Rufnummer:¶                                                                │
│* ··················0761/6610¶                                               │
│* ¶                                                                          │
│* Mit·freundlichen·Grüßen¶                                                   │
│* ¶                                                                          │
│* ¶                                                                          │
│* i.A.·Marksteiner¶                                                          │
│* ♦                                                                          │
│                                                                            │
└─────────────────────────────────────────────────────RUFNUMM1.TXT─┘
```

Serienbriefe drucken (Schritt 6)

Das Drucken kann direkt mit Druck/Serienbrief/Drucker erfolgen. Im
folgenden wird mit Druck/Serienbrief/Test-Datei zunächst "zur Probe" in
die Test-Datei TelNumm1.TES gedruckt. Die erste Seite bzw. der erste
Serienbrief ist wiedergegeben.

```
L────[········1·········2·········3·········4·········5·········6·····]··7···┐
|*   ¶
|*   Herrn¶
|*   ¶
|*   Direktor¶
|*   Tillmann·S.·Hildebrandt¶
|*   Im·Rotbad·40¶
|*   ¶
|*   7800·Freiburg·im·Breisgau¶
|*   ¶
|*   ¶
|*   Mitteilung·an·alle·Kunden¶
|*   ¶
|*   Wir·haben·eine·neue·Telephonanlage.·Ab·1.3.1989·lautet·unsere·
|    Rufnummer:¶
|*   ···················0761/6610¶
|*   ¶
|*   Mit·freundlichen·Grüßen¶
|*   ¶
|*   ¶
|*   i.A.·Marksteiner¶
|    ················································································
|*   ¶
|                                                      ─RUFNUMM1.TES─
DRUCK SERIENBRIEF TEST-DATEI Dateiname: a:rufnumm1.tes

Geben Sie bitte einen Dateinamen ein oder wählen Sie einen mit F1!
```

Aufgabe 3.12/1: Mit dem Befehl Druck/Serienbrief/Drucker werden stets *alle* in der Steuerdatei bzw. Adreßdatei (hier: Adress1.TXT) enthaltenen Datensätze ausgedruckt. Häufig sollen aber nur *ausgewählte* Datensätze der Steuerdatei beim Ausdrucken berücksichtigt werden. Erstellen Sie ein Makro KopieAdress1.mak, über das man aus der Steuerdatei (wie z.B. aus Adress1.TXT) ausgewählte Datensätze in eine neue Steuerdatei (z.B. in Adress1f.TXT) kopieren kann. Beispieldatei mit zwei ausgewählten Sätzen:

```
L────[········1·········2·········3·········4·········5·········6·····]···7··┐
|*   Anrede;Name1;Name2;Name3;Strasse;Ort¶
|*   Firma;;PC-Literatur;z.·Hd.·Frau·Maria·Schönfelder;An·der·
|    Siegelsmauer·7b;4300·Essen¶
|*   Herrn;;Direktor;Tillmann·S.·Hildebrandt;Im·Rotbad·40;7800·Freiburg·
|    im·Breisgau¶
|*   ♦
|                                                    ─────ADRESS1F.TXT─┘
```

Lösungen zu den Aufgaben

Lösung zu Aufgabe 3.1/1: Text eingeben, korrigieren und speichern.

a) Befehl Übertragen/Speichern/Pleite1a zum Speichern des Textes.

b) Trennen: Cursor auf das "l" von "durchschnittliche" setzen und mit Strg/- einen weichen Trennstrich einfügen. Entsprechend den Cursor auf "c" setzen und mit Strg/- trennen.

c) Korrigieren des Textes.

1. Löschen eines Wortes: Cursor auf "München", dann Wort mit F8 markieren und mit Entf in den Papierkorb löschen.

```
l━━━[•••••••••1•••••••••2•••••••••3•••••••••4•••••••••5•••••••••6•••••]•••7••┐
┤* Einer·inoffiziellen·IHK-Studie·zufolge·beträgt·die·durchschnitt-          |
|  li-che·Lebensdauer·PC-Handelsgeschäftes·in·München·nur·rund·16·           |
|  Monste.·Die·Pleite·eines·Händlers·kann·schnell·auch·zur·Tragik·des·       |
|  Kunden·werden,·wenn·diesem·der·Service·fehlt.¶                            |
|*   ♦                                                                       |
```

2. Einfügen eines Wortes: Cursor auf "P" von "PC" setzen und das Wort "eines" im Einfügemodus eintippen.

3. Überschreiben: Cursor auf "s" von "Monste" setzen, mit F5 in den Überschreibemodus gehen (unten am Bildschirm erscheint ÜB) und "a" tippen, um "Monste" in "Monate" zu korrigieren.

```
l━━━[•••••••••1•••••••••2•••••••••3•••••••••4•••••••••5•••••••••6•••••]•••7••┐
┤* Einer·inoffiziellen·IHK-Studie·zufolge·beträgt·die·durchschnitt-          |
|  li-che·Lebensdauer·eines·PC-Handelsgeschäftes·in·München·nur·rund·        |
|  16·Monate.·Die·Pleite·eines·Händlers·kann·schnell·auch·zur·Tragik·        |
|  des·Kunden·werden,·wenn·diesem·der·Service·fehlt.¶                        |
|*   ♦                                                                       |
```

4. Bilden eines zusätzlichen Absatzes: Cursor auf "D" von "Die" setzen und im Einfügemodus die Return-Taste drücken.

Lösung zu Aufgabe 3.1/2: Aufgaben von Tasten.

- F1 fordert bei Übertragen/Laden die Dateinamensliste an.
- F5 schaltet zwischen Einfüge- und Überschreibemodus (ÜB) um.
- F8 markiert das Wort, auf dem der Cursor gerade steht.
- Strg/- ergibt ein weiches Trennzeichen.
- Strg/Umschalt/- ergibt einen geschützen Bindestrich.
- Return erzeugt im Einfügemodus einen neuen Absatz.
- Esc schaltet vom Texteingabemodus in den Befehlseingabemodus um bzw. bricht die laufende Eingabe ab.
- Rück (Backspace) löscht durch zeichenweises Zurücksetzen des Cursors.
- Entf (Del) löscht den markierten Text (Zeichen, Absatz oder Bereich) in den Papierkorb.

Lösung zu Aufgabe 3.2/1:
- a) Laden wie Zusammenführen heißt "vom Externspeicher (Diskette, Festplatte) in den Internspeicher (RAM) kopieren".
  Beim Laden ersetzt der von Diskette kopierte Text den Text der aktiven Datei im RAM, während beim Zusammenführen der Text der aktiven Datei ergänzt wird.
- b) TXT-Datei und SIK-Datei (Sicherungskopie) erhalten den gleichen, gegebenenfalls unkorrekt abgelegten Textinhalt.
- c) B: zeigt die TXT-Datei an. B:*.* zeigt alle Dateien mit beliebigem Dateityp. B:Brief? zeigt die Dateien mit 6 Zeichen langen Dateinamen, und B:Brief* die Namen der mit "Brief" beginnenden Dateien an.
- d) Zwei Ursachen: Die aktive Datei wurde seit der letzten Änderung noch nicht gesichert und es soll eine neue Datei geladen werden (Übertragen/Laden) bzw. Word beendet werden (Quitt).

Lösung zu Aufgabe 3.2/2: Befehlsfolgen zur Lösung der Probleme.
- a) Esc, Übertragen/Speichern/B:Br5.
- b) Esc
  Übertragen/Laden/A: und mit F1 die Namensliste anfordern
  Frage "Geben Sie J ein wenn Sie speichern ..." mit J quittieren
  Return lädt nun die angeforderte Datei
- c) Esc
  Übertragen/Speichern/B:Statist9
  Übertragen/Laden/Statist1, da nun Statist9 aktiv war
- d) Die Datei ab dem zweiten Absatz markieren (mit F6 erweitern), in den Papierkorb löschen (mit Entf) und den übrig gebliebenen ersten Absatz mit Übertragen/Speichern/Klein speichern.
- e) Esc
  Übertragen/Bildschirmlöschen/Gesamt
  Übertragen/Speichern/B:Brief66
- f) Esc
  Übertragen/Laden/Mahnung2.SIK
  Übertragen/Speichern/Mahnung2.TXT
  Folgende Meldung mit J quittieren:
  `Die Datei existiert bereits. J zum Überschreiben oder unterbrechen Sie!`

Lösung zu Aufgabe 3.2/3: Brief Bestell3.TXT erstellen.
Die Datei Maske1.TXT laden, den Brieftext eingeben (Adresse im Überschreibemodus, sonst im Einfügemodus) und mit dem Befehl Übertragen/Speichern/B:Bestell3 auf Diskette sicherstellen.

Lösung zu Aufgabe 3.3/1: Tastenkombinationen:

a) Mit F8 das Wort markieren und mit Alt/I (Essen kursiv), Alt/F (Münster fett), Alt/H (Dortmund hochgestellt), Alt/U (Gelsenkirchen unterstrichen) und Alt/K (Radevormwald in Kapitälchen) formatieren.

b) Zeile mit Umschalt/F9 markieren und mit Format/Absatz/Schriftgrad:16 die 16er-Schrift einstellen.

c) Den jeweiligen Absatz mit F10 markieren und mit Alt/Z zentriert bzw. Alt/B im Blocksatz direkt formatieren. Die zweizeilige Ausgabe ist mit Format/Absatz/Zeilenabstand:2 zg vorzunehmen.

d) Bereich mit Umschalt/F10 markieren und die angebotene DIN A4-Seitenlänge von 29,7 cm auf 30,5 cm wie folgt erweitern: Format/Bereich/Seitenrand/Seitenlänge:30,5 cm

Lösung zu Aufgabe 3.3/2: Die Formatierungen von Aufgabe 3.3/1 a) bis d) beziehen sich auf die Texteinheiten Wort (F8), Zeile (Umschalt/F9), Absatz (F10) und Bereich (Umschalt/F10).

Lösung zu Aufgabe 3.3/3: Das aktive Wort (auf dem der Cursor gerade steht) und die beiden rechts liegenden Wörter werden kursiv formatiert. Andere Lösung: Cursor auf erstes Zeichen setzen, F6 tippen, mit der Richtungstaste nach rechts erweitern und mit Alt/I formatieren.

Lösung zu Aufgabe 3.3/4: Absatzformatierungen über Format-Befehl.

a) Format
    Absatz
       Ausrichtung:links   Linker Einzug:3 p10   Erste Zeile:-3 p10

b) Format
    Absatz
       Ausrichtung:links   Erste Zeile:2 p10

Lösung zu Aufgabe 3.3/5: Die im vorliegenden Buch angegebenen Unteraufgaben a), b), ... sind so formatiert. Siehe zum Beispiel Unteraufgabe b) zu Aufgabe 3.2/2. Unmittelbar hinter der ")" wird dabei ein Tab eingegeben, damit der Text trotz Proportionalschrift auch in der ersten Zeile des Absatzes linksbündig erscheint.

Lösung zu Aufgabe 3.3/6: Datei namens Sondert.TXT.
   a) Absatz zentriert formatieren:

```
FORMAT ABSATZ Ausrichtung: Links Zentriert Rechts Block Linker
Einzug: 0 p10        Erste Zeile: 0 p10        Rechter Einzug: 0
p10 Zeilenabstand: 1 zg        Anfangsabstand: 0 zg
Endeabstand: 0 zg Selbe Seite: Ja(Nein)        Nächster Absatz
selbe Seite: Ja(Nein) Nebeneinander: Ja(Nein)
```

   b) Absatz linksbündig ausgerichtet formatieren:

```
FORMAT ABSATZ Ausrichtung: Links Zentriert Rechts Block
 Linker Einzug: 30 p10        Erste Zeile: -15 p10        Rechter Einzug: 0 p10
 Zeilenabstand: 1 zg        Anfangsabstand: 0 zg        Endeabstand: 0 zg
 Selbe Seite: Ja(Nein)        Nächster Absatz selbe Seite: Ja(Nein)
 Nebeneinander: Ja(Nein)
```

Lösung zu Aufgabe 3.4/1: Formulardatei Rech2a.TXT laden, den Rechnungstext eingeben und unter dem Namen Rech2a.TXT speichern. Die Rechenzeichen "*" im Text durch den Wechseln-Befehl löschen (durch Leerstellen ersetzen):

```
WECHSELN Ersetze: *                Durch: ——— ⟨ hier Leerstelle ⟩
 Mit Bestätigung:(Ja)Nein        Graphie: Ja(Nein)        Nur Wort: Ja(Nein)
 Geben Sie bitte Text ein!
```

Lösung zu Aufgabe 3.5/1:
   a) Fünf Absätze-Text mit Übertragen/Speichern:Aushang1 sichern.
   b) 1. Aktiven Text mit Format/Druckformat/Verbinden: DruckFo1 formatieren.
        2. Druckformat A2 mit Muster/Name sowie Muster/Format entsprechend dem folgenden Bildschirm ändern.
        Hinweis: Das format A1 wurde mit Muster/Name/Variante mit Standard ausgezeichnet.
        3. Druckformatdatei mit Muster/Übertragen/Speichern: DruckFo2 zusätzlich auf Disketten sichern.

```
l—0••••••[••1•••••••••2•••••••••3•••••••••4•••••••••5•]•••••••6•••••••••7••••
| 1   B1 Bereich Standard                  Bereichsformat Einzelblatt |
|          Seite: Wechsel der Seitenlänge 29,7 cm; Breite 21 cm. Seitenzahl |
|          arabische Ziffern. Seitenrand oben 2,5 cm; Seitenrand unten 2 cm; |
|          Links 4 cm; Rechts 3 cm. Abstand Kopfzeile von oben 1,25 cm. |
|          Abstand Fußzeile von unten 1,25 cm. Fußnoten auf derselben Seite. |
| 2   A1 Absatz Standard                    Absatz normal, Blocksatz |
|          LinePrinter_IBM (Modern d) 8,5/12. Block, Einzug links 1 cm. |
| 3   U1 Zn 1                               Zeichen unterstreichen |
```

```
|           LinePrinter_IBM (Modern d) 8,5 Unterstrichen.              |
|    4   A2 Absatz 2                            Absatz zentriert       |
|           LinePrinter_IBM (Modern d) 8,5/12. Zentriert, Einzug links 2 cm, |
|           Einzug rechts 2 cm, Absatzanfangsabstand 1 zg, Absatzendeabstand 1 |
|           zg.                                                        |
|    ◆                                                                 |
└──────────────────────────────────────────────DRUCKFO2.DFV─┘
```

```
NAME Tastenschlüssel: A2           Variante: 2
    Anmerkung: Absatz zentriert
Geben Sie den Tastenschlüssel mit 1 oder 2 Buchstaben für das Druckformat an!
```

Lösung zu Aufgabe 3.6/1: Einen bestehenden Textbaustein ändern.

1. Textbausteindatei mit Übertragen/Textbausteine/Dateiladen laden:

```
ÜBERTRAGEN TEXTBAUSTEINE DATEILADEN Dateiname: a:adress1
                         Schreibschutz: Ja(Nein)
Geben Sie bitte einen Dateinamen ein oder wählen Sie einen mit F1!
```

2. Baustein mit Einfügen aus:()-Befehl auf den Bildschirm bringen.

```
EINFÜGEN aus: Kai
Geben Sie bitte einen Textbausteinnamen ein oder wählen Sie einen mit F1!
```

3. Änderung in der Adresse vornehmen.
4. Baustein mit Umschalt/F10 markieren und mit Kopie in:()-Befehl
   in die TBS-Datei zurückspeichern.

```
    KOPIE in: EDV-Beratung
    Geben Sie bitte einen Textbausteinnamen ein oder wählen Sie einen mit F1!
```

5. Datei mit Übertragen/Textbausteine/Speichern sichern.

```
    ÜBERTRAGEN TEXTBAUSTEINE SPEICHERN Dateiname: A:\ADRESS1.TBS
    Geben Sie bitte den Dateinamen ein!
```

Lösung zu Aufgabe 3.6/2: Einen Textbaustein eingeben und sichern.

1. Datei Adress1.TBS mit Übertragen/Textbausteine/Dateiladen laden.
2. Die neunzeilige Adresse eingeben.
3. Den Absatz mit Umschalt/F10 markieren und mit dem Befehl Kopie in:EDV-Beratung neu in die TBS-Datei übernehmen.
4. Die Textbausteindatei mit Übertragen/Textbausteine/Speichern in
   erweiterter Form auf Diskette speichern.

Lösung zu Aufgabe 3.7/1: Steuerdatei EinladST.TXT für Serienbriefe.

a) Die Datenfeldliste *Name;wen* nennt die zwei Variablen *Name* und *wen*.

b) Derzeit sind vier Datensätze mit je zwei Datenfeldern gespeichert.

c) Anstelle *Name;wen;* muß es *Name;wen* heißen; das Semikolon ist also wegzulassen (Word sucht sonst nach einem dritten Variablennamen).

Lösung zu Aufgabe 3.7/2: Serientextdatei Einlad.TXT erstellen.

a) Serientextdatei mit «STEUERDATEI EinladST.TXT» in der ersten Zeile und den Feldnamensangaben «Name» und «wen« im Einladungstext.

b) Mit dem Befehl Ausschnitt/Teilen/Waagrecht:7 den Bildschirm in der Zeile 7 teilen und mit F1 zwischen den Fenstern "springen". Mit dem Befehl Übertragen/Laden wird dann die Datei in den jeweiligen Bildschirmausschnitt geladen.

```
l═══[••••••••••1••••••••••2••••••••••3••••••••••4••••••••••5••••••••••6•••••]•••7••┐
┼*    Name;·wen¶                                                                   │
│*    e·Lena;·Dich¶                                                                │
│*    e·Familie·Tomerl;·Sie¶                                                       │
│*    er·Klaus;·Dich¶                                                              │
│*    e·Reicherts·mit·Opa·und·Oma;·Euch¶                                           │
│*    ◆                                                                            │
└════════════════════════════════════════════════════════════EINLADST.TXT═┘
2═══0••••••••••1••••••••••2••••••••••3••••••••••4••••••••••5••••••••••6••••••••••7••┐
┼*    «STEUERDATEI·EinladST.TXT»¶                                                  │
│*    Einladung·zu·unserem·Grillfest·am·12.·August¶                               │
│*    ¶                                                                            │
│*    Lieb«Name»,¶                                                                 │
│*    ¶                                                                            │
│*    zu·unserem·Fest·laden·wir·«wen»·ganz·herzlich·ein.·Für·Essen·und·            │
│     Trinken·ist·gesorgt.·Was·«wen»·vielleicht·überraschen·wird:·Hugo·            │
│     wird·mit·seiner·Dixieland-Band·kommen.¶                                      │
│*    ¶                                                                            │
│*    Viele·Grüße¶                                                                 │
│*    ◆                                                                            │
└════════════════════════════════════════════════════════════EINLAD.TXT═┘
AUSSCHNITT TEILEN WAAGERECHT Bei Zeile: 7_
            Bildschirmlöschen im neuen Ausschnitt: Ja(Nein)
Geben Sie bitte eine Zahl ein oder drücken Sie F1!
```

Lösung zu Aufgabe 3.8/1:
a) Sonderzeichen sichtbar:Alle, Zeilenlineal:Ja, Druckformatspalte:Ja, Menü suchtbar:Ja. über den Zusätze-Befehl vornehmen.
b) Auto-speichern:30 und Auto-speichern mit Bestätigung:Ja angeben.

Lösung zu Aufgabe 3.8/2:
a) In TMP-Dateien lagert Word zwischenzeitlich Information aus, auf die später zurückgegriffen wird. Löscht man diese Dateien während der Arbeit mit Word, so kann die Arbeit ggf. nicht mehr fortgesetzt werden. TMP-Dateien löst das System bei Befehlen wie Übertragen/Speichern, Übertragen/Bildschirmlöschen/Gesamt bzw. Quitt auf. Auch aus diesem Grunde sollte man Word stets ordnungsgenmäß über den Quitt-Befehl verlassen.
b) Die Diskette mit der Datei Brief2.TXT einlegen.
c) In der Datei MW.INI speichert Word die aktuellen Einstellungen (Zusätze-Befehl) ab.

Lösung zu Aufgabe 3.8/3: Ein zweites Fenster einrichten.
a) Befehl Ausschnitt/Teilen/Waagrecht:15
b) Befehl Zusätze/Menü sichtbar:Nein
c) Taste F1 zum Wechseln zwischen den Ausschnitten 1 und 2.

Lösung zu Aufgabe 3.8/4: Dateiformate zum Speichern von Word-Dateien. Sollen Word-Dateien so gespeichert werden, damit sie später von anderen Programmen geladen werden können, speichert man sie in einem der Formate ab, die im Format-Befehlsfeld des Übertragen/Speichern-Befehls angeboten werden.

Word:
Die Datei mit allen Word-spezifischen Zeichen-, Absatz- und Bereichsformaten sichern.

Nur-Text:
Die Datei platzsparend im ASCII-Format ohne Formatierungen und Zeilenumbrüche sichern.

Nur-Text-mit-Zeilenumbrüchen:
Wie oben, wobei ASCII-Umschaltzeichen anstelle der Zeilenumbrüche eingefügt werden. Die Datei kann somit von Programmen gelesen werden, die eine maximale Zeilenlänge erwarten.

RTF:
Microsoft-Formatierungen werden in ASCII-Codierungen übersetzt. Über dieses Format lassen sich Dateien in ein Programm übertragen, das RTF lesen kann, ohne dabei Formatierungen zu verlieren.

Lösung zu Aufgabe 3.9/1: Eine Tabelle mit dem aktiven Text verknüpfen.
- a) Beim *Verknüpfen* können Änderungen in der aktualisierten Tabelle automatisch in die Textdatei übernommen werden. Beim Zusammenführen hingegen kann die Tabelle als "konstanter Text" nur dadurch aktualisiert werden, daß man sie "von Hand" ändert oder komplett austauscht.
- b) Der .K.-Code enthält die Information, an welchen Stellen im Text später aktualisierbare Zahlen stehen. Löscht man den .K.-Code, kann später nicht mehr aktualisiert werden.
- c) Vorgehen zum Verknüpfen: 1. Einfügestelle in der Zieldatei markieren, 2. Bibliothek/verKnüpfen aufrufen und die Tabelle in die Zieldatei integrieren, 3. Datei neu speichern.

Lösung zu Aufgabe 3.10/1: Einen Text zweispaltig darstellen.
- a) Den Text eingeben und mit Übertragen/Speichern/BildSch1 sicherstellen.
- b) Vorgehen in   Schritten:
  1. Mit Übertragen/Verbinden/F1 eine Liste der verfügbaren DFV-Dateien anzeigen lassen und die mit Word gelieferte Druckformatvorlage Neben.DFV auswählen.
  2. Mit Alt/F4 oder Zusätze/Layout die Layout-Betriebsart aktivieren.
  3. Den 2. Absatz mit Alt/2L und den 3. Absatz mit Alt/2R formatieren. Die Absätze erscheinen nun nebeneinander am Bildschirm.
  4. Mit Format/Absatz den 1. Absatz als Überschrift zentrieren.

Lösung zu Aufgabe 3.10/2: Einen Text dreispaltig darstellen.
- a) Text erfassen und als Bildsch2.TXT speichern.
- b) Vorgehen entsprechend Aufgabe 3.10/2b). Den Absätzen werden nun mit Alt/3L, Alt/3Z und Alt/3R die Druckformate 3L, 3Z und 3R aus der Druckformatdatei Neben.DFV zugeordnet. Der Text erscheint dreispaltig.

Lösung zu Aufgabe 3.11/1: Makro als Programm bzw. Befehlsfolge.

a) Makros mit Befehlsfolgen (aktivierbar) und Textbausteine mit Text (passiv) als Inhalt.

b) Tastenanschläge, Menübefehle und Anweisungen als Makro-Inhalt.

c) Makro speichern durch Aufzeichnung oder durch Eingeben mit dem Kopie-Befehl.

d) Makro ausführen: 1. Einfügen-Befehl aufrufen und Makronamen angeben, 2. Steuercode Ctrl-... eintippen oder 3. den Makronamen gefolgt von F3 eingeben.

e) Inhalt eines Makros anzeigen lassen: 1. Einfügen-Befehl aufrufen und den Makronamen mit angehängtem "^" nennen. 2. Makronamen hinschreiben, "^" anhängen und F3 tippen.

f) Makro anzeigen lassen wie in e), Befehlstext editieren und neu mit dem Kopie-Befehl in der aktiven TBS-Datei speichern.,

g) Tastenanschläge zwischen < > und Anweisungewörter bzw. Variablennamen zwischen « » schreiben. Strg/A erzeugt « und Strg/S erzeugt ».

Lösung zu Aufgabe 3.11/2: Makro Loesch.mak^<Ctrl L>

a) Loesch.mak als Name, ^ als Steuerzeichen zur Trennung vom Steuercode <Ctrl L>.

b) Loesch.mak^ eintippen und dann F3 drücken.

c) Mit dem Steuercode Strg/L kann man das Makro direkt zur Ausführung bringen.

d) Die Erweiterung .mak dient dazu, Makros von "normalen" Textbausteinen zu unterscheiden, da beide in Textbausteindateien abgelegt werden.

e) <Umschalten F9><Lösch> als Befehlsfolge.

Lösung zu Aufgabe 3.11/3:

a) Das Wort, auf das der Cursor gerade zeigt, fett und unterstrichen formatieren.

b) Den derzeit markierten Text unterstreichen.

c) Die Datei wie eingestellt ausdrucken.

d) Unabhängig vom derzeitigen Modus zum Befehlsmodus wechseln und den Datei-Manager aufrufen.

e) Format/Bereich/Seitenrand/Seitenlänge aufrufen und 29,7 cm als Seitenlänge für DIN A4-Seite (Einzelblatteinzug) einstellen.

f) Im Zusätze-Befehl für "Menü sichtbar" Nein wählen. Damit wird verhindert, daß das Menü während der Ausführung eines Makros am Bildschirm erscheint.

Lösung zu Aufgabe 3.11/4: Makro Adr3.mak als Erweiterung zu Makro Adr2.mak von Abschnitt 3.11.2.3.
   a) <Unt>ül«DateiSuch»<Return> lädt eine beliebige Adreßdatei.
   b) Mit <Ctrl Sno> den Cursor zum Textanfang bewegen und später mit <Ctrl Snu> die Markierung bis zum Textende erweitern.

```
L═══[•••••••••1•••••••••2•••••••••3•••••••••4•••••••••5•••••••••6•••••]•••7••┐
|*  «KOMMENTAR·Makro·Adr3.mak»↓                                              |
|   «KOMMENTAR·In beliebiger·Adreßdatei·wiederholt·suchen»↓                  |
|   ↓                                                                        |
|   <Umschalten·Ctrl·Unt><Unt>↓                                             |
|   «ABFRAGE·DateiSuch=?Welche·Adreßdatei·laden·(z.B.·A:Adress1)?»↓         |
|   <Unt>ül«DateiSuch»<Return>↓                                             |
|   «ABFRAGE·NameSuch=?Name·des·Empfängers·des·Briefes?»↓                   |
+   <Unt>s«NameSuch»<Tab·2>n<Tab>n<Return>↓                                 |
|   ↓                                                                        |
|   «BESTIMMEN·EndeSuch="n"»↓                                               |
|   «SOLANGE·EndeSuch<>"j"»↓                                                |
|     «AWENN·Nichtgefunden»«BESTIMMEN·EndeSuch="j"»↓                        |
|     «SONST»«ABFRAGE·EndeSuch=?Ist·der·gesuchte·Name·markiert·(j/n)?»↓     |
|     «AWENN·EndeSuch<>"j"»<Umschalten·F4>«EWENN»↓                          |
|     «EWENN»↓                                                              |
|   «ESOLANGE»↓                                                             |
|   ↓                                                                        |
|   «AWENN·EndeSuch="j"·UND·Gefunden»↓                                      |
|     <F10>↓                                                                |
|     <Unt>w;<Tab>ˆˆZ<Tab>n<Tab>n<Tab>n<Return>↓                           |
|     <Lösch><Ctrl·Sno><Einf>↓                                             |
|     <F6><Ctrl·Snu><Lösch>↓                                               |
|     «PAUSE·Brief·nun·bearbeiten·bzw.·speichern.·Return-Taste·...»↓        |
|   «SONST»↓                                                                |
|     «PAUSE·Gesuchter·Name·nicht·gefunden.·Return-Taste·...»↓              |
|   «EWENN»¶                                                                |
└────────────────────────────────────────────────────────────────────────┘
```

EINFÜGEN aus: adr3.makˆ

Geben Sie bitte einen Textbausteinnamen ein oder wählen Sie einen mit F1!

Lösung zu Aufgabe 3.11/5: Mit <Ctrl Unt> wird unabhängig vom aktuellen Arbeitsmodus in den Befehlsmodus gewechselt. Ablauf:
   - Gehezu/Bildschirmseite-Befehl aktivieren, um die Nummer der gerade aktiven Bildschirmseite in die Variable NrSeite zuzuweisen.
   - Druck/Optionen aufrufen und Umfang:Alles sowie Seitenzahlen:- NrSeite einzustellen.
   - Die aktive Seite mit Druck ausdrucken.
   - Die ursprünglichen Einstellungen in Druck/Optionen wiederherstellen.

Das Makro DruSeite.mak dient also dazu, den Inhalt der Seite, in dem sich der Cursor gerade befindet, über den Steuercode Strg/DS auszudrukken.

Lösung zu Aufgabe 3.11/6: Hilfsdatei A:Merke.TXT über zwei Makros kontrollieren.

a) Makro Merke1.mak öffnet einen Ausschnitt ab Zeile 15, lädt die Hilfsdatei Merke.TXT von Laufwerk A: in dieses Fenster (Hinweis: die Datei muß existieren!) und bewegt den Cursor zum Dateiende. Der Benutzer kann nun seine Eintragungen vornehmen. Mit F1 kann natürlich auch zum Fenster 1 gewechselt werden.

```
L——[·········1·········2·········3·········4·········5·········6·····]··7···┐
┼*    «KOMMENTAR·Makro·Merke1.mak·öffnet·Datei·Merke.TXT»↓                   |
|     <Unt>atw15<Tab>j<Return>↓                                             |
|     <Unt>ülA:Merke<Return>↓                                              |
|     <Ctrl·Snu>¶                                                          |
|*    ♦
```

b) Makro Merke2.mak speichert Merke.TXT auf Diskette A: ab, um dann das aktive Fenster wieder zu löschen. Der Benutzer hat nun wieder den gesamten Bildschirm zur Verfügung, um seinen ursprünglichen Text weiter zu editieren.

```
L——[·········1·········2·········3·········4·········5·········6·····]··7···┐
┼*    «KOMMENTAR·Makro·Merke2.mak·schließt·Datei·Merke.TXT»↓                 |
|     <Unt>üsA:Merke<Return>↓                                              |
|     <Unt>al<Return>¶                                                     |
|*    ♦                                                                     |
|                                                                          |
EINFÜGEN aus: Merke2.mak˄
```

Geben Sie bitte einen Textbausteinnamen ein oder wählen Sie einen mit F1!

Lösung zu Aufgabe 3.12/1: Das Makro geht wie folgt vor:
- Adreßdatei in das obere Bildschirmfenster laden. Die neue zu er-
  stellende Adreßdatei wird im unteren Fenster editiert.
- Den in der ersten Zeile abgelegten Steuersatz vom oberen Fenster
  ins untere Fenster kopieren.
- In einer Schleife wird der im oberen Fenster jeweils vom Benutzer
  markierte Datensatz ins untere Fenster kopiert.
- Die neue Adreßdatei speichern und im 1. Fenster anzeigen.

```
L——[·········1·········2·········3·········4·········5·········6·····]···7··┐
+* «KOMMENTAR·KopieAdress1.mak:·Kopie·einer·Adreß-·bzw.·Steuerdatei»¶      |
|* «ABFRAGE·StDatei1=?Name·der·Steuerdatei·bzw.·Adreßdatei?»¶             |
|* <Unt>ül«StDatei1»<Return>¶                                            |
|* «ABFRAGE·StDatei2=?Name·der·zu·erstellenden·Steuerdatei?»¶            |
|* <Unt>atw10<Tab>j<Return>¶                                             |
|* ¶                                                                     |
|* «KOMMENTAR·Steuersatz·ins·untere·Fenster·kopieren»¶                   |
|* <F1><Ctrl·Sno><F10><Unt>k<Return>¶                                   |
|* <F1><Unt>e<Return>¶                                                   |
|* ¶                                                                     |
|* «KOMMENTAR·Im·oberen·Fenster·zum·1.·Adreßsatz·gehen»¶                 |
|* <F1><Unten><Pos1>¶                                                    |
|* ¶                                                                     |
|* «KOMMENTAR·Adreßsätze·kopieren»¶                                      |
|* «BESTIMMEN·Weiter="j"»¶                                               |
|* «SOLANGE·Weiter="j"»¶                                                 |
|* «PAUSE·Adresse(n)·markieren·und·Return-Taste·drücken»¶                |
|* <Unt>k<Return><F1><Ctrl·Snu><Einf><F1>¶                              |
|* «ABFRAGE·Weiter=?Weiter·Adressen·kopieren·(j/n)?»¶                    |
|* «ESOLANGE»¶                                                           |
|* ¶                                                                     |
|* «KOMMENTAR·Neue·Adreßdatei speichern und am Bildschirm anzeigen»¶     |
|* <F1><Unt>üs«StDatei2»<Return>¶                                        |
|* <Unt>al1<Return><Ctrl·Snu>¶                                          |
|* ♦                                                                     |
└──────────────────────────────────────────────────────────────────────┘
```

EINFÜGEN aus: KopieAdress1.mak`

Geben Sie bitte einen Textbausteinnamen ein oder wählen Sie einen mit F1!

Mit Ctrl/K1 wird das Makro KopieAdress1.mak ausgeführt. Am Bildschirm wird der Benutzer zur Eingabe der Dateinamen aufgefordert:

```
|________________________________________________________________________|

ANTWORT: A:Adress1.txt
Name der Steuerdatei bzw. Adreßdatei?

ANTWORT: a:Adress1f.TXT
Name der zu erstellenden Steuerdatei?
```

Nach dem Kopieren des zweiten Datensatzes haben die beiden Fenster am Bildschirm den folgenden Inhalt:

```
1━━━[•••••••••1•••••••••2•••••••••3•••••••••4•••••••••5•••••••••6•••••]•••7••┓
┼*    Anrede;Name1;Name2;Name3;Strasse;Ort¶                                  │
│*    Herrn;;Direktor;Tillmann·S.·Hildebrandt;Im·Rotbad·40;7800·Freiburg·    │
│     im·Breisgau¶                                                           │
│*    Firma;;PC-Literatur;z.·Hd.·Frau·Maria·Schönfelder;An·der·              │
│     Siegelsmauer·7b;4300·Essen¶                                            │
│*    Frau;Dipl.-Biologin;Laura·Anita·Schwarz-Zeller;Max-Planck-            │
│     Institut;Beethovenstrasse·109;1000·Berlin·12¶                          │
│*    ◆                                                                      │
┗━━━━━━━━━━━━━━━━━━━━━━━━━━━━━━━━━━━━━━━━━━━━━━━━━━━━━━━━━━ADRESS1.TXT┛
2━━━[•••••••••1•••••••••2•••••••••3•••••••••4•••••••••5•••••••••6•••••]•••7••┓
┼*    Anrede;Name1;Name2;Name3;Strasse;Ort¶                                  │
│*    Firma;;PC-Literatur;z.·Hd.·Frau·Maria·Schönfelder;An·der·              │
│     Siegelsmauer·7b;4300·Essen¶                                            │
│*    ◆                                                                      │
│                                                                           │
│                                                                           │
│                                                                           │
│                                                                           │
└───────────────────────────────────────────────────────────────────┘
```

```
ANTWORT:
Weiter Adressen kopieren (j/n)?
```

Nach "Schönfelder" wird noch "Hildebrandt" kopiert. Nun zeigt das Makro die folgende neue Adreßdatei Adress1f.TXT mit zwei Datensätzen an:

```
1━━━[•••••••••1•••••••••2•••••••••3•••••••••4•••••••••5•••••••••6•••••]•••7••┓
┼*    Anrede;Name1;Name2;Name3;Strasse;Ort¶                                  │
│*    Firma;;PC-Literatur;z.·Hd.·Frau·Maria·Schönfelder;An·der·              │
│     Siegelsmauer·7b;4300·Essen¶                                            │
│*    Herrn;;Direktor;Tillmann·S.·Hildebrandt;Im·Rotbad·40;7800·Freiburg·    │
│     im·Breisgau¶                                                           │
│*    ◆                                                                      │
┗━━━━━━━━━━━━━━━━━━━━━━━━━━━━━━━━━━━━━━━━━━━━━━━━━━━━━━━━━━ADRESS1F.TXT┛
```

Korrekturzeichen

Die wichtigsten Vorschriften zur Durchführung der Autorenkorrektur.

1. Falsche Zeichen:
Zeichen durchstreichen und die Ersatzzeichen am Rand vermerken.

    PC ist die Abkürfung füs PersonalComputer.

2. Fehlende Zeichen:
Das vorangehende oder nachfolgende Zeichen durchstreichen und gemeinsam mit dem fehlenden Zeichen am Rand wiederholen.

    De Disktte m 40 puren.

3. Überflüssige Zeichen oder Wörter:
Die Zeichenfolge am Rand mit dem Lösch-Kennzeichen vermerken.

    Festplaftte mit 40 MB MB Speicherplatz!

4. Überflüssiger Leerschritt:
Das Korrekturzeichen zum Zusammenziehen am Rand wiederholen.

    Textve rarbeitung mi t Word.

5. Vestümmelte Zeichenfolgen:
Wörter bzw. Silben ganz durchstreichen und am Rand wiederholen.

    Den PC durch taseaint erwbfen.

6. Fehlende Wörter:
Die Einfügestelle durch das Winkelzeichen kennzeichnen.

    Hier ist der PC.

7. Satzzeichenfehler:
Fehlende bzw. überflüssige Satzzeichen wie normale Zeichen behandeln.

    PC mit 640 KB RAM Diskette Festplatte und Drucker.

8. Fehlender Leerschritt:
Die Einfügestelle jeweils im Text und am Rand kennzeichnen.

```
DieFestplatte hat 40 MBSpeicherplatz.
```

9. Trennungsfehler:
Die falsche Trennung am Ende der Zeile löschen und am Anfang der
nächsten Zeile einfügen.

```
Mit der heutigen Liefe-
ung kommt auch Ihr PC.
```

10. Verdrehte Zeichen:
Die Zeichen in der korrekten Reihenfolge wiederholen.

```
Das Potgramm ist her.
```

11. Verdrehte Wörter:
Die Wörter durch das Umstellungszeichen kennzeichnen.

```
Der leise, neue Lüfter im PC.
```

12. Überflüssige Absatzmarke:
Löschen der Absatzendemarkierung im Text und am Rand kennzeichnen.

```
5.25"-Diskettenlaufwerk mit 1,2 MB.
3.5"-Diskettenlaufwerk mit 1,44 MB.
```

13. Fehlender Absatz:
Absatzkennzeichen im Text und am Rand vermerken.

```
Lieferung heute auf Rechnung. Bezahlung binnen 14 Tagen erbeten.
```

ASCII-Tabelle

	0	1	2	3	4	5	6	7	8	9	A	B	C	D	E	F
0	NUL 0	SOH 1	STX 2	EXT 3	EOT 4	ENQ 5	ACK 6	BEL 7	BS 8	HT 9	LF 10	VT 11	FF 12	CR 13	SO 15	SI 15
1	DLE 16	DC1 17	DC2 18	DC3 19	DC4 20	NAK 21	SYN 22	ETB 23	CAN 24	EM 25	SUB 26	ESC 27	FS 28	GS 29	RS 30	US 31
2	32	! 33	" 34	# 35	$ 36	% 37	& 38	' 39	(40	) 41	* 42	+ 43	, 44	- 45	. 46	/ 47
3	0 48	1 49	2 50	3 51	4 52	5 53	6 54	7 55	8 56	9 57	: 58	; 59	< 60	= 61	> 62	? 63
4	@ 64	A 65	B 66	C 67	D 68	E 69	F 70	G 71	H 72	I 73	J 74	K 75	L 76	M 77	N 78	O 79
5	P 80	Q 81	R 82	S 83	T 84	U 85	V 86	W 87	X 88	Y 89	Z 90	[91	\ 92	] 93	^ 94	_ 95
6	` 96	a 97	b 98	c 99	d 100	e 101	f 102	g 103	h 104	i 105	j 106	k 107	l 108	m 109	n 110	o 111
7	p 112	q 113	r 114	s 115	t 116	u 117	v 118	w 119	x 120	y 121	z 122	{ 123	| 124	} 125	~ 126	⌂ 127
8	Ç 128	ü 129	é 130	â 131	ä 132	à 133	å 134	ç 135	ê 136	ë 137	è 138	ï 139	î 140	ì 141	Ä 142	Å 143
9	É 144	æ 145	Æ 146	ô 147	ö 148	ò 149	û 150	ù 151	ÿ 152	Ö 153	Ü 154	¢ 155	£ 156	¥ 157	₧ 158	ƒ 159
A	á 160	í 161	ó 162	ú 163	ñ 164	Ñ 165	ª 166	º 167	¿ 168	⌐ 169	¬ 170	½ 171	¼ 172	¡ 173	« 174	» 175
B	░ 176	▒ 177	▓ 178	│ 179	┤ 180	╡ 181	╢ 182	╖ 183	╕ 184	╣ 185	║ 186	╗ 187	╝ 188	╜ 189	╛ 190	┐ 191
C	└ 192	┴ 193	┬ 194	├ 195	─ 196	┼ 197	╞ 198	╟ 199	╚ 200	╔ 201	╩ 202	╦ 203	╠ 204	═ 205	╬ 206	╧ 207
D	╨ 208	╤ 209	╥ 210	╙ 211	╘ 212	╒ 213	╓ 214	╫ 215	╪ 216	┘ 217	┌ 218	█ 219	▄ 220	▌ 221	▐ 222	▀ 223
E	α 224	β 225	Γ 226	π 227	Σ 228	σ 229	µ 230	τ 231	Φ 232	Θ 233	Ω 234	δ 235	∞ 236	φ 237	ε 238	∩ 239
F	≡ 240	± 241	≥ 242	≤ 243	⌠ 244	⌡ 245	÷ 246	≈ 247	° 248	∙ 249	· 250	√ 251	ⁿ 252	² 253	■ 254	255

Dateiverzeichnis (nach Abschnitten)

Kennzeichnung von Abschnitt bzw. Aufgabe (Beispiel):
3.4.1 für Abschnitt 3.4.1 bzw. 3.4/1 für Aufgabe 1 von Abschnitt 3.4.

Brief1a.TXT, 3.1.4, 51

Absend1.TXT, 3.2.1, 63
Fahrrad1.TXT, 3.2.2, 65
Maske1.TXT, 3.2.3, 66
Brief2a.TXT, 3.2.4, 69
Bestell3.TXT, 3.2/3, 75

Maske2.TXT, 3.3.6, 92
Rech1.TXT, 3.3.6.2, 97
Sonder.TXT, 3.3/6, 98

Maske2a.TXT, 3.4.1, 101
Rech1a.TXT, 3.4.1, 101
Rech2a.TXT, 3.4/1, 104

Brief1d.TXT, 3.5.2, 109
DruckFo1.DFV, 3.5.2.4, 115
Aushang1.TXT, 3.5/1, 121
DruckFo2.DFV, 3.5/1, 122

Adress1.TBS, 3.6.2, 127
Maske3.TXT, 3.6.4, 128
Brief3a.TXT, 3.6.4, 130

Brief4.TXT 3.7.1, 136
Brief4St.TXT, 3.7.2, 137
EinladSt.TXT, 3.7/1, 141
Einlad.TXT, 3.7/2, 141

Produkt1.TXT, 3.9.1.1, 163
Jahr2.TAB, 3.9.1.1, 164
Produkt2.TXT, 3.9.1.1, 164
Produkt3.TXT, 3.9.1.2, 167
VerkZahl.TXT, 3.9.2.1, 168
VerkInfZ.TXT, 3.9.2.1, 169
VerkOrte.TXT, 3.9.2.2, 171
VerkInfO.TXT, 3.9.2.2, 172

TextVer1.TXT, 3.10.1.1, 178
DruNeb1.DFV, 3.10.2.2, 192
BildSch1.TXT, 3.10/1, 193
BildSch2.TXT, 3.10/2, 193

Rahmen.mak, 3.11.1.3, 204
Makro1.TBS, 3.11.1.3, 205
Einfahr1.TXT, 3.11.2.1, 207
Einfahr1.mak, 3.11.2.1, 208
Adress1.TXT, 3.11.2.2, 211
Adr1.mak, 3.11.2.2, 213
Adr2.mak, 3.11.2.3, 217
Loesch.mak, 3.11/2, 219
Adr3.mak, 3.11/4, 219
DruSeite.mak, 3.11/5, 220
Merke.TXT, 3.11/6, 220
Merke1.mak, 3.11/6, 220
Merke2.mak, 3.11/6, 220

Adress1.DBF, 3.12, 223
AdrSteu1.PRG, 3.12, 224
Adress1.TXT, 3.12, 225
RufNumm1.TXT, 3.12, 226
KopieAdress1.mak, 3.12/1, 227
Adress1f.TXT, 3.12/1, 227

Dateiverzeichnis (nach Alphabet)

Dateitypen:
DBF = dBASE-Datendatei, DFV = Druckformatvorlagendatei, mak = Makro aus Textbausteindatei, PRG = dBASE-Programmdatei, TBS = Textbausteindatei für Bausteine und Makros und TXT = Textdatei.

Absend1.TXT, 3.2.1, 63
Adr1.mak, 3.11.2.2, 213
Adr2.mak, 3.11.2.3, 217
Adr3.mak, 3.11/4, 219
Adress1.DBF, 3.12, 223
Adress1.TBS, 3.6.2, 127
Adress1.TXT, 3.11.2.2, 211
Adress1.TXT, 3.12, 225
Adress1f.TXT, 3.12/1, 227
AdrSteu1.PRG, 3.12, 224
Aushang1.TXT, 3.5/1, 121

Bestell3.TXT, 3.2/3, 75
BildSch1.TXT, 3.10/1, 193
BildSch2.TXT, 3.10/2, 193
Brief1a.TXT, 3.1.4, 51
Brief1d.TXT, 3.5.2, 109
Brief2a.TXT, 3.2.4, 69
Brief3a.TXT, 3.6.4, 130
Brief4.TXT 3.7.1, 136
Brief4St.TXT, 3.7.2, 137

DruckFo1.DFV, 3.5.2.4, 115
DruckFo2.DFV, 3.5/1, 122
DruNeb1.DFV, 3.10.2.2, 192
DruSeite.mak, 3.11/5, 220

Einfahr1.mak, 3.11.2.1, 208
Einfahr1.TXT, 3.11.2.1, 207
Einlad.TXT, 3.7/2, 141
EinladSt.TXT, 3.7/1, 141

Fahrrad1.TXT, 3.2.2, 65

Jahr2.TAB, 3.9.1.1, 164

KopieAdress1.mak, 3.12/1, 227

Loesch.mak, 3.11/2, 219

Makro1.TBS, 3.11.1.3, 205
Maske1.TXT, 3.2.3, 66
Maske2.TXT, 3.3.6, 92
Maske2a.TXT, 3.4.1, 101
Maske3.TXT, 3.6.4, 128
Merke.TXT, 3.11/6, 220
Merke1.mak, 3.11/6, 220
Merke2.mak, 3.11/6, 220

Produkt1.TXT, 3.9.1.1, 163
Produkt2.TXT, 3.9.1.1, 164
Produkt3.TXT, 3.9.1.2, 167

Rahmen.mak, 3.11.1.3, 204
Rech1.TXT, 3.3.6.2, 97
Rech1a.TXT, 3.4.1, 101
Rech2a.TXT, 3.4/1, 104
RufNumm1.TXT, 3.12, 226

Sonder.TXT, 3.3/6, 98

TextVer1.TXT, 3.10.1.1, 178

VerkInfO.TXT, 3.9.2.2, 172
VerkInfZ.TXT, 3.9.2.1, 169
VerkOrte.TXT, 3.9.2.2, 171
VerkZahl.TXT, 3.9.2.1, 168

Sachwortverzeichnis

" (im Serienbrief-Feld) 139
" (Zoll als Maßeinheit) 88
% (Prozentrechnen) 103
() (Rechnen im Text) 103
¶ (Absatzmarke) 48, 54
(Papierkorb) 31 56
♦ (Textendemarke) 47
* (Druckformatspalte) 54
* (Jokerzeichen) 72
, (Dezimaltrennung bei Tab) 86
- (Trennstrich) 54
- (weicher Trenner) 53
.... (Seite) 90
.D.-Code (Textintegration) 169
.K.-Code (Tabellenintegration) 164
:::::::: (Bereich) 90, 110, 177
< (in Makro) 215
<Tastenanschlag> 33, 202
<Unt> für Esc-Taste 210
? (Jokerzeichen) 72
\ (Zugriffspfad) 152
^ (Ctrl-Zeichen) 215
^ (in Makroname) 205
^< (in Makro) 215
^^ (in Makro) 215
1-MAKROINFO 198
10er-Teilung 87
12er-Teilung 88
« (Strg/a) 135, 202
» (Strg/s) 135

ABFRAGE 36, 214
Absatz (als Dateneinheit) 54
Absatz (als Druckformat) 112
Absatz (Befehlsübersicht) 23
Absatz bilden 54
Absatzformat löschen (Alt/XN) 82
Absatzformatierung 81, 87
Absatzlayout 187
Absatzmarke 32
Absätze nebeneinander 188
Abspeichern (SIK, TXT) 72
Addieren im Text 103

Adresse (als Textbaustein) 126
Adreßdatei (dBASE) 223
Adreßdatei für TXT-Datei 211
Aktive Datei 125
Aktiver Text 61
Aktualisieren (Tabelle) 166
Alles-speichern (Übertragen) 29
Alles-speichern 152
Alt/... (Druckformat) 108
Alt/... (Formatierung) 80
Alt/F4 (Layout-Betriebsart) 183
Alt/leer (Zeichenformat Standard) 83
Alt/N (Absatzformat Standard) 83
Anmerkung (Format) 26
Anmerkung (Gehezu) 26
Antiqua-Schrift 85
Anweisungen (in Makro) 202
Anweisungen (Makro) 36
Anzeigen (Makroinhalt) 206
ASCII-Tabelle 245
Aufzeichnen (Makro) 203
Ausführung unterbrechen 38
Ausschnitt (Befehlsübersicht) 19
Ausschnitt (Bildschirm) 47
Ausschnitt (in Makro) 40
Ausschnitt/Teilen 158
Ausschnittsnummer 47
Aussehen der Schrift 85
Auswahl (in Makro) 37
Auswahlstruktur (Makro) 211
Auto-speichern 147
Automatisches Sichern 155
AWENN-EWENN 37, 214
Änderung speichern 61

BA (in Statuszeile) 31
Backspace-Taste 55
Bausteinverarbeitung 123f.
Bearbeitungsmodus 35
Beenden von Word 57
Befehl aktivieren 50
Befehle (in Makro) 202
Befehle (Makro, Verzeichnis) 36

Befehle (Menü, Verzeichnis) 19
Befehlsbereich 49
Befehlsfolge (Datei erstellen) 68
Befehlsfolge 50
Befehlsmenü 48
Befehlsmodus 35
Berechnungen im Text 101
Bereich (als Druckformat) 110
Bereich (Format) 24
Bereich löschen 181
Bereichslayout 177
Bereichsmarke :::::: 177
Bereichswechsel 180
BESTIMMEN 37 217
Betriebsart (Text, Layout) 186
Betriebssystem (Bibliothek) 21
Bezugszeile 66
Bibliothek (Befehlsübersicht) 20
Bibliothek (Verzeichnis) 20
Bibliothek/verKnüpfen 163
Bildschirm und Drucker 84
Bildschirmaufbau 47
Bildschirmlöschen (Übertragen) 29
Bildschirmmaske 66
Bindestrich 32
Blocksatz 82
Breite einer Seite 91
Brief (Serien-/Einzel) 211
Brief (Textfelder, Aufbau) 66

cm (Maßeinheit) 88
Courier-Schriftart 85
cpi 88
Cursor 47

D (Dezimaltabulator) 95
Datei löschen 73
Datei-Manager 20
Dateien übertragen 59f.
Dateiname und Jokerzeichen 72
Datenbank 5
Dateneinheiten 13 79
Datenfeldliste 137
Datenstrukturen 8
Datentransfer (Übertragen) 28

Datenübertragung 61
dBASE-Schnittstelle 221
DBF-Datei in TXT-Datei 225
Del-Taste 56
Desktop Publishing 5
Dezimalausrichtung (Tab) 96
Dezimaltrennzeichen 148
DFV-Datei 107
DFV-Datei aktivieren 154
DIN A4-Seite 90, 91
Direktformatierung 32
Diskette (Speicherplatz) 156
Diskette und RAM 61
Diskette zur Speicherung 51
Dividieren im Text 102
Dokument (Textintegration) 169
Doppeltes Unterstreichen 80
Druck (Muster) 27
Druck/Drucker 50
Druck/Layoutkontrolle 186
Druck/Serienbrief 139
Drucken (Verzeichnis) 21
Drucken in Test-Datei 140
Drucken sofort 140
Drucker (Befehlsübersicht)
Drucker und Bildschirm 84
Druckformat (Format) 24
Druckformatspalte 47 108
Druckformatvorlage speichern 115
Druckformatvorlagen 105f.
Druckseite (Aufbau) 91
DTP 5

Echo (in Makro) 40
Editieren und Speichern 68
Editor 4
EGA-Grafik 186
Einfügemodus 55
Einfügen (Befehlsübersicht) 22
Einfügen (Druckformat) 119
Einfügen (Muster) 27
Einfügen (Wort) 55
Einfügen-Befehl (Makro) 200
Einfügen-Befehl 129
Eingabe (in Makro) 36

Eingabeaufforderung (Makro) 40
Einheiten (Schrift) 87
Einzelblatteinzug 90
Einzug rechts 82
Endlospapier 90
Entf-Taste 56
ER (in Statuszeile) 31
Erstellen einer Datei 68
Erweitern (Markieren, F6) 62
Erzwungener Seitenwechsel 90
ES (in Statuszeile) 31
Esc-Taste 49
EWENN 214
Extern-Internspeicher 69

F1 (Dateinamensliste) 52, 73
F1 (Farbenliste) 147
F1 (Fenster wechseln) 160
F1 (Schriftgradliste) 86
F1 (Textmarkennamensliste) 171
F1 (Variantenliste) 117
F2 (Rechnen) 101
F3 (Textbaustein einfügen) 130
F5 (Überschreibemodus)55
F6 (Erweiterung) 62
F6 (Spaltenmarkierung) 102
F8 (Wortmarkierung) 56
Farben 147
Fehlerkorrektur 53
Feld (Datenfeld) 136
Feld (in Makro) 40
Feld (reservierte Variable) 40
Fenster 158
Feste Schrittweite 85
Festhalten (Druckformat) 109
Fett formatieren 80
Fließtext 48
Format (Befehlsübersicht) 23
Format/Absatz 23
Format/Absatz 87
Format/Bereich 88
Format/Bereich/Layout 186
Format/Bereich/Paginierung 179
Format/Bereich/Seitenrand 91 181
Format/Druckformat/Festhalten 110

Format/Druckformat/Verbinden
Format/Position 26
Format/Suchen 24
Format/Tabulator 92
Format/tExtmarke 170
Format/Wechseln 25
Format/Zeichen 83
Format/Zeichen/Verbergen 104
Formatieren von Text 77f.
Formatierung 79
Formbrief 125
Formular ausfüllen (Makro) 207
Fortlaufend (Bereich) 178
Funktionen (in Makro) 43
Funktionstasten (Makros) 34
Funktionstasten 32
Fußzeile 91

Geben Sie J ein ... (Meldung) 157
Gefunden (in Makro) 40
Gefunden (res. Variable) 40
Gehezu (Verzeichnis) 26
Geschützter Bindestrich 54
Grafik 6
Grotesk-Schrift 85
Größe (DIN A4-Seite) 91
Größe der Schrift 86

Hierarchie 13
Hilfe (Muster) 27
Hilfe von Word 143f.
Hilfe-Befehl 148
Hilfe/Register 197

Importierter Text 173
Inch 88
Index (Bibliothek) 20
Insert-Modus 55
INT() 43
Integriertes Paket 7
Intern- und Externspeicher 69

Jokerzeichen ? und * 73

Kalkulationstabelle 163

Kapitälchen 80
Kennung (Datenfeld) 136
KM 31
Kommentar (in Makro) 37
KOMMENTAR 37, 209
Kopf-/Fußzeile (Bereich) 179
Kopf-/Fußzeile (Format) 24
Kopfzeile 91
Kopie (Muster) 27
Kopie (Verzeichnis) 26
Kopie in-Befehl 126
Kopieren (Bereich) 182
Korrektur 53
Korrekturzeichen 243
Korrigieren von Text 53
Kursive Schrift 80, 84
Kurzinformation 146

L (Linker Tab-Stopp) 94, 95
Laden (TXT, TBS, DFV) 153
Laden in den RAM 52
Laden und Speichern 69
Laufwerk (Standard) 152
Laufwerk einstellen 71
Layout gestalten 175f.
Länge der Seite (Drucker) 90
Länge einer Seite 91
LÄNGE() 43
Leerstelle (geschützt) 54
Leerzeichen (im Makro) 214
LinePrinter 85
Linienzeichen 148
Linksbündiger Text 82
Löschen (Absatzformat Alt/XN) 82
Löschen (alle aktive Dateien) 65
Löschen (Ausschnitt) 19
Löschen (Bereich) 181
Löschen (Datei) 73
Löschen (Muster) 27
Löschen (Textbaustein) 131
Löschen (Verzeichnis) 27
Löschen (was markiert ist) 63
Löschen (Zeichenformat Alt/Leer) 80
Löschen in Papierkorb 56
Löschen über F6 62

Lösungen der Aufgaben 229
Lücken in Maske ausfüllen 70
LY (in Statuszeile) 31
LZ (in Statuszeile) 31

MA (in Statuszeile) 31
Makro (als Black Box) 191
Makro 11
Makro 195f.
Makro anzeigen 206
Makro aufzeichnen 203
Makro ausführen 199
Makro-Anweisungen (Verzeichnis) 36
Makro-Funktionen (Verzeichnis) 43
Makro-Programmierung (Verzeichnis) 33
Makro-Referenz 33f.
Makro-Tasten (Verzeichnis) 33
Makro.TBS (vordefiniert) 191 197
Makros (Namensverzeichnis) 198
Manueller Seitenwechsel 180
Markieren (Befehl) 50
Markieren und löschen 63
Markieren von Text 64
Markierung (in Makro) 40
Maske 66
Maskendatei verwenden 69
Maßeinheiten 87
Maus 50
Mehrspaltentext 183
Meldung (in Makro) 38
MELDUNG 38
Meldungszeile 48
Memo.TBS 197
Menübefehle (Verzeichnis) 19
Multiplizieren im Text 103
Muster (Verzeichnis) 27
Muster-Befehlsmenü 112
Muster-Bildschirm 114
Muster/Name 116
MW.INI aktualisieren 58
MWnnnnnn.TMP 156

Nachschlagen zu Word 17f.
Name (für Makro) 205
Name (Muster) 27

Neben.DFV 187 190
Nebeneinander (Absatz) 188
Nebeneinander.mak 191
Negativeinzug 1. Zeile 83
Negativeinzug 82
Neue Datei speichern 61
Nichtgefunden (in Makro) 40
Nichtgefunden (res. Var.) 214
Nullstring (in Makro) 39

Operatoren (in Makro) 40
Optionen (Drucker) 22
Optionen (Übertragen) 29
Overwrite-Modus 55

Paginierung 179
Papierkorb (Erweiterung) 62
Papierkorb (in Makro) 40
Papierkorb (leer) 48
Papierkorb (löschen) 56
Passiver Text 61
Pause (in Makro) 38
PAUSE 38, 210
Pfad 152
Prestige-Schriftart 85
PRG-Datei (dBASE) 224
Priorität (beim Rechnen) 103
Programmstrukturen 10
Proportionalschrift 85
Prozentrechnen im Text 103
pt (Punkt) 86, 88
Punkte (Maßeinheit) 88

QUITT (Makro-Anweisung) 39
Quitt (Verzeichnis) 28
Quitt (Word beenden) 57

R (Tabulator rechts) 95
Rahmen (Befehlsübersicht) 23
Rahmen formatieren 204
RAM und Diskette 69
Rand auf der Seite 91
Rechenzeichen löschen 103
Rechnen im Text 101
Rechnen im Text 99f.

Rechter Einzug 82
Rechtschreibung 21
Referenz zu Word 17f.
Reservierte Variablen 40
Rück-Taste 55
Rückgängig (Muster) 27
Rückgängig (Verzeichnis) 28

Schleife (Ablaufstruktur) 12
Schleife (in Makro) 216
Schleife (in Makro) 39
Schriftart 85
Schriftgrad 86
Se (in Statuszeile) 31
Seite (Bereich) 178
Seite (Übersicht, Aufteilung) 91
Seite formatieren 88
Seitenrand (Übersicht) 24
Seitenrand 91
Seitenwechsel (........) 90, 179
Selbe-Seite (Bereich) 178
Serien-/Einzelbrief 211
Serienbrief (Drucker) 22
Serienbrief (über dBASE) 223
Serienbrief drucken 139
Serienbriefe 133
Serienbriefe schreiben 133f.
Serientextdatei 135
Setzen (Tabulator) 96
Sichern des Textes 51
Sichern und SIK-Datei 72
Sicherungsdateien 154
SIK-Datei 72 156
Silbentrennung 53
SM (in Statuszeile) 31, 102
Software-Tools 3
SOLANGE-ESOLANGE 39, 217
SONST 215
Sortieren (Bibliothek) 20
Sp (in Statuszeile) 31
Spalten (je Seite) 91
Spaltenmarkierung 102
Spaltensatz 183
Spaltenwechsel (Strg/5) 183
Speichern (in Makro) 40

Speichern (TXT, TBS, DFV) 151
Speichern (unter neuem Namen) 63
Speichern auf Diskette 51
Speichern und Zusammenführen 61
SPEICHERN! (Meldung) 156
Stammverzeichnis 152
Standard wiederherstellen 83
Standard-Absatzabstand 82
Standard.DFV 116
Standardbrief 66
Standardlaufwerk 71, 152
Standardseite 90
Starten von Word 47
Statuszeile 48
Steuerdatei (aus dBASE) 225
Steuerdatei (Serienbrief) 135
Streichen von Text 80
Strg/- (Trennstrich) 53
Strg/F1 (Zoomen) 160
Struktogramm 213, 218
Suchen (Format) 24
Suchen (über Makro) 214
Suchen (Verzeichnis) 28
Suchschleife 216
SVD (Auto-speichern) 147
SVD-, SVG- und SVS-Datei 154

Tab-Stopps 93
Tab-Taste 94
Tabelle verknüpfen 163
Tabellierung 92
Tabulator (Format) 92
Tabulator und Zeilenlineal 94
Tastatur von Word 31f.
Tastatur.TBS 197
Tastaturbelegung 32
Tasten (Befehlseingabe) 150
Tasten (Direktformatierung) 149
Tasten (Makros) 33
Tasten (Texteinheiten) 150
Tasten (Trennung) 150
Tasten (Verzeichnis) 31
Tastenanschläge (in Makro) 202
Tastenschlüssel 110
TBS-Datei aktivieren 153

TBS-Datei und TXT-Datei 125
TEIL() 43
Teilung (Schrift) 87
Text bearbeiten 47f.
Text einfügen 55
Text in den RAM laden 52
Text speichern 51
Text überschreiben 55
Text verknüpfen 168
Text-Datei (Serienbrief) 140
Textabsatz formatieren 87
Textbausteine (Übertragen) 29
Textbausteine 123
Textbausteine 123f.
Texteinheiten von Word 79
Textfeld (im Brief) 66
Textmarke (Gehezu) 26
Textmarke 171
Textprogrammierung 11
Textseite (Aufbau) 91
Textverarbeitungs-Software 12
Thesaurus 21
Tiefstellen von Text 80
TimesRoman-Schrift 85
TMP-Datei 156
TMP-Datei auflösen 58
TMP-Datei löschen 74
Trennhilfe 20
TXT- und SIK-Datei 72
TXT-Datei 156
Typografischer Punkt 88

UA (in Statuszeile) 31
Umbenennen (Übertragen) 29
Umbenennen und Überschreiben 74
Umbruch-Seite (Drucker) 22
Unt (Makro) 33
Unterstreichen 80
Unterverzeichnis 152
ÜB (in Statuszeile) 31
Überarbeitung (Format) 25
Überschreibemodus 55
Überschreiben (Wort) 56
Überschreiben und Löschen 73
Übertragen (Besonderheiten) 71

Übertragen (Muster) 27
Übertragen (Schema) 71
Übertragen (Textdateien) 59f.
Übertragen (Unterbefehle) 61
Übertragen (Verzeichnis) 28
Übertragen von Text 59f.
Übertragen/Alles-speichern 152
Übertragen/Bildschirmlöschen 65
Übertragen/Laden 52
Übertragen/Optionen 72, 152
Übertragen/Speichern 51, 63
Übertragen/Textbausteine 127
Übertragen/Zusammenführen 66

Variable Schrittweite 85
Verbinden DFV-/TXT-Datei 118
Verborgenes Zeichen 103, 165
Verknüpfen (Bibliothek) 20
Verknüpfung (Tabelle) 163
Verknüpfung (Text) 168
Verlust einer Datei 73
Verschieben (Ausschnitt) 19
Verschieben im Text 55
Verzeichnis (Bibliothek) 21
VGA-Grafik 186

Warteschlange (Drucker) 22
Wechseln (Format) 25
Wechseln (Verzeichnis) 29
Wechseln der Seite 90
Wechseln-Befehl 29, 215
Weicher Trenner 53
Wertzuweisung (in Makro) 37
WIEDERHOLE-EWIEDERHOLE 39
Wiederholungsstruktur 216
Word - dBASE 225
Word - Multiplan 163
Word-Bildschirm 47
Wordversion (in Makro) 40
Wort im Text einfügen 55
Wort löschen mit Entf 56
Wort löschen mit Rück 55
Wort markieren mit F8
WYSIWYG 4, 83

X (Alt/X bei Format) 81
X (Strg/X in Makro) 209
X-Taste (bei Formatieren) 80

ZA (in Statuszeile) 31
Ze (in Statuszeile) 31
Zeichen (als Druckformat) 114
Zeichen (Befehlsübersicht) 23
Zeichen formatieren 79
Zeichenformat löschen Alt/Leer 80
Zeile beenden 48
Zeilen (je Seite) 9,1
Zeilenabstand verdoppeln 83
Zeilenlineal (Tab-Stopps) 95
Zeilenlineal 47, 88, 108
Zeilennummern (Bereich) 179
Zeilennummern (Format) 24
Zentrierung (Absatz) 83
ZM (in Statuszeile) 31
Zoll (Maßeinheit) 88
Zoomen (Fenster) 160
Zurücknehmen (Formatierung) 80
Zusammenführen 64
Zusätze (Verzeichnis) 30
Zusätze-Einst. im Buch 145
Zusätze/Maßeinheit 87